# Direito Tributário Aplicado

# Direito Tributário Aplicado

2020

José Luis Ribeiro Brazuna

ALMEDINA

**DIREITO TRIBUTÁRIO APLICADO**



AUTOR: José Luis Ribeiro Brazuna
DIAGRAMAÇÃO: Almedina
DESIGN DE CAPA: FBA
ISBN: 9786556270432

Dados Internacionais de Catalogação na Publicação (CIP)
(Câmara Brasileira do Livro, SP, Brasil)

Brazuna, José Luis Ribeiro
Direito tributário aplicado / José Luis Ribeiro
Brazuna. – São Paulo : Almedina, 2020.

Bibliografia.
ISBN 978-65-5627-043-2

1. Direito tributário 2. Direito tributário –
Brasil I. Título.

20-36510
CDU-34:336.2

**Índices para catálogo sistemático:**

1. Direito tributário 34:336.2

Cibele Maria Dias – Bibliotecária – CRB-8/9427

Este livro segue as regras do novo Acordo Ortográfico da Língua Portuguesa (1990).



Julho, 2020

EDITORA: Almedina Brasil
Rua José Maria Lisboa, 860, Conj.131 e 132, Jardim Paulista | 01423-001 São Paulo | Brasil
editora@almedina.com.br
www.almedina.com.br

## SOBRE O AUTOR

José Luis Ribeiro Brazuna é advogado militante na área tributária há mais de vinte anos, com atuação profissional no Estado de São Paulo e em Brasília.

Mantém atividade docente regular em cursos de pós-graduação em Direito Tributário e em MBAs de Gestão Tributária, além de ter vivenciado a atividade de julgador administrativo no Tribunal de Impostos e Taxas do Estado de São Paulo (TIT) e no Conselho Municipal de Tributos, da Prefeitura do Município de São Paulo.

Formado pela Faculdade de Direito da Universidade de São Paulo, no Largo de São Francisco, ali também obteve o título de mestre em Direito Tributário, com a dissertação "Neutralidade tributária e uso da tributação para prevenir desequilíbrios da concorrência", posteriormente transformada em livro sobre o tema, publicado com o apoio do Instituto Brasileiro de Direito Tributário (IBDT).

*Ao meu pai, José,*
*meu grande professor.*

## AGRADECIMENTOS

Divido o meu primeiro agradecimento em dois, pois seria injusto não iniciar dizendo obrigado: a você, caro Leitor, pela honra de compartilhar comigo o seu precioso tempo; e ao Grupo Almedina, na pessoa da Manuella Santos de Castro e do Rodrigo Mentz, pela confiança na publicação desta obra e pela compreensão do seu objetivo.

Como o propósito é transmitir uma visão prática sobre o funcionamento e as complexidades do Direito Tributário Aplicado, é meu dever agradecer àqueles com quem aprendi a construir e a aperfeiçoar essa visão, sem desprezar, evidentemente, a base teórica sobre a qual tudo se sustenta.

Principio, desse modo, agradecendo *in memoriam* aos meus primeiros "colegas" – pois me ensinaram que advogado não tem "chefe" – Dr. Rubens Pestana de Andrade e Cid Rubens Pestana de Andrade. Como foi bom começar a minha vida trabalhando com vocês! Vê-los advogar foi a minha primeira e inesquecível escola.

Agradeço pelos desafios, pelo profissionalismo e pelas oportunidades de fazer coisas novas, acumulados nos meus anos de Demarest e Almeida Advogados, onde entrei estudante e sai advogado.

Ali aprendi com os saudosos Joacir Arion Consentino, Fortunato Bassani Campos, Álvaro Gomes Teixeira e Carlos Toledo de Abreu Filho. Desvendei os primeiros mistérios da tributação indireta com Pedro A. Lino Gonçalves e com o amigo Frederico de Mello e Faro da Cunha. Descobri os desafios da tributação aduaneira com Oswaldo Leite de Moraes Filho, e aprimorei a prática do processo tributário com o também amigo Eduardo Ricca. Além disso, foi onde conheci dois dos meus grandes camaradas na profissão, Fábio Piovesan Bozza e Cristiano Frederico Ruschmann, a quem retornarei adiante.

Agradeço aos anos em que amadureci e consolidei a prática da advocacia em Mariz de Oliveira e Siqueira Campos Advogados, em especial com Roberto de Siqueira Campos, acervo vivo da tributação indireta no Brasil e modelo de humildade, e com Ricardo Mariz de Oliveira, exemplo de dedicação, seriedade e método na interpretação e na aplicação do Direito Tributário. Que privilégio foi ter o seu convívio durante período tão produtivo, quando tive a oportunidade de discutir tantos temas, convencer e ser convencido por tanta gente boa com quem ali convivi. Em seus nomes agradeço a todos!

Obrigado aos colegas de Tribunal de Impostos e Taxas do Estado de São Paulo, onde pude enxergar tantas outras realidades e me encantar com o prazer e a responsabilidade de julgar.

Mis muchas gracias a los amigos del departamento fiscal de Uría Menéndez, otra escuela de profesionalismo y cualidad técnica en la aplicación del Derecho Fiscal, a los cuales agradezco todos en las personas de Jesús López Tello y de Rafa Fuster.

Volto a Fábio Piovesan Bozza e a Cristiano Frederico Ruschmann. E adiciono aos agradecimentos Ciro Cesar Soriano de Oliveira, outro irmão de profissão, com quem fundamos juntos o BRATAX, no ano de 2013.

Obrigado, Piovesan, por ter aceitado diferentes desafios profissionais que nos propusemos a encarar juntos nesta vida, sendo um grande companheiro e professor, mesmo depois de nos deixar e buscar outros rumos.

Obrigado, Cristiano, pela parceria, lealdade e retidão nos tantos anos que acumulamos trabalhando lado a lado. Muito do que aprendi com você e do que aprendemos juntos está nesta obra, inspirada no espírito prático e na honestidade intelectual e profissional que sempre procuramos aplicar no nosso trabalho.

Obrigado, Ciro, pela cumplicidade diária, frente a frente em nossas mesas, sempre com disponibilidade para ouvir, fundamento para discutir e equilíbrio para ponderar. As suas contribuições aqui são igualmente incontáveis.

Por fim, obrigado a todo o time do BRATAX, com quem troco experiências, ensinando e aprendendo, descobrindo novos caminhos e revendo conceitos antigos, na incessante busca por crescer e exercer, da melhor forma possível, a nossa desafiadora profissão.

Agradeço a todos!

# APRESENTAÇÃO

Caro leitor, o objetivo deste livro é transmitir-lhe uma visão prática sobre o funcionamento e a aplicação do Direito Tributário no Brasil, procurando explicar didaticamente conceitos fundamentais e estruturais do Sistema Tributário Nacional, destacando como surgem e como se resolvem (ou não) as incontáveis polêmicas que nos circundam nesta matéria.

O texto que aqui apresento e convido-o a ler foi construído a partir de artigos, estudos e material de aula produzidos nas minhas atividades docentes e profissionais, tanto como advogado, quanto como julgador administrativo tributário.

Como princípio, dado o objetivo prático deste trabalho, as referências indiretas, citações e notas de rodapé foram reduzidas ao mínimo, com o propósito de trazer para o texto principal tudo aquilo que pareceu oportuno informar a respeito deste ou daquele tema.

Igualmente, a indicação de dispositivos legais, decisões judiciais e administrativas relevantes foi feita diretamente nos parágrafos de cada tópico e capítulo, com o propósito de alertá-lo sobre a importância da norma referida ou dos precedentes mencionados, muitas vezes transcrevendo as palavras exatas utilizadas no texto legal ou pelo julgador que emitiu o julgamento.

Sem prejuízo, a bibliografia ao final indicada contempla as referências levadas em consideração para a organização do livro, sendo desde logo recomendada como leitura complementar para quem desejar expandir o estudo dos assuntos que compõem esta obra. O mesmo é recomendável quando o leitor se deparar com polêmicas sobre este ou aquele tributo, a respeito do qual eventualmente não possua conhecimentos básicos, o que poderá ser buscado nos manuais e nas fontes normativas aqui indicados.

Em termos de organização, o **Capítulo 1** é dedicado à apresentação do Sistema Tributário Nacional, tal como hoje o encontramos, e à sua retrospectiva histórica, cujo conhecimento é essencial para que possamos compreender as vicissitudes e os desafios desse sistema.

A partir disso, o leitor encontrará:

- no **Capítulo 2**, o detalhamento da estrutura do Sistema Tributário Nacional tal como desenhado na Constituição Federal de 1988, onde explico a distribuição das competências para a instituição e a cobrança dos nossos tributos, as regras de repartição da arrecadação tributária, além da estrutura normativa envolvida, desde a legislação complementar até a legislação local editada por Estados e Municípios;
- no **Capítulo 3**, uma revisão dos princípios tributários mais relevantes encontrados na Constituição Federal, os quais são ainda hoje envolvidos em grande parte das discussões entre Fisco e contribuintes, revelando que remanesce um enorme descompasso na forma como por vezes a mesma norma é lida e aplicada pelos sujeitos ativos e passivos da relação tributária;
- no **Capítulo 4**, as regras de imunidade tributária existentes no nosso sistema, onde analiso as suas características, as diferenças entre cada uma delas e as suas funções;
- no **Capítulo 5**, a espinha dorsal do Direito Tributário Aplicado, compreendendo subtópicos em que são abordados os seguintes temas:

    - as normas gerais sobre o Sistema Tributário Nacional, incluindo a definição de tributos e suas espécies, competência tributária e seus limites, definição, vigência, interpretação e aplicação da legislação tributária, conceitos de fato gerador, obrigação tributária, crédito tributário e lançamento, modalidades de lançamento e critérios utilizados;
    - os conceitos pertinentes à determinação dos sujeitos da relação jurídico-tributária, incluindo as regras de responsabilidade e substituição tributárias que, na prática, muitas vezes trazem consigo elevado grau de complexidade e incerteza para contribuintes e Fisco;

- o arsenal de poderes do qual dispõe a fiscalização tributária no Brasil, aí sendo abordadas as polêmicas existentes em relação aos sigilos bancário e fiscal, incluindo as regras pertinentes à exigibilidade, às garantias e às preferências do crédito tributário;
- as regras de suspensão, extinção e exclusão do crédito tributário, decadência e prescrição, além da diferenciação entre as categorias especiais da técnica de tributação, compreendendo-se aí os institutos da não incidência, da imunidade, da isenção, da alíquota zero, da redução de base de cálculo e alíquota, do diferimento e da suspensão; e
- o funcionamento da recuperação do indébito tributário, segundo as normas do Código Tributário Nacional;

- no **Capítulo 6**, o que é planejamento tributário, quais os seus limites e como avaliar os riscos envolvidos em estruturas jurídicas que impliquem a redução do ônus fiscal;
- no **Capítulo 7**, uma visão geral sobre o Direito Penal Tributário no Brasil, abordando os princípios e garantias aplicáveis, os crimes contra a ordem tributária e os crimes praticados pela administração tributária; e
- no **Capítulo 8**, um manual prático a respeito das ferramentas para a resolução de conflitos em matéria tributária, compreendendo procedimentos não litigiosos, o processo administrativo fiscal (no nível federal), as principais ações que podem ser tomadas perante o Poder Judiciário e, ainda, alternativas para a solução de controvérsias envolvendo a tributação internacional da renda.

Finalmente, observo que este trabalho se encontra baseado em referências legislativas e jurisprudenciais observadas até **março de 2020**. Dado o seu aspecto prático, porém, este livro deverá ser atualizado e revisado anualmente, sendo recomendável a máxima atenção do leitor em relação a este ponto, haja vista a rápida dinâmica da legislação e da jurisprudência em matéria tributária no Brasil.

O AUTOR

# SUMÁRIO

# Capítulo 1
# Sistema Tributário Nacional

## Introdução

A existência de um sistema tributário deriva da necessidade, por parte do Estado, de ter uma fonte de custeio para a manutenção das suas atividades e dos seus gastos.

Ainda que possa utilizar outras origens de financiamento – o exercício de atividades econômicas de forma direta ou indireta, por exemplo, ou a pura e simples exploração de recursos naturais de propriedade do Estado –, os tributos funcionam, nos Estados modernos, como a principal ferramenta para fazer frente às suas despesas, retirando dos particulares uma parcela da riqueza por eles produzida, poupada, distribuída ou consumida.

No caso brasileiro, dado o caráter excepcional da exploração direta de atividade econômica pelo Estado, conforme artigo 174, *caput*, da Constituição Federal de 1988, a arrecadação fiscal é a fonte primária de "custeio de atividades gerais ou específicas exercidas" pelas entidades de direito público (artigo 9º, Lei nº 4.320/64).

A existência do tributo pode ser justificada, dentre outras abordagens, como um *sacrifício* por parte dos particulares, que precisam abrir mão de uma parcela da sua riqueza para que o Estado possa existir, cabendo-lhes custeá-lo por meio dos impostos, das taxas e contribuições, como uma *contraprestação* pelos serviços públicos que lhes são prestados. Ou, de outro modo, como decorrência da *capacidade contributiva* de cada cidadão que, diante das necessidades estatais, deve solidariamente, ainda que em caráter obrigatório, colaborar financeiramente para manter as atividades providas pelo Poder Público, na medida das suas capacidades.

A finalidade primeira da arrecadação tributária é a obtenção de recursos para as despesas gerais do Estado. Porém, dirigir a economia, regular barreiras alfandegárias, corrigir problemas sociais e redistribuir renda são alguns outros objetivos que podem levar os impostos, as taxas e contribuições a serem utilizados para a realização de certas políticas públicas.

Nesse sentido, a tributação é também utilizada para obter resultados econômicos e políticos dos mais variados, como reprimir a inflação, evitar desemprego e recessão, refrear a atividade econômica, proteger a indústria nacional, promover a redistribuição da renda, nivelar fortunas, atuar sobre a densidade demográfica ou a distribuição espacial da população, entre muitos outros fins.

A classificação da finalidade dos tributos em *fiscal* e *extrafiscal* identifica, de um lado, aqueles instituídos pelo legislador com o propósito preponderante de arrecadar receitas para a manutenção das atividades estatais e, de outro, aqueles que, mediante o seu ônus ou a sua desoneração, servem ao Estado também para outras finalidades, interferindo no comportamento do contribuinte.

Analisando-se a estrutura da norma tributária comum, verifica-se que, ao lado da norma tributária primária, visando essencialmente à arrecadação de recursos para o Estado, pode ser visto um desdobramento, uma segunda norma primária, em que o legislador vincula a um comportamento por ele desejado um tratamento tributário que induzirá o contribuinte a adotar certa conduta, seja em razão de uma vantagem (estímulo), seja em razão de um agravamento (desestímulo) de natureza tributária. Trata-se da chamada *indução* por meio da norma tributária.

Essa função *indutora* pertence, de certo modo, ao gênero da *extrafiscalidade*, sendo dotada da especificidade na qual o objetivo do legislador é provocar um determinado comportamento do contribuinte. Já nas demais hipóteses de extrafiscalidade, o seu propósito é regular uma determinada situação, sem necessariamente querer induzir à adoção de uma conduta.

Sob o ponto de vista da *contraprestação* do tributo, é importante reparar na relevante interferência que este exerce na decisão dos agentes econômicos em realizar ou não uma determinada atividade, assim como em investir ou não em um determinado país.

Conforme análise anualmente realizada pelo Fórum Econômico Mundial, para medir a competitividade das maiores economias nacionais do planeta, o elemento tributário é de extrema importância, constituindo verdadeiro "preço a pagar" pelo agente econômico para realizar ou não a sua atividade econômica em um determinado país.

No caso brasileiro, além do percentual elevado da carga tributária total que o Estado exige dos seus contribuintes, o sistema normativo é extremamente complexo e confuso.

Não por acaso, o Brasil ocupa uma das piores posições no referido *ranking* anual, sob a ótica do grau de dificuldade que o sistema tributário representa para o desenvolvimento de atividades produtivas e, consequentemente, para o ingresso de novos agentes econômicos no mercado local.

Infelizmente, o nosso país segue como líder isolado nesse quesito. Segundo o Banco Mundial, somos a jurisdição com o maior custo para pagar tributos (*compliance cost*), ou seja, somos a economia que exige o maior número de horas trabalhadas – e, consequentemente, de recursos econômicos – para que o contribuinte consiga cumprir todas as suas obrigações fiscais, recolhendo, de forma correta, os tributos devidos ao Estado.

Mesmo estando estruturado preponderantemente no texto constitucional – ou talvez exatamente por essa razão – a configuração do sistema tributário nacional revela feições distorcidas. Ele é desconexo e disfuncional, resultando de acomodações, remendos e improvisos que, algumas poucas vezes, guardam racionalidade entre si, que não a lógica de atender a demandas e interesses de momento, seja do Poder Público, seja dos setores econômicos capazes de capturar o legislador tributário e influenciar na definição de políticas fiscais.

Construímos, pouco a pouco, um dos piores sistemas tributários do mundo!

A sua alta complexidade é uma barreira severa à livre concorrência e à alocação eficiente de recursos, sendo por isso um sistema favorável à concentraçao econômica, como se já nao bastasse, para tanto, a sua conhecida configuração regressiva.

Essa situação, no entanto, não é fruto do acaso. Resulta de um histórico não-enfrentamento e de uma persistente não solução dos problemas reais que se apresentam, buscando-se sempre a acomodação *possível*, traço marcante do "homem cordial" de Sérgio Buarque de Holanda.

O sistema é ruim e todos querem alterá-lo, entretanto ninguém quer perder: todo mundo quer ir para o céu, mas ninguém quer morrer...

**Como chegamos até aqui**

Ao analisar o histórico que nos fez chegar até aqui, constatamos que a nossa jornada teve início no período das Capitanias Hereditárias, quando já era possível encontrar a cobrança concomitante de tributos tanto por parte da Coroa de Portugal quanto pelos donatários das Capitanias. Além disso, naquele momento, instituía-se o hábito de exigir tributo sobre tributo, na medida em que os donatários cobravam a redízima de todas as rendas arrecadadas para a Coroa!

No período do Governo-Geral, testemunhou-se a criação desordenada de impostos, taxas e contribuições, onerando destacadamente as fontes de riqueza que então se apresentavam disponíveis, tais como a criação de gado, a venda de escravos, a extração do ouro e o cultivo do tabaco.

Inaugurou-se a já referida *extrafiscalidade* com a introdução de tributos para financiar gastos excepcionais da Coroa de Portugal; descobriu-se a *parafiscalidade* com o Marquês de Pombal autorizando a cobrança de tributos pelos chamados "contratadores"; introduziram-se novos tributos de maneira assistemática, inclusive por parte dos municípios, os quais, mesmo sem competência para tanto, taxavam açougues e também o uso das praças de comércio.

"A história tributária do Brasil ao tempo da colônia é muito fácil de traçar, porque a tributação era extremamente confusa", dizia Alcides Jorge Costa.

Com a vinda da Família Real para o Brasil, acomodou-se aqui o sistema tributário lusitano de então, com os seus impostos de importação e sobre imóveis urbanos, a sisa sobre bens de raiz, heranças e legados, o imposto do selo, o imposto sobre a renda de funcionários da Fazenda e da Justiça. Ainda põem ser citados a pensão para a capela imperial, a contribuição de política, o subsídio real sobre carne, couros, aguardentes e lã. Criaram-se também tributos sobre negociantes, livreiros, boticários, sobre o comércio de ouro e prata, sobre carruagens de quatro e de duas rodas, esses últimos com a sua arrecadação vinculada à criação do Banco do Brasil. Enfim, uma baderna!

Somente após a Constituição Imperial, na primeira metade do século XIX, diante da multiplicidade de tributos, vários deles cobrados sobre os mesmos fatos econômicos ou sobre os mesmos tipos de bens, tenta-se sistematizar o orçamento público da época. Merece destaque aqui a Lei nº 317/1843, que contabilizava setenta e cinco fontes de receita pública, dentre as quais diferentes impostos, ditos, taxas, sisas, direitos e dízimas sobre as mais variadas manifestações de riqueza.

Com a Constituição de 1891, pela primeira vez se procurou sistematizar a cobrança de tributos em um regime federativo e republicano, declarando-se a autonomia política, administrativa e financeira dos Estados-membros. À União cabia tributar as importações, o direito de entrada, de saída e de estadia de navios, cobrar taxa de selo e taxas de correios e telégrafos federais. Aos Estados cabiam os impostos de exportação e sobre imóveis rurais e urbanos, bem como as taxas de selo e as contribuições sobre telégrafos e correios locais. Nenhum poder de tributar era atribuído aos Municípios.

União e Estados podiam criar outras fontes de arrecadação tributária, de maneira cumulativa ou não. Admitia-se que um novo imposto fosse criado por ambos os entes federados, ainda que sobre o mesmo fato imponível.

Nas Constituições de 1934 e 1937, o sistema começava a ganhar feições mais parecidas com o atual, havendo naqueles momentos uma primeira reordenação dos tributos existentes para se atribuir: **(i)** à União, os impostos sobre importação, consumo de mercadorias, sobre a renda e proventos de qualquer natureza, sobre transferência de fundos para o exterior; **(ii)** aos Estados, os impostos sobre a propriedade territorial rural, sobre transmissões *causa mortis* e *inter vivos*, sobre o consumo de combustíveis, sobre vendas e consignações, sobre exportação e sobre indústrias e profissões; e, **(iii)** aos Municípios, os impostos sobre licenças, sobre propriedade predial e territorial urbana, sobre diversões públicas e sobre renda de imóveis rurais.

No regime de 1934, União e Estados detinham o poder de criar outros impostos além daqueles constitucionalmente autorizados, sendo que, havendo tributação concorrente, prevaleceria sempre o imposto federal. Sob a Constituição de 1937, o poder tributário residual era apenas dos

Estados-membros, valendo a mesma regra de prevalência do imposto da União, no caso de eventual sobreposição.

Em 1946, enfraquece-se a competência tributária estadual, redistribuindo-se para a União os impostos sobre combustíveis e sobre propriedade territorial rural, e para os Municípios, os impostos sobre transmissão *inter vivos* e sobre profissões e indústrias. A competência tributária residual concorrente retorna para a União e os Estados-membros, novamente com a prevalência da tributação federal, no caso de criação de tributo estadual idêntico.

Identificam-se, no entanto, algumas deficiências estruturais do sistema tributário assim constituído, dentre as quais a cumulatividade do imposto sobre vendas e consignações, além da incompatibilidade da competência estadual para tributar exportações vis-à-vis a competência federal para tratar do comércio exterior e das políticas monetária e cambial.

Entra em curso, por esses motivos, a reforma tributária de 1965, na qual o governo decide estruturar um sistema de impostos sobre o valor agregado, mediantes três tributos atribuídos a três entes tributantes distintos (IPI, ICM e ISS). Além disso, certas operações e certos bens são reservados ao poder de tributar seletivo da União, a quem cabia também tributar operações de crédito, câmbio, seguro e relativas a títulos e valores mobiliários.

A partir de então, são definidas as espécies tributárias, consolidadas as limitações ao poder de tributar, é inserido o conceito de não-cumulatividade e são redistribuídas as competências tributárias em quatro grandes grupos: **(i)** impostos sobre o comércio exterior (impostos de importação e exportação, ambos de competência da União); **(ii)** impostos sobre o patrimônio e a renda (impostos de renda e sobre propriedade rural, para a União, imposto sobre transmissão de imóveis, de competência dos Estados, e imposto sobre propriedade predial e territorial urbana, pertencente aos Municípios); **(iii)** impostos sobre a produção e a circulação (IPI, IOF e imposto sobre serviços de transporte e comunicações, para a União; ICM estadual; e o ISS, distribuído aos Municípios); **(iv)** além dos chamados impostos especiais (impostos únicos sobre combustíveis, energia elétrica e minerais, todos pertencentes à União). Nada se dizia, nesse momento, a respeito de competência tributária residual, prevendo-se apenas a necessária possibilidade de criação de impostos extraordinários para o caso de guerra.

Promulga-se o Código Tributário Nacional, mantendo a mesma classificação das incidências tributárias em impostos sobre o comércio exterior, impostos sobre patrimônio e renda, impostos sobre a produção e circulação, impostos especiais, impostos extraordinários, taxas e contribuições de melhoria.

Na Constituição de 1967 e na Emenda Constitucional nº 1, de 1969, não obstante mantidas as competências tributárias de 1965, abandona-se a separação econômica dos tributos, voltando-se a agrupá-los por ente tributante competente para a sua cobrança.

Permite-se à União instituir contribuições, tendo em vista a intervenção no domínio econômico e o interesse da previdência social ou de categorias profissionais, assim como os empréstimos compulsórios. Reserva-se também à União a competência tributária residual para instituir novos impostos, desde que tais impostos não tivessem base de cálculo e fato gerador idênticos a outros já discriminados constitucionalmente.

Na Constituinte de 1988, verifica-se certa descentralização do poder de tributar, com o aumento dos impostos atribuídos aos Estados, Distrito Federal e Municípios: **(i)** aglutinando-se sob a competência dos Estados e do Distrito Federal, para a tributação de circulação de mercadorias, os antigos impostos federais únicos sobre combustíveis, energia elétrica, minerais, transporte e comunicação, dando origem ao ICMS; **(ii)** atribuindo-se aos Estados e ao Distrito Federal a competência para a instituição e cobrança do IPVA, em substituição implícita à antiga taxa rodoviária única federal; **(iii)** substituindo-se o imposto estadual sobre transmissões de bens imóveis, pelo imposto de transmissão *causa mortis* e de doação de quaisquer bens ou direitos, de competência dos Estados e Distrito Federal, e pelo imposto de transmissão *inter vivos* de bens imóveis e direitos reais sobre imóveis, de competência dos Municípios; e **(iv)** outorgando-se aos Municípios o poder de tributar as vendas a varejo de combustíveis líquidos e gasosos, exceto óleo diesel, competência essa que lhes foi posteriormente retirada pela Emenda Constitucional nº 3/1993.

Ademais: **(v)** cria-se a possibilidade de tributação das grandes fortunas, competência essa até hoje não exercida; e **(vi)** mantém-se exclusivamente nas mãos da União a competência para criar novos impostos, exigindo-se para tanto a aprovação de lei complementar, a observância de um regime não-cumulativo para o novo tributo e, na hipótese da sua instituição, que esse novo tributo não tivesse fato gerador, nem base de cálculo de imposto já previsto na Constituição.

Não se conseguiu, naquele momento, promover uma mudança mais radical do sistema tributário nacional, baseada na tributação ampla e progressiva da renda, na criação de um imposto geral sobre o patrimônio, na tributação sobre sucessões e doações, e, finalmente, na unificação dos chamados impostos indiretos em um único imposto sobre o valor agregado cobrado no destino, o qual absorveria também os impostos únicos sobre minérios, combustíveis, energia elétrica e serviços de telecomunicação e transporte. Discutia-se inclusive a substituição transitória da contribuição ao Finsocial e do salário-educação por um IVA (imposto sobre valor agregado) suplementar federal, o que acabou por não vingar na Assembleia Nacional Constituinte.

Essa era a linha principal do projeto de sistema tributário advogado pelo IPEA (Instituto de Pesquisa Econômica Aplicada), que propunha também instrumentos de compartilhamento de receitas fiscais, incluindo a constituição de um "fundo de descentralização", cujo propósito era compensar igualmente a descentralização de funções públicas que ali se idealizava.

Em vez de tal medida, sagrou-se vitoriosa a descentralização mais tímida que inspirava os projetos Afonso Arinos e IASP/ABDF, com modificações pontuais em relação ao sistema tributário anterior e sem a criação de um imposto sobre valor agregado.

"Apesar das alterações feitas no Imposto sobre Circulação de Mercadorias (tal como o aumento da base tributável), a reforma não adotou a adoção de um imposto sobre o valor agregado e não estabeleceu o princípio da destinação para a arrecadação deste imposto. Isto pode ser explicado pelos conflitos de interesses e o efeito de um consenso ambíguo que se estabeleceu entre os atos para possibilitar a aprovação das alterações. Assim, a ausência de uma reforma mais profunda no momento da Constituição devido à necessidade de satisfazer os interesses das coalizões em conflito teve um impacto significativo na sequência", é o que conclui Melina de Souza Rocha Lukic, na sequência dos capítulos 1 e 2, da sua excelente obra *Reforma tributária no Brasil: ideias, interesses e instituições* (Curitiba: Juruá, 2014, p. 207).

Posteriormente, outras oportunidades preciosas foram desperdiçadas para que se pudesse aprimorar o sistema tributário nacional, notadamente quando o Constituinte Derivado aprovou emendas: **(i)** permitindo que se criasse o regime único de arrecadação de impostos e contribuições da União, dos Estados, do Distrito Federal e dos Municípios, o que veio a ser feito pela Lei Complementar nº 123/2006; **(ii)** prevendo a possibilidade de lei complementar estabelecer critérios especiais de tributação, para prevenir desequilíbrios da concorrência, competência essa até hoje não exercida; **(iii)** criando competência tributária para a instituição e cobrança de contribuições sociais e de intervenção no domínio econômico sobre importação de produtos estrangeiros ou serviços; **(iv)** autorizando Municípios e Distrito Federal a exigirem contribuição para o custeio do serviço de iluminação pública; **(v)** instituindo o princípio da anterioridade nonagesimal para tributos; **(vi)** permitindo a fiscalização e cobrança do ITR pelos Municípios, repartindo nesse caso a arrecadação do imposto entre Municípios e União; **(vii)** ampliando a imunidade das exportações ao ICMS, bem como imunizando do mesmo imposto as prestações de serviços de comunicação nas modalidades de radiodifusão sonora e de sons e imagens de recepção livre e gratuita; **(viii)** criando regras próprias de uniformização de alíquotas e repartição do ICMS entre origem e destino, no que se refere a operações com combustíveis derivados de petróleo e lubrificantes, gás natural e seus derivados; **(ix)** inserindo regras de tributação mínima e máxima do ISS, determinando também à lei complementar que regulamentasse a forma como benefícios fiscais relativos a esse imposto poderiam ser criados pelos Municípios; e **(x)** estabelecendo a possibilidade de substituição da contribuição previdenciária patronal sobre folha de salários, por uma contribuição sobre a receita ou faturamento. Agora mais recentemente, nos deparamos com a Emenda Constitucional nº 87/2015, revendo a repartição do ICMS sobre operações e prestações de serviços interestaduais com consumidores finais entre Unidades Federadas de origem e de destino.

Como resultado, tem-se um sistema tributário distribuído, segundo dados da Receita Federal de 2015: mais de 18% na tributação sobre a renda, quase 26% na tributação sobre folha de salários, cerca de 4% na tributação de propriedade, menos de 2% na tributação de transferências financeiras e, por fim, a metade da carga tributária concentrada na tributação sobre bens e serviços.

# Capítulo 2
# Estrutura a partir da Constituição

## Introdução

A Constituição Federal de 1988 inicia a estruturação do sistema tributário nacional atribuindo, à União, aos Estados, ao Distrito Federal e aos Municípios, o poder de instituir as seguintes espécies de tributos: **(i)** impostos; **(ii)** taxas, **(ii.i)** em razão do exercício do poder de política ou **(ii.ii)** pela utilização, efetiva ou potencial, de serviços públicos específicos e divisíveis, prestados ao contribuinte ou colocados à sua disposição; e **(iii)** contribuições de melhoria decorrente de obras públicas.

Além disso, outorga à União o poder exclusivo para a cobrança de **(iv)** contribuições sociais, **(v)** contribuições de intervenção no domínio econômico e **(vi)** contribuições de interesse das categorias profissionais ou econômicas. Estados, Distrito Federal e Municípios podem instituir e cobrar contribuições apenas sobre os seus servidores públicos, para o custeio e em benefício do seu próprio regime de previdência.

Permite-se que o governo federal também institua **(vii)** empréstimos compulsórios para o atendimento de despesas extraordinárias, decorrentes de calamidade pública, de guerra externa ou sua iminência, ou para o caso de investimento público de caráter urgente e de relevante interesse nacional.

Muito embora haja inúmeras críticas acadêmicas em relação à qualificação dos empréstimos compulsórios como tributo, em razão da necessidade da sua devolução ao contribuinte, o fato é que, no texto constitucional, a sua instituição e a sua cobrança são tratadas como componente do sistema tributário nacional. Isso nos faz crer que, aos olhos do Constituinte Originário, empréstimos compulsórios teriam natureza tributária.

Críticas semelhantes existem com relação à referência ao **(viii)** pedágio como uma espécie de tributo, o que, novamente aos olhos do Constituinte Originário, parece estar fora de dúvida, uma vez que se trata da única categoria excepcionada da regra de proibição do uso de tributos como limitação ao tráfego de pessoas ou bens, inclusive.

Não foi isso o que entendeu, no entanto, o Supremo Tribunal Federal na Ação Direta de Inconstitucionalidade nº 800-RS (Pleno, Rel. Min. Teori Zavascki, j. em 11.6.2014), ao considerar que o pedágio tem natureza de *preço público*, o que significa excluir a sua instituição e cobrança da aplicação de todos os princípios e limitações ao poder de tributar. E tal entendimento alterou a orientação anterior do mesmo Supremo Tribunal, firmada no Recurso Extraordinário nº 181.475-6-RS (2ª Turma, Rel. Min. Carlos Velloso, j. em 4.5.1999).

A nosso ver, porém, a atual orientação da Suprema Corte é equivocada, na medida em parece interpretar a Constituição "de baixo para cima", analisando se o pedágio teria ou não natureza jurídica a partir da definição de tributo dada pelo artigo 3º, do Código Tributário Nacional; e não a partir dessa definição dada pelo contexto do sistema tributário nacional desenhado na Constituição de 1988.

Finalmente, a Constituição ainda trata de uma última categoria de tributo, ao permitir que Municípios e Distrito Federal instituam **(ix)** contribuição para o custeio do serviço de iluminação pública.

Portanto, consideradas essas regras, temos as seguintes espécies tributárias e as respectivas competências constitucionais para a sua instituição:

| UNIÃO | ESTADOS | DISTRITO FEDERAL | MUNICÍPIOS |
|---|---|---|---|
| Impostos | | | |
| Taxas | | | |
| Contribuições de melhoria | | | |
| Pedágio (STF entende que não) | | | |
| Contribuições sociais | Contribuição para custeio da previdência dos servidores | | |
| Contribuições de intervenção no domínio econômico | | | |
| Contribuições de interesse das categorias profissionais ou econômicas | | | |
| Empréstimos compulsórios | | Contribuição para custeio do serviço de iluminação pública | |

Vale mencionar que, em relação à chamada contribuição ao Fundo de Garantia por Tempo de Serviço (FGTS), criada pela Lei nº 5.107/66 e atualmente regida pela Lei nº 8.036/90, os Tribunais Superiores rejeitam a sua natureza tributária, em razão de se tratar de um direito do trabalhador, assegurado pelo artigo 7º, inc. III, da Constituição Federal, não representando uma receita da União. Nesse sentido, vale destacar: **(i)** o Recurso Extraordinário nº 100.249-2-SP, Pleno, Rel. Min. Néri da Silveira, j. em 2.12.1987; **(ii)** o Recurso Extraordinário com Agravo nº 709.212-DF, Pleno, Rel. Min. Gilmar Mendes, j. em 13.11.2014; e **(iii)** a súmula nº 353, do Superior Tribunal de Justiça.

Ao discriminar e categorizar os tributos, a Constituição os submeteu a determinadas regras e princípios que precisarão ser observados sempre que União, Estados, Distrito Federal e Municípios pretenderem recorrer a essas fontes de arrecadação.

As regras comuns a todas essas categorias de tributos e que independem da pessoa política (União, Estados, Distrito Federal ou Municípios) que os exige – embora possam ser relativizadas, conforme será oportunamente detalhado – são as seguintes: **(i)** obediência ao princípio da *legalidade*, não podendo haver exigência ou aumento de tributo sem lei que o estabeleça; **(ii)** respeito ao princípio da *isonomia*, sendo vedado instituir tratamento desigual entre contribuintes que se encontrem em situação equivalente, proibida qualquer distinção em razão de ocupação profissional ou função por eles exercida, independentemente da denominação jurídica dos rendimentos, títulos ou direitos; **(iii)** *irretroatividade* da lei, sendo defesa a exigência de tributos em relação a fatos geradores ocorridos antes do início da vigência da lei que os houver instituído ou aumentado; **(iv)** necessidade de que a lei tributária seja anterior (*anterioridade anual* e/ou *nonagesimal*) à cobrança do imposto por ela instituído ou majorado; e **(v)** *vedação ao* uso do tributo com efeito de *confisco*.

A Constituição também proíbe **(vi)** o *uso de tributo como limitação ao tráfego* de pessoas ou bens pelo território nacional. Mas, aqui, como já referido acima, é feita a ressalva à cobrança de pedágio pela utilização de vias conservadas pelo Poder Público. Sob essa perspectiva (aceitando-se o pedágio como tributo), não se trataria de regra aplicável a absolutamente todas as categorias do sistema tributário nacional.

Especificamente em relação aos impostos, a Constituição adiciona a proibição à sua cobrança sobre determinadas situações, assim caracterizadas como *imunidades*, notadamente: **(i)** sobre o patrimônio, rendas ou serviços, das próprias pessoas políticas; **(ii)** sobre templos de qualquer culto; **(iii)** sobre patrimônio, renda ou serviços dos partidos políticos, inclusive as suas fundações, das entidades sindicais dos trabalhadores, das instituições de educação e de assistência social, sem fins lucrativos; **(iv)** sobre livros, jornais, periódicos e o papel destinado à sua impressão; e, finalmente, **(v)** sobre fonogramas e videofonogramas musicais produzidos no Brasil contendo obras musicais ou literomusicais de autores brasileiros e/ou obras em geral interpretadas por artistas brasileiros bem como os suportes materiais ou arquivos digitais que os contenham, salvo na etapa de replicação industrial de mídias ópticas de leitura a laser.

Proíbe também, apenas para os impostos, que a receita derivada da sua arrecadação seja vinculada a órgão, fundo ou despesa, ressalvadas as regras de repartição de arrecadação dos impostos previstas na própria Constituição, as quais serão detalhadas adiante.

Já no que se refere às contribuições sociais e de intervenção no domínio econômico, a Constituição prevê a impossibilidade da sua cobrança (portanto, uma imunidade) sobre receitas decorrentes de exportação. E, apenas em relação às contribuições sociais, proíbe que o seu pagamento seja exigido antes de decorridos noventa dias da publicação da lei que as houver instituído ou modificado, bem como afasta a possibilidade da sua exigência de entidades beneficentes de assistência social que atendam às condições estabelecidas em lei.

Especificamente aos tributos de competência da União, a Constituição Federal não autoriza: **(i)** a sua instituição e cobrança de maneira não uniforme em todo o território nacional ou que implique distinção ou preferência em relação a Estado, ao Distrito Federal ou a Município, em detrimento de outro, sendo admitida somente a concessão de incentivos fiscais destinados a promover o equilíbrio do desenvolvimento socioeconômico entre as diferentes regiões do País; **(ii)** a tributação da renda das obrigações da dívida pública de Estados, Distrito Federal e Municípios, bem como a remuneração e os proventos dos respectivos agentes públicos, em níveis superiores aos que fixar para as suas próprias obrigações e para os seus próprios agentes; e **(iii)** a instituição de isenções relativas aos tributos de competência dos Estados, do Distrito Federal ou dos Municípios.

Estados, Distrito Federal e Municípios, por sua vez, sujeitam-se a outra regra própria com relação à uniformidade dos seus tributos no território nacional, sendo proibidos de estabelecer diferença tributária entre bens e serviços de qualquer natureza, em razão da sua procedência ou do seu destino.

## Distribuição de competências

Tomando por referência essas categorias tributárias e as correspondentes limitações à sua instituição e cobrança, a Constituição cuida da distribuição de determinados signos presuntivos de riqueza sobre os quais União, Estados, Distrito Federal e Municípios podem cobrar os seus tributos. Assim, no artigo 153 autoriza a União a instituir e cobrar impostos sobre: **(i)** a importação de produtos estrangeiros (II); **(ii)** a exportação, para o exterior, de produtos nacionais ou nacionalizados (IE); **(iii)** a renda e os proventos de qualquer natureza (IR); **(iv)** as operações de crédito, câmbio e seguro, ou relativas a títulos ou valores mobiliários (IOF); **(v)** a propriedade territorial rural (ITR); e **(vi)** grandes fortunas (IGF).

A União ainda tem o poder de instituir: **(vii)** impostos não previstos na sua competência originária, desde que sejam não cumulativos e não tenham fato gerador ou base de cálculo próprios de outro imposto discriminado na Constituição; e **(viii)** impostos extraordinários para a iminência ou a ocorrência de guerra externa.

Em relação às contribuições sociais, o Governo Federal tem o poder de instituir esse tipo de tributo: **(ix)** sobre a folha de salários e demais rendimentos do trabalho pagos ou creditados, pelo empregador, à pessoa física que lhe preste serviço, mesmo sem vínculo empregatício; **(x)** sobre a receita ou o faturamento, inclusive em caráter substitutivo à contribuição sobre a folha de salários; **(xi)** sobre o lucro; **(xii)** sobre o trabalhador e demais segurados da previdência social; **(xiii)** sobre a receita de concursos de prognósticos; **(xiv)** sobre a importação de bens ou serviços do exterior; **(xv)** sobre a receita bruta ou o faturamento, em substituição à contribuição referida no item *(ix)*; além da **(xvi)** contribuição social do salário-educação, cuja função é servir de fonte adicional para o financiamento da educação básica pública.

Os Estados da Federação, por sua vez, podem instituir e cobrar impostos sobre: **(i)** a transmissão *causa mortis* e a doação de quaisquer bens ou direitos (ITCMD); **(ii)** as operações relativas à circulação de mercadorias e sobre as prestações de serviços de transporte interestadual e intermunicipal e de comunicação, ainda que as operações e as prestações se iniciem no exterior (ICMS); e **(iii)** a propriedade de veículos automotores (IPVA).

Os Municípios, segundo a distribuição de competências feita na Constituição, têm o poder de instituir impostos sobre **(i)** a propriedade predial e territorial urbana (IPTU), **(ii)** a transmissão *inter vivos*, a qualquer título, por ato oneroso, de bens imóveis e de direitos reais sobre imóveis (ITBI) e **(iii)** serviços de qualquer natureza (ISS), além da já referida **(iv)** contribuição para o custeio do serviço de iluminação pública.

O Distrito Federal, por força do artigo 147, da Constituição, acumula as competências tributárias dos Estados e dos Municípios, lembrando que, não só aquele, como também estes detêm o já referido poder de instituir e cobrar contribuições para o custeio da previdência dos seus servidores públicos.

**Estrutura normativa**

Considerada essa atribuição de competências tributárias, é necessário compreender que são elas exercidas, primordialmente, pelo poder de legislar que a Constituição atribui de maneira concorrente, no seu artigo 24, inc. I, à União, aos Estados e ao Distrito Federal. Os Municípios detêm o mesmo poder, que lhes é outorgado nos incs. I a III, do artigo 30.

Portanto, quando se menciona competência tributária, está a se falar imediatamente em poder de legislar, a ser exercido pelo Poder Legislativo da pessoa política, com a participação do respectivo chefe do Poder Executivo, detentor dos poderes de sanção e de veto.

Uma vez promulgada lei válida e vigente, deverá o Poder Executivo dar-lhe cumprimento, tomando as medidas necessárias para a efetiva cobrança do tributo, iniciando pela eventual regulamentação da lei de instituição do tributo, caso assim seja necessário. Para tanto, a Constituição outorga ao Presidente da República, no seu artigo 84, inc. IV, o poder para expedir decretos e regulamentos para a fiel execução das leis por ele sancionadas e promulgadas.

O chefe do Poder Executivo também pode utilizar o decreto, em caráter excepcional de flexibilização do princípio da legalidade tributária, para aumentar e reduzir alíquotas do II, do IE, do IPI e do IOF, observados os limites e as condições da legislação relativa a cada um dos impostos.

De acordo com o artigo 59 da Constituição, o poder de legislar é exercido por meio dos seguintes instrumentos: **(i)** emendas à Constituição; **(ii)** leis complementares; **(iii)** leis ordinárias; **(iv)** leis delegadas; **(v)** medidas provisórias; **(vi)** decretos legislativos; e **(vii)** resoluções.

Ressalvados os casos especiais reservados à lei complementar, a lei ordinária é o instrumento por natureza utilizado para a instituição e o aumento de tributos, sendo também permitido o uso de medidas provisórias para esse fim, em situações que revelem "relevância e urgência", conforme artigo 62, *caput*.

As resoluções do Senado Federal também cumprem papel destacado quanto ao ICMS, ao ITCMD e ao IPVA: **(i)** em relação ao primeiro, o Senado deve fixar alíquotas internas mínimas e máximas além das alíquotas para operações e prestações interestaduais tributadas pelo ICMS; **(ii)** no que se refere ao segundo, a resolução do Senado deve fixar as suas alíquotas máximas; e **(iii)** quanto ao IPVA, as suas alíquotas mínimas.

O Código Tributário Nacional, no seu artigo 96, refere que a expressão "legislação tributária" compreende as leis, os tratados e as convenções internacionais, os decretos e as chamadas "normas complementares", que disponham, no todo ou em parte, sobre tributos e as relações jurídicas a eles pertinentes.

Os tratados e as convenções internacionais têm os seus efeitos reconhecidos pela Constituição, que lhes dedica regras estabelecendo o seguinte: **(i)** que os tratados internacionais relativos a direitos humanos, quando aprovados em dois turnos, em ambas as casas do Congresso, por três quintos dos votos, serão equivalentes a emendas constitucionais e se incorporarão ao rol de garantias fundamentais do artigo 5º; **(ii)** que é da competência do Congresso Nacional resolver sobre a aceitação ou não de tratados, acordos ou atos internacionais que acarretem encargos ou compromissos gravosos ao patrimônio nacional; mas, **(iii)** que compete ao Presidente da República, como chefe de Estado, celebrar tratados, convenções e atos internacionais, que ficam então sujeitos ao referendo do Congresso Nacional.

Assim sendo feito, o tratado e a convenção internacional incorporam-se à legislação federal, guardando com ela o mesmo grau de hierarquia, de tal sorte que, nos termos dos artigos 102, inc. III, alínea "b", e 105, inc. III, alínea "a", da Constituição, ficarão sujeitos ao controle do Supremo Tribunal Federal e do Superior Tribunal de Justiça.

No que se refere às tais "normas complementares" à legislação tributária, ainda, o Código Tributário Nacional inclui nessa categoria: **(i)** os atos normativos expedidos pelas autoridades administrativas; **(ii)** as decisões dos órgãos singulares ou coletivos de jurisdição administrativa, a que a lei atribua eficácia normativa; **(iii)** as práticas reiteradamente observadas pelas autoridades administrativas; e **(iv)** os convênios que entre si celebrem a União, os Estados, o Distrito Federal e os Municípios.

Em matéria de ICMS, a figura do convênio entre os governos estaduais e distrital tem papel de enorme relevância, sendo utilizada para: **(i)** estabelecer regras para a concessão de benefícios fiscais e financeiros relativos ao imposto estadual; **(ii)** fixar obrigações acessórias aplicáveis em âmbito nacional; **(iii)** atribuir efeitos extraterritoriais à legislação do Estado ou do Distrito Federal; e, como derivação disso, **(iv)** estabelecer regras e instituir regime de substituição tributária em operações interestaduais.

É possível dizer, ainda, que o ordenamento jurídico brasileiro, no seu atual estágio, considera como fontes relevantes para a interpretação e a aplicação da legislação tributária, dado o seu caráter vinculante em relação aos magistrados (artigo 927, do Código de Processo Civil) e, em certo grau, à própria administração fazendária (vide Lei nº 10.522/2002): **(i)** as decisões do Supremo Tribunal Federal em controle concentrado de constitucionalidade; **(ii)** os enunciados de súmula vinculante; **(iii)** os acórdãos em resolução de demandas repetitivas e em julgamento de recursos extraordinário e especial repetitivos; e **(iv)** os enunciados das súmulas do Supremo Tribunal Federal em matéria constitucional e do Superior Tribunal de Justiça, em matéria infraconstitucional.

## Relevância da lei complementar

A Constituição atribui relevantes funções à legislação complementar, cuja aprovação é mais complexa do que a de uma mera lei ordinária, exigindo maioria absoluta de ambas as casas do Poder Legislativo federal. Além disso, é preciso ter em mente que, se determinado assunto for constitucionalmente reservado à lei complementar, ele automaticamente não pode ser tratado por meio de medida provisória, conforme vedação prevista no artigo 62, § 1º, inc. III.

A primeira dessas funções, conforme artigo 146, inc. I, é dispor sobre conflitos de competência, em matéria tributária, entre a União, os Estados, o Distrito Federal e os Municípios, o que não raras vezes pode ocorrer, dada a sobreposição de hipóteses de incidência dos impostos previstos na Constituição. Com efeito:

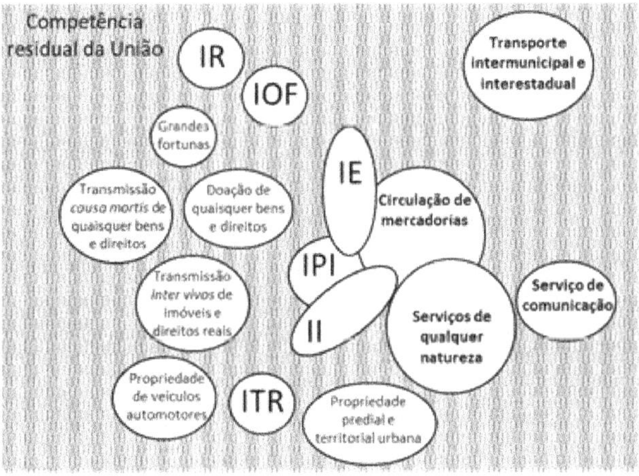


Muito embora uma parte desses conflitos seja aparente, encontrando solução no texto da Constituição, outra parcela é reconhecida como existente pelo mesmo Constituinte, que delega a sua resolução à lei complementar.

Tal situação é a que ocorre com a zona de intersecção entre ICMS e ISS, cabendo à lei complementar resolver se determinado serviço (desde que não tenha natureza de serviço de transporte interestadual/intermunicipal ou comunicação) é da competência do Município. Se assim ocorrer, implicará a sua exclusão do valor total da operação (base de cálculo do ICMS), caso o serviço seja prestado juntamente com o fornecimento de uma mercadoria tributada pelo imposto estadual.

Como exemplos dos conflitos aparentes, solucionados na própria Constituição, podem ser mencionados: **(i)** a incidência do ICMS e do IOF sobre operações com ouro, segregada nos artigos 153, § 5º, e 155, § 2º, inc. X, alínea "c"; **(ii)** a inclusão ou não do IPI na base de cálculo do ICMS, tratada no artigo 155, § 2º, inc. XI; e **(ii)** a permissão de cobrança de ICMS, II e IE nas operações com energia elétrica, serviços de telecomunicações, operações com derivados de petróleo, combustíveis e minerais do País, conforme artigo 155, § 3º.

Outra função atribuída à lei complementar, pelo artigo 146, inc. II, é regular as limitações constitucionais ao poder de tributar. Cabe-lhe ainda, segundo o artigo 146, agora no seu inc. III, estabelecer normas gerais em matéria de legislação tributária, especialmente a respeito: **(i)** da definição de tributos e suas espécies; **(ii)** da definição dos respectivos fatos geradores, bases de cálculo e contribuintes, em relação aos impostos; **(iii)** de obrigação, lançamento, crédito, prescrição e decadência tributários; **(iv)** do adequado tratamento tributário ao ato cooperativo praticado pelas sociedades cooperativas; e **(v)** da definição de tratamento tributário diferenciado e favorecido para microempresas e para empresas de pequeno porte, inclusive mediante a instituição de regime único de arrecadação dos impostos e contribuições da União, dos Estados, do Distrito Federal e dos Municípios.

Segundo já decidido pelo Supremo Tribunal Federal, o rol de temas referidos no artigo 146, inc. III, é exemplificativo (Recurso Extraordinário nº 407.190-8-RS, Pleno, Rel. Min. Marco Aurélio, j. em 27.10.2004), sendo relevante compreender que o caráter "geral" das normas a serem estabelecidas por meio de lei complementar, em matéria tributária, tem o sentido de "vincular todos os entes federados e os administrados", de maneira a "assegurar tratamento centralizado a alguns temas para que seja possível estabilizar legitimamente expectativas" (Agravo Regimental no Recurso Extraordinário nº 433.352-MG, 2ª Turma, Rel. Min. Joaquim Barbosa, j. em 20.4.2010). Nesse sentido, vale referir que, em relação à legislação tributária editada anteriormente à Constituição de 1988, muito embora possa não se tratar de ato promulgado sob a forma de lei complementar, poderá ter havido a sua recepção como tal em razão de o texto normativo cuidar de tema materialmente reservado a esse tipo de legislação.

É essa a situação que ocorreu com o próprio Código Tributário Nacional, promulgado como lei ordinária sob a égide da Constituição de 1946, quando a figura da lei complementar não era exigida para tratar das normas gerais de direito tributário. Mas foi recepcionado materialmente como legislação complementar, a partir do momento em que, nos regimes constitucionais que se sucederam (artigo 19, § 1º, da Constituição de 1967, e artigo 18, § 1º, da Emenda Constitucional nº 1/1969), esse tipo de lei passou a ser exigida para aquela temática tratada pelo Código Tributário.

A Constituição Federal ainda reserva à lei complementar os seguintes temas: (i) o estabelecimento de critérios especiais de tributação, com o objetivo de prevenir desequilíbrios da concorrência (artigo 146-A); (ii) a instituição de empréstimos compulsórios pela União (artigo 148); (iii) a instituição, pela União, de outras contribuições para o financiamento da seguridade social, além daquelas constantes do artigo 195; (iv) o exercício da competência tributária residual da União, prevista no artigo 154, inc. I; (v) a instituição do IGF; (vi) a regulação da competência de Estados e Municípios para a cobrança do ITCMD nos casos de doador domiciliado ou residente no exterior ou de cujus que possuía bens, era residente ou domiciliado ou teve o seu inventário processado no exterior; (vii) a regulação de aspectos diversos relativos ao ICMS, conforme artigo 155, § 2º, inc. XII; (viii) a definição dos serviços sujeitos ao ISS, como já anteriormente destacado; e (ix) o tratamento dos temas relativos a esse mesmo imposto municipal, referidos no artigo 156, § 3º (fixar suas alíquotas mínimas e máximas, excluir as exportações da sua incidência e regular a forma e condições para a concessão e revogação de isenções, incentivos e benefícios fiscais pertinentes ao ISS).

## Estrutura normativa nos níveis estadual, distrital e municipal

De acordo com o artigo 25, da Constituição Federal, os Estados devem se organizar segundo as suas próprias Constituições, desde que observados os princípios da Carta Nacional e respeitada, ainda, a sua plena competência para tratar das matérias que não lhe sejam vedadas pelo texto de 1988.

Além disso, a Constituição Federal regula temas pertinentes: **(i)** às competências legislativas e executivas dos Estados (artigos 22, parágrafo único, 23 e 24); **(ii)** à forma como a sua competência legislativa deve ser exercida em relação a certas matérias (artigo 25, § 3º); **(iii)** ao patrimônio dos Estados (artigo 26) e à forma da sua utilização (artigo 25, § 2º); **(iv)** à organização do Poder Legislativo estadual (artigo 27); **(v)** à eleição dos chefes do Poder Executivo estadual (artigo 28); e **(vi)** à organização do Poder Judiciário estadual (capítulo III, título IV, da Constituição de 1988).

Como se percebe, o regime federativo brasileiro é bastante restritivo, de maneira que, muito embora os Estados e o Distrito Federal possam legislar sobre uma série de temas, em especial para instituir e cobrar os tributos de sua competência, os limites da Constituição Federal e da legislação complementar a partir dela editada devem ser observados.

Apesar disso, as Constituições Estaduais não deixam de ter relevância, na medida em que, guardada a devida simetria com a Carta Nacional, poderão regular temas pertinentes ao exercício das suas competências tributárias, ou mesmo da competência dos Municípios que o compõem.

Assim, tomando por exemplo a Constituição do Estado de São Paulo, o seu artigo 163, inc. VIII, orientando-se pela norma do artigo 151, inc. I, da Constituição Federal, estabelece ser vedado ao Estado instituir isenções de tributos da competência dos Municípios. De outro lado, trazendo regra inexistente na Carta Nacional, a Constituição Paulista determina, no seu artigo 166, que o Poder Executivo isente do imposto de transmissão *causa mortis* o imóvel de pequeno valor, utilizado como residência do beneficiário da herança.

Importante observar, ainda, as especificidades da Constituição de cada Estado com relação aos seus processos legislativos e às matérias reservadas, internamente, para serem reguladas por meio de leis complementares, leis ordinárias, decretos legislativos ou resoluções do Poder Legislativo local.

O mesmo deve ocorrer em relação ao poder regulamentar do chefe do Poder Executivo estadual, na medida em que poderá haver pequenas diferenças com relação às regras da Constituição Federal, tal como se dá no artigo 47, inc. III, da Constituição Paulista, que não autoriza a edição de decretos e regulamentos pelo Governador quando, no prazo de cento e oitenta dias da publicação de determinada lei estadual, o seu conteúdo for desafiado por ação direta de inconstitucionalidade.

Tema relevante quanto à relação federativa entre União e Estados Membros, ainda, diz respeito ao exercício da competência legislativa concorrente, de que trata o artigo 24, da Constituição Federal. Segundo esse dispositivo, União, Estados e Distrito Federal têm o poder concorrente de legislar sobre direito tributário, sendo que, de acordo com os §§ 1º a 4º: **(i)** a competência da União deve se limitar a estabelecer normas gerais; **(ii)** ela não exclui, por consequência, a competência suplementar dos Estados e do Distrito Federal; **(iii)** não havendo lei federal dispondo sobre norma geral, os Estados devem exercer a competência legislativa plena, para atender às suas peculiaridades; e **(iv)** a superveniência de lei federal sobre normas gerais suspende a eficácia da lei estadual, no que lhe for contrário.

A aplicação dessas regras de intersecção no exercício da competência concorrente, em matéria tributária, já rendeu alguns embates de grande relevância em relação aos impostos de responsabilidade dos Estados (a título de exemplo, vide tema nº 171, objeto dos Recursos Extraordinários nºs 439.796-PR e 474.267-RS. Pleno, Rel. Min. Joaquim Barbosa, j. em 6.11.2013).

As mesmas observações podem ser aplicadas, em certa medida, aos Municípios, que também são unidades autônomas que compõem a República Federativa do Brasil (artigo 18), embora nessas unidades os poderes políticos sejam bipartidos entre Executivo e Legislativo, permanecendo os conflitos relativos a temas municipais, como regra, sujeitos ao Judiciário Estadual.

Portanto, é importante conferir as regras estabelecidas na lei orgânica de cada Município, a fim de identificar eventuais restrições ou condicionantes ao exercício do seu poder de tributar.

Como exemplo, podemos mencionar, a partir da Lei Orgânica do Município de São Paulo: **(i)** o seu artigo 40, § 3º, inc. I, que exige maioria absoluta na Câmara Municipal para a aprovação de lei que trate de matéria tributária; **(ii)** o seu artigo 41, inc. V, que exige a convocação de, no mínimo, duas audiências públicas pela Câmara Municipal, para aprovação de leis sobre a mesma temática; e **(iii)** o seu artigo 69, inc. III, que contém regra idêntica à do artigo 47, da Constituição Estadual, no sentido de não autorizar a edição de decretos e regulamentos pelo Prefeito quando, no prazo de cento e oitenta dias da publicação de determinada lei estadual, o seu conteúdo for desafiado por ação direta de inconstitucionalidade.

## Repartição da arrecadação

O desenho constitucional do sistema tributário é marcado, obrigatoriamente, pelo debate em torno da distribuição e do repasse das receitas arrecadadas.

Comparativamente ao que se via desde a Constituição de 1946, a Constituinte de 1988 trouxe um quadro de redistribuição de receitas muito mais complexo e "amarrado", de tal sorte que, também por isso, o sistema tributário foi ganhando feições distorcidas, na medida em que, independentemente da racionalidade dos tributos existentes, os entes da federação buscavam assegurar a sua arrecadação e o seu sustento por meio de repasses e redistribuições de receita. Com efeito:

| **Constituição de 1946** |
|---|
| **Repasses obrigatórios de arrecadação**<br>• 75% do imposto único sobre combustíveis e lubrificantes redistribuídos para Estados, Distrito Federal e Municípios<br>• 15% do imposto de renda redistribuído para Municípios<br>• 10% do imposto sobre consumo de mercadorias redistribuído para Municípios<br>• 100% do imposto sobre propriedade territorial rural redistribuído para Municípios |
| **Constituição de 1967 e Emenda Constitucional nº 1/1969** |
| **Repasses obrigatórios de arrecadação**<br>• 100% do imposto de renda sobre rendimentos do trabalho e da dívida pública pagos pelos Estados e Distrito Federal era a eles distribuído<br>• de um total de 12% do imposto de renda e do IPI:<br>o 5% eram destinados para o Fundo de Participação dos Estados e Distrito Federal<br>o 5% para o Fundo de Participação dos Municípios<br>o 2% para o Fundo Especial<br>• 40% do imposto único sobre combustíveis e lubrificantes, para Estados, Distrito Federal e Municípios |

| Constituição de 1988 |
|---|
| • 60% do imposto único sobre energia elétrica distribuídos para Estados, Distrito Federal e Municípios<br>• 90% do imposto único sobre minerais distribuídos para Estados, Distrito Federal e Municípios<br>• 20% do ICM distribuído aos Municípios |
| **Repasses obrigatórios de arrecadação**<br>• 100% do imposto de renda sobre rendimentos pagos pelos Estados, Distrito Federal e Municípios é a eles distribuído<br>• 20% de qualquer imposto instituído com a competência residual da União deve ser distribuído aos Estados e ao Distrito Federal<br>• o IOF sobre ouro é distribuído na proporção de 30% para Estados e Distrito Federal e 70% para Municípios de origem<br>• 50% do ITR deve ir para os Municípios (100% para o Município que cobrar e arrecadar o ISS, desde a Emenda Constitucional nº 42/2003)<br>• 50% do IPVA é distribuído para os Municípios<br>• 25% do ICMS é distribuído para os Municípios<br>• 49% do imposto de renda e do IPI são repartidos em:<br>o 21,5% para o Fundo de Participação dos Estados e Distrito Federal<br>o 24,5% para o Fundo de Participação dos Municípios<br>o 3% para programas de financiamento nas regiões Norte, Nordeste e Centro-Oeste<br>• 10% do IPI destinam-se a Estados e Distrito Federal conforme as suas exportações, devendo eles redistribuírem 25% para Municípios<br>• 29% da CIDE-combustíveis vão para Estados e Distrito Federal, devendo eles redistribuírem 25% para Municípios. |

Como se vê, a lógica e a racionalidade do sistema deixam de ser o mais relevante, desde que se consiga assegurar, na ponta da repartição financeira da arrecadação, um certo grau de conforto que permita manter o acordo federativo e custear os gastos públicos.

Ao mesmo tempo em que a Constituição vincula a arrecadação a determinados gastos, ela também desvincula em parte esses dispêndios obrigatórios, por meio da chamada "desvinculação de receitas", o que vem interferindo diretamente na forma como, por exemplo, as contribuições sociais são utilizadas pela União como fonte de arrecadação, cujo produto não necessita ser repartido com nenhum outro ente da Federação:

Composição da Carga Tributária da União

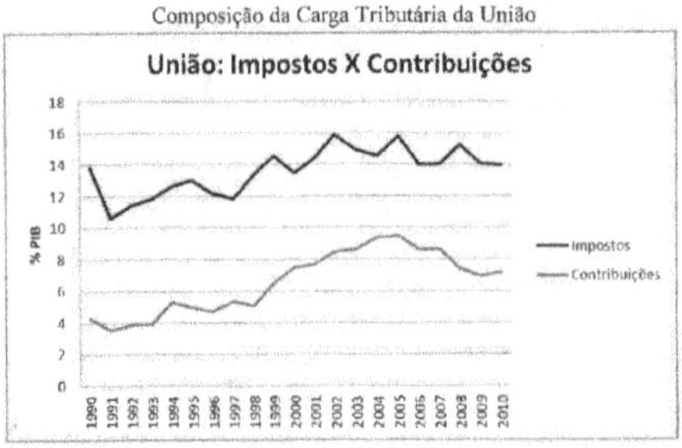


Composição da Carga Tributária da União (com contribuição previdenciária )

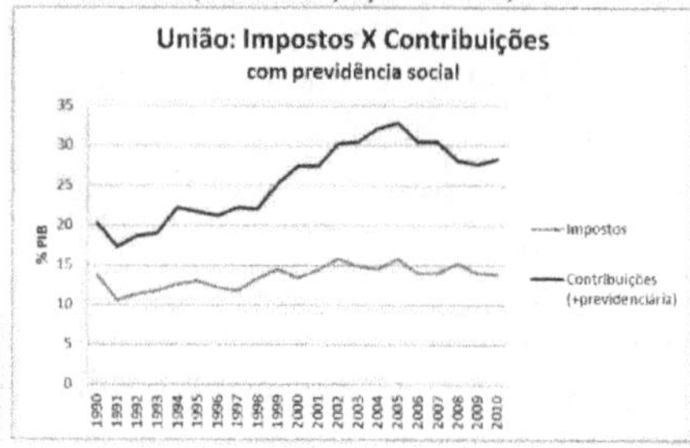


**Fonte:** LUKIC, Melina de Souza Rocha. *Reforma tributária no Brasil: ideias, interesses e instituições*. Curitiba: Juruá, 2014, p. 213-214

Além da vinculação genérica das contribuições sociais ao financiamento da seguridade social, conforme artigo 195, da Constituição Federal, temos também a contribuição ao PIS, conforme artigo 239, com a sua arrecadação destinada ao programa do seguro-desemprego, sendo pelo menos 40% para financiar programas de desenvolvimento econômico através do BNDES. O salário-educação deve ser empregado na educação básica pública (artigo 212, §§ 5º e 6º). E a arrecadação de impostos, incluindo as transferências, tem destinação parcialmente vinculada à manutenção e ao desenvolvimento do ensino, conforme o mesmo artigo 212, e artigo 60, do Ato das Disposições Constitucionais Transitórias (ADCT).

Mencione-se também a chamada Desvinculação das Receitas da União (DRU), originalmente criada no período do Plano Real, para viabilizar o financiamento do Fundo Social de Emergência (artigo 71, do ADCT). Atualmente, o tema é regulado pelos artigos 76, 76-A e 76-B, do ADCT, que permitem a desvinculação, até 31 de dezembro de 2023: **(i)** no caso da União, de 30% da arrecadação relativa às contribuições sociais, das contribuições de intervenção no domínio econômico e das taxas, excluída dessa repartição a contribuição social do salário-educação; **(ii)** no caso de Estados e Distrito Federal, de 30% da sua receita de impostos, taxas e multas, exceção feita aos recursos destinados ao financiamento das ações e serviços públicos de saúde e à manutenção e desenvolvimento do ensino, às receitas que pertencem aos Municípios decorrentes de transferências previstas na Constituição Federal, às receitas de demais transferências obrigatórias e voluntárias entre entes da Federação com destinação especificada em lei e, finalmente, aos fundos instituídos pelo Poder Judiciário, pelos Tribunais de Contas, pelo Ministério Público, pelas Defensorias Públicas e pelas Procuradorias-Gerais dos Estados e do Distrito Federal; e, **(iii)** no caso de Municípios, de 30% das suas receitas de impostos, taxas e multas, excluídos também os recursos destinados ao financiamento das ações e serviços públicos de saúde e à manutenção e desenvolvimento do ensino, as receitas de contribuições previdenciárias e de assistência à saúde dos servidores, as transferências obrigatórias e voluntárias entre entes da Federação com destinação especificada em lei e os fundos instituídos pelo Tribunal de Contas do Município.

Ao final do dia, temos um sistema tributário bastante carregado na arrecadação dos tributos de competência da União (em 2015: 68,26% da arrecadação total de tributos no Brasil dizia respeito a tributos de competência do Governo Federal; 25,37% referiam-se a tributos estaduais; e apenas 6,37% da arrecadação era originariamente dos municípios).

Também merece destaque a alta dependência de transferências de arrecadação para a manutenção das despesas correntes dos deficitários municípios brasileiros. A título de exemplo, em 2016, 81,7% das cidades brasileiras ficaram com Conceito D no IFGF Receita Própria, ou seja, 3.714 não geraram nem 20% de suas receitas naquele ano. Apenas 136 municípios em todo o país obtiveram Conceito A no IFGF Receita Própria por terem arrecadado com recursos próprios mais de 40% de suas receitas; e, neste grupo, a população média é de 130 mil habitantes, contra uma média de 9 mil habitantes nos municípios com Conceito D no indicador.

Essa mesma situação, ainda que em menor grau, afeta os Estados-membros da Federação, sendo que, em relação a diversos deles, relata-se que a sua situação fiscal foi prejudicada por reduções dos repasses do Fundo de Participação de Estados e Municípios – FPE.

# Capítulo 3
# Princípios tributários

## Introdução

Embora aqui nos refiramos genericamente a "princípios" dispostos na Constituição Federal, na parte em que esta estrutura o sistema tributário nacional, no capítulo I, do seu título VI, vale registrar que é possível encontrar certas diferenças entre as figuras dos "princípios", dos "sobreprincípios", das "regras" e dos "postulados normativos". De modo geral:

- princípios são normas imediatamente finalísticas e primariamente prospectivas, ou seja, miram o futuro com o objetivo de complementar e direcionar, em torno de um ideal, a interpretação e aplicação das regras;
- sobreprincípios caracterizam-se por impor a realização de um ideal ainda mais amplo, que engloba princípios mais restritos. Exemplo típico é o do Estado Democrático de Direito, que compreende uma ampla gama de princípios, tais como a isonomia, o livre acesso ao Poder Judiciário, o devido processo legal, a legalidade e etc. (Ações Diretas de Inconstitucionalidade nºs 4.357-DF e 4.425-DF. Pleno, Rel. Min. Luiz Fux, j. em 14.3.2013);
- regras são normas imediatamente descritivas de comportamento, indicando comportamentos obrigatórios permitidos ou proibidos (*regras comportamentais ou de conduta*), ou normas que atribuem efeitos jurídicos a determinados atos, fatos ou situações, outorgando competências, regulando o exercício de competências, delimitando materialmente competências ou reservando competências (*regras constitutivas / de estrutura*); e

- postulados normativos, compreendidos como diretrizes que instituem critérios de aplicação de outras normas. Também considerados como *metanormas* ou normas de segundo grau, os postulados se apresentam como condição essencial para a interpretação das normas jurídicas (*postulados hermenêuticos* – unidade do ordenamento, coerência e hierarquia) e a aplicação das normas (*postulados aplicativos* – proporcionalidade, ponderação, concordância prática, proibição do excesso, igualdade, razoabilidade).

Como se pode intuir, sãos intermináveis as discussões e divergências acadêmicas em torno da qualificação deste ou daquele objeto como princípio, sobreprincípio, regra ou postulado. Dessa forma, dado o propósito prático deste trabalho, a seguir uniformizaremos como "princípios" as referências àqueles comandos da Constituição que, como já mencionado anteriormente, condicionam e limitam o exercício do poder de tributar, seja na instituição, seja na cobrança dos tributos existentes em nosso sistema, mediante a interpretação e a aplicação da legislação tributária.

Trataremos, assim, das diretrizes que a Constituição Federal nos apresenta para limitar, de maneira geral (ou específica para determinados tributos), o exercício do poder de tributar.

**Princípio da capacidade contributiva**

A Constituição determina, no seu artigo 145, § 1º, que os impostos, sempre que possível, tenham caráter pessoal e sejam graduados segundo a capacidade contributiva do sujeito passivo, podendo a administração tributária, para tanto, identificar o seu patrimônio, os seus rendimentos e a sua atividade econômica.

O princípio da capacidade contributiva tem conteúdo normativo e âmbito de aplicação similares ao da isonomia, notadamente na sua feição de realização da igualdade material (Recurso Extraordinário nº 562.045-RS. Pleno, Rel. Min. Cármen Lúcia, j. em 6.2.2013), mostrando que se trata de um direito fundamental do cidadão, integrado ao rol do artigo 60, § 4º, da Constituição Federal.

A capacidade contributiva, nesse sentido, inicia a partir daquela riqueza que supera o mínimo existencial do cidadão. Desse ponto em diante, a carga tributária deve ser distribuída da maneira mais justa e solidária, fundamentando-se a tributação no sacrifício do particular, sacrifício esse não pode ser meramente proporcional, mas mais gravoso na medida da capacidade de contribuir revelada pelo signo presuntivo de riqueza que dá base à incidência do imposto.

É na adequação da tributação à capacidade contributiva que se justificam, portanto, discriminações outras previstas na Constituição, consubstanciadas nos princípios da progressividade fiscal e da seletividade da tributação, que examinaremos mais adiante. É também nela (ou melhor, na ausência de capacidade contributiva) que se fundamentam as imunidades constitucionais subjetivas, dispostas no artigo 150, inc. VI, alíneas "a" a "c", aplicáveis a entidades que desenvolvem suas atividades fora do mercado e em funções inerentes ao Estado (assistência social, educação e serviços públicos em geral) ou aos seus fundamentos democráticos (valor social do trabalho, pluralismo político e liberdade de crença e culto).

Também se poderia fundamentar na ausência de capacidade contributiva a imunidade do ICMS sobre serviço de comunicação nas modalidades de radiodifusão sonora de sons e imagens de recepção livre a gratuita, incluída no texto constitucional pela Emenda Constitucional nº 42/2003 (artigo 155, § 2º, inc. X, alínea "d"), dada essa gratuidade.

É igualmente importante ter em mente que, apesar da sua relevância, a capacidade contributiva convive, no regime constitucional, com outros valores para cuja realização também se admite a criação de tratamentos tributários especiais ou discriminatórios, conforme veremos adiante, ao tratarmos do princípio da isonomia.

Sendo assim, pode-se dizer que a capacidade contributiva representa um *primeiro corte* no plano dos destinatários da norma tributária (relativamente à cobrança de *impostos*), ao qual se pode seguir um *segundo corte* promovido para prestigiar outros valores constitucionais que autorizam a construção de alguma discriminação adicional que se compatibilize com o princípio da isonomia tributária.

## Princípio da legalidade tributária

A Constituição Federal consagra, no seu artigo 5º, inc. II, a máxima de que "ninguém será obrigado a fazer ou deixar de fazer alguma coisa senão em virtude de lei", estabelecendo com isso um limite primordial à interferência do Estado na liberdade do cidadão e no exercício dos seus direitos.

Como derivação desse princípio, a Constituição é explícita em condicionar:

- qualquer restrição à liberdade de ir e vir do cidadão à prévia existência de lei que tipifique determinado comportamento como crime e lhe comine uma sanção (artigo 5º, incs. XXXIX e XLVI), exceção feita apenas aos casos de estado de defesa ou de sítio (artigos 136 a 141); e
- eventuais restrições à propriedade privada ao procedimento, previsto em lei, de desapropriação mediante justa e prévia indenização (artigo 5º, inc. XXIV), exceções feitas aos casos de iminente perigo público (em que pode haver o uso da propriedade particular pelo Estado, por meio de indenização ulterior, no caso de dano, conforme artigo 5º, inc. XXV) e de requisição de bens em estado de sítio (artigo 139, inc. VII).

No âmbito tributário, da mesma forma, protege o direito de propriedade e o patrimônio do cidadão, garantir ao que não haverá cobrança de tributo sem lei que antes o institua ou aumente: "é vedado à União, aos Estados, ao Distrito Federal e aos Municípios (...) exigir ou aumentar tributo sem lei que o estabeleça" (artigo 150, inc. I).

E aqui se trata de lei em sentido estrito, aprovada pelo Poder Legislativo, sancionada pelo Poder Executivo e que, como regra, deve ter o *status* de lei ordinária. Afinal, haverá situações nas quais, de acordo com a própria Constituição, a instituição do tributo dependerá de lei complementar (artigos 148 e 154, inc. I), cuja aprovação depende de maioria absoluta do Congresso Nacional (artigo 69).

Tendo em vista a sua concepção como ato editado com força de lei e sujeito à futura conversão formal em lei ordinária, as medidas provisórias também podem ser utilizadas para a instituição e o aumento de tributos federais, havendo disciplina específica, no artigo 62, § 2º, da Constituição, no que diz respeito à sua eficácia em razão do princípio da anterioridade anual, conforme veremos adiante.

O princípio da legalidade em matéria tributária está diretamente ligado à adoção da forma republicana de organização do Estado Brasileiro, segundo a qual, tradicionalmente, não se admite tributação do cidadão sem a possibilidade da sua participação no processo decisório da instituição ou majoração do tributo (*no taxation without representation*, máxima cunhada no constitucionalismo norte-americano).

Ao se falar na instituição ou majoração do tributo mediante lei, a Constituição cuida não apenas da criação de novos encargos ou do aumento de alíquotas, mas também de qualquer tipo de modificação na regra de incidência do tributo ou na composição da sua base de cálculo que possa, da mesma forma, implicar oneração de um fato econômico até então não tributado, ou no incremento da carga tributária até então não verificada.

Como relata Geraldo Ataliba, "no Brasil o Executivo não se conforma quando não pode legislar ou, pelo menos, comandar e condicionar o processo legislativo". Portanto, não é incomum nos depararmos com inúmeras situações em que, fugindo do crivo do Poder Legislativo, o Executivo tenta de alguma forma majorar a carga final do tributo, em especial mediante a edição de atos que, sob suposta premissa de estarem regulamentando uma lei já existente, na verdade a estão inovando e, consequentemente, aumentando o encargo fiscal ilegalmente. Dessa maneira, a Constituição não admite os chamados *regulamentos autônomos*, quando tenham eles o efeito de onerar tributariamente uma situação ou alguém até então desonerado ou, de qualquer maneira, majorar a carga tributária incidente.

Embora se costume falar em *exceção* ou *flexibilização* ao princípio da legalidade tributária, a Constitucional mantém vinculada às condições e aos limites estabelecidos em lei, a possibilidade de o Poder Executivo Federal alterar, mediante decreto, as alíquotas do II, do IE, do IPI e do IOF, dado o relevante efeito indutor desses tributos em relação ao comércio exterior, à atividade industrial e aos segmentos de câmbio, crédito, seguros e financeiro.

Importante frisar, portanto, que essa liberdade do Poder Executivo se encontra *condicionada* e *limitada* pela legislação pertinente a cada um daqueles impostos. Com efeito:

- no caso do II, as suas alíquotas poderão ser alteradas pelo Poder Executivo quando: **(i)** o nível tarifário for insuficiente ou excessivo; **(ii)** houver interesse de estimular a produção nacional; **(iii)** em relação a produto que tenha obtido registro de similar; **(iv)** quando país exportador dificultar a exportação brasileira, ouvido o MRE; e **(v)** se o país exportador desvalorizar sua moeda ou conceder subsídios à exportação (artigo 3º, Lei nº 3.244/57). O limite para aumentar ou reduzir a alíquota prevista em lei, a depender do tipo de produto, é de 60% para mais ou para menos (Decreto-Lei nº 2.162/84);

- em relação ao IE, a sua alíquota definida em lei é de 30% (trinta por cento), podendo ser reduzida pelo Poder Executivo ou aumentada em até 150% (cento e cinquenta por cento), desde que seja para atender aos objetivos da política cambial e do comércio exterior (artigo 3º, do Decreto-Lei nº 1.578/77);
- quanto ao IPI, o Decreto-Lei nº 1.199/71 (artigo 4º) estabelece que o Poder Executivo poderá alterar as suas alíquotas "quando se torne necessário atingir os objetivos da política econômica governamental, mantida a seletividade em função da essencialidade do produto, ou, ainda, para corrigir distorções", limitado o aumento ao acréscimo máximo de 30% (trinta por cento) ao percentual já fixado em lei; e
- finalmente, no que diz respeito ao IOF: **(i)** a Lei nº 8.894/94, artigo 1º, § 2º, autoriza o Poder Executivo a majorar as alíquotas sobre operações de crédito e relativas a títulos e valores mobiliários ao percentual geral máximo de 1,5% ao dia e de 25% para contratos derivativos; **(ii)** o artigo 5º, da mesma lei, fixa em 25% a alíquota máxima do IOF sobre operações de câmbio, autorizando o Poder Executivo a igualmente alterar o percentual dentro desse limite; e **(iii)** a Lei nº 9.718/98 fixa em 25% a alíquota máxima do IOF sobre seguros, não havendo autorização para que o Poder Executivo aumente esse percentual, apenas o reduza.

## Princípio da igualdade tributária

Do ponto de vista *nominalista*, a afirmação de que os homens devem ser iguais entre si é falsa, pois o que se encontra na realidade é, sempre e em qualquer época da civilização, um cenário de desigualdade entre os seres humanos das mais diversas origens.

Em reação a essa constatação, os *idealistas* pregam que é exatamente a igualdade absoluta que deve ser perseguida, eliminando-se as desigualdades de ordem social criadas entre os homens.

Uma terceira visão sobre o assunto, a dos *realistas*, encara as desigualdades entre os homens individualmente considerados como naturais, mas prega a igualdade do ser humano em termos universais, reconhecendo-lhes os direitos básicos da pessoa, como a vida e a liberdade.

Foi nesse sentido que caminharam tanto a Declaração dos Direitos do Homem e do Cidadão, de 1789, quanto a Declaração Universal dos Direitos Humanos, de 1948, ao afirmarem que os homens nascem e perduram iguais *em direitos*. Declararam, dessa forma, a *igualdade jurídico-formal no plano político*, visando essencialmente a abolir privilégios, isenções pessoais e regalias de classe.

O que se verifica é que essa igualdade formal, surgida do modo de produção capitalista e de um estado pré-existente de desigualdade de classes, acaba levando também a uma ideia de justiça formal, que serviria de instrumento de mera reprodução das relações e poder e de dominação em que se baseia aquele próprio estado de desigualdade capitalista.

Como reação a essa realidade, foi desenvolvida a ideia de *igualdade social* na Constituição de Weimar e na Constituição Italiana pós-guerra, reconhecendo-se a todo o homem, além da igualdade formal perante a lei, também os meios de participação no bem-estar social, o que conduziria à justiça concreta ou material, visando à eliminação das desigualdades.

Outra distinção que costuma ser feita é a da *igualdade perante a lei*, que consiste na obrigação de se aplicarem as normas jurídicas aos casos concretos sem discriminação, em relação à *igualdade na lei*.

Alguns consideram a distinção desnecessária, no contexto do ordenamento brasileiro, porque o princípio constitucional da isonomia teria como destinatários tanto o legislador quanto os aplicadores da lei. Nesse sentido, o princípio da igualdade teria um caráter tridimensional, já que, a um só tempo, poderia ser encarado como: **(i)** "princípio", na medida em que estabeleceria o dever de buscar um ideal de igualdade, equidade, generalidade, impessoalidade, objetividade, legitimidade, pluralidade e representatividade; **(ii)** "regra", na medida em que descreveria o comportamento a ser adotado pelo Poder Legislativo e pelo Poder Executivo; e **(iii)** "postulado", pois exigiria do aplicador do Direito a consideração e a avaliação dos sujeitos envolvidos, dos critérios de identificação e das finalidades justificadoras da diferenciação.

Em todas essas dimensões, a igualdade deveria ser vista como algo compatível com a discriminação, mas não com o arbítrio. Com efeito, ao se tratarem os iguais de maneira igual e os desiguais de forma desigual, na medida das suas desigualdades, é obrigatório que se faça algum tipo de discriminação, a qual não será arbitrária se dela resultarem efeitos diferenciados compatíveis com cada categoria segregada e com o próprio fator de segregação. Ou seja, deve haver sempre uma correlação lógica, abstrata e concreta entre o critério diferenciador e as consequências jurídicas da diferenciação.

A discriminação legal deve obedecer a esse tipo de estrutura para respeitar o princípio da igualdade, de maneira que objetive a concretização de algum valor constitucionalmente reconhecido e legítimo a justificar o tratamento diferenciado.

A Constituição Federal, de novo, consagra a isonomia formal, mas não se conforma com a ordem econômica que encontrou, sendo, por isso, explícita em firmar como objetivos republicanos, em seu artigo 3º: **(i)** a construção de uma sociedade livre, justa e solidária; **(ii)** o desenvolvimento nacional; **(iii)** a erradicação da pobreza e da marginalização; **(iv)** a redução das desigualdades sociais e regionais; e **(v)** promoção do bem de todos.

Ao firmar esses objetivos, o Constituinte proibiu a utilização dos critérios de origem, raça, sexo, cor e idade como fatores de discriminação, reafirmando a igualdade entre os homens e as mulheres em nada mais do que três passagens do seu artigo 5º (duas vezes no *caput* e uma no inciso I) e duas no artigo 7º (incs. XXX e XXXI).

Por esses critérios, valem apenas as discriminações feitas pelo próprio Constituinte Originário, por exemplo: **(i)** a restrição a determinados cargos exclusivamente a brasileiros natos (artigo 12, § 3º); **(ii)** a limitação do direito a voto e a elegibilidade a brasileiros natos, com restrição da elegibilidade em razão de idade (artigo 14, §§ 1º a 3º); **(iii)** regras diferenciadas quanto ao direito de propriedade dos índios e da sua representatividade em juízo (artigos 231 e 232) e quanto à propriedade das comunidades quilombolas (artigo 68, do Ato das Disposições Constitucionais Transitórias); **(iv)** a diferença de tempo de contribuição e de idade para a aposentadoria da mulher (artigos 40, § 1º, inc. III, alínea "a" e "b", e 201, § 7º, incs. I e II); **(v)** o foro privilegiado em razão da qualidade dos litigantes (artigos 102, inc. I, 105, inc. I, e 29, inc. X); e **(vi)** o sistema de cotas de acesso a cargos e empregos públicos para pessoas portadoras de deficiência (artigo 37, inc. VIII).

Em relação às hipóteses em que o legislador infraconstitucional pode dispor sobre a discriminação, com base em fato de *discrimen* autorizado pelo Constituinte, é preciso saber até que ponto a discriminação pode ser feita, em prol da realização dos valores constitucionais que a inspiram, sem que outros valores sejam afetados, frustrando-se o próprio princípio da igualdade em sua essência.

São os princípios da razoabilidade e da proporcionalidade, então, que servem de ferramenta para verificação dessa relação de coerência. Isto significa dizer que a regra de discriminação será admitida quando: **(i)** for adequada à consecução do objetivo a que se propõe (*adequação*); **(ii)** for necessária para finalidade (*necessidade*); e **(iii)** não houver meio menos gravoso para se promover o mesmo fim (*propriedade em sentido estrito* ou *proibição do excesso*).

Na Declaração dos Direitos do Homem e do Cidadão foi dada especial atenção à isonomia em matéria de pagamento de tributos, tendo o seu artigo 13 firmado que, "para a manutenção do poder público para o custeio da administração é absolutamente necessária uma contribuição de todos: essa contribuição deve ser igualmente repartida entre todos os cidadãos do Estado na proporção do seu patrimônio".

Ciente de que nos regimes anteriores determinados privilégios tributários eram aceitos, a Constituição de 1988 percebeu que apenas a igualdade constante do artigo 5º não seria suficiente para impedir tais benesses, tendo então, no seu artigo 150, inc. II, vedado a instituição de tratamentos desiguais entre contribuintes que se encontrem em situação equivalente, proibindo-se expressamente qualquer distinção em razão de ocupação profissional, função exercida ou denominação jurídica dos rendimentos, títulos ou direitos.

Além disso, a Constituição Federal não aceitou que discriminações tributárias fossem feitas nas seguintes situações: **(i)** concessão de privilégios pela União a Estados, ao Distrito Federal ou a Municípios, salvo para promover o equilíbrio do desenvolvimento socioeconômico entre as diferentes regiões do país (artigo 151, inc. I); **(ii)** discriminação tributária por parte dos Estados, Distrito Federal e Municípios, em relação a bens e serviços em função da sua procedência ou destino (artigo 152); e **(iii)** privilégios tributários para empresas públicas e sociedades de economia mista, em detrimento do setor privado (artigo 173, inc. II e § 2º).

Apesar dessas restrições, a igualdade na tributação é relativa, podendo haver discriminações tributárias diante de outras situações que o próprio Constituinte autorizou, explicita ou implicitamente, para realizar valores constitucionalmente relevantes, inclusive a própria isonomia, na sua feição material. Nesse caso, o fator de diferenciação a ser utilizado é a capacidade contributiva, como já vimos.

Além da discriminação em razão da capacidade contributiva, temos ainda inúmeros outros fatores autorizados pelo Constituinte, os quais são por ele indicados sempre com o objetivo de, por meio da tributação, realizar outros propósitos ou valores importantes para a ordem econômica ou social do país, dentre os quais podemos citar:

- o estabelecimento de tratamento tributário adequado ao ato cooperativo praticado pelas sociedades cooperativas (artigo 146, inc. III, alínea "c"), em prol do apoio e estímulo ao cooperativismo e outras formas de associativismo (artigos 174, §§ 2º a 4º, e 187, inc. VI);
- a criação de tratamento tributário diferenciado e favorecido para microempresas e empresas de pequeno porte (artigos 146, inc. III, alínea "d") em cumprimento à determinação do artigo 170, inc. VI, e como forma de promover a livre concorrência (artigo 170, inc. IV), reduzindo para esses agentes econômicos a barreira natural à entrada representada pelas elevadas e complexas obrigações tributárias existentes (artigo 179);
- o estabelecimento de critérios especiais de tributação para prevenir desequilíbrios da concorrência (artigo 146-A), visando à proteção do princípio da livre concorrência (artigos 170, inc. IV, e 173, § 4º);
- a imunidade de livros, jornais, periódicos e do papel destinado à sua impressão (artigo 150, inc. VI, alínea "d"), como forma de promoção das liberdades de manifestação e expressão (artigos 5º, incs. IV e IX, e 220, caput e §§ 1º e 2º);
- a diferenciação de alíquotas ou bases de cálculo para as contribuições sociais (artigo 149) em razão da atividade econômica, da utilização intensiva de mão de obra, do porte da empresa ou da condi-

ção estrutural do mercado de trabalho (artigo 195, § 9º), em prol da valorização do trabalho humano (artigo 170, caput);

- a discriminação de setores de atividade econômica em que as contribuições sociais sobre receita ou faturamento e sobre importações serão não cumulativas (artigo 195, § 12), hipótese essa em relação à qual a não-cumulatividade pode se prestar a garantir a livre-concorrência (artigo 170, IV), como fator inibidor da concentração vertical do poder econômico (artigo 173, § 3º);
- a promoção do equilíbrio do desenvolvimento socioeconômico entre diferentes regiões do País, mediante instituição de tributo pela União de maneira não uniforme (artigo 151, inc. I), como instrumento de planejamento do desenvolvimento nacional equilibrado (artigo 174, § 1º) e da redução das desigualdades regionais (artigos 3º, inc. III, e 170, inc. VII);
- imunidade das exportações ao IPI (artigo 153, § 3º, inc. III) e ao ICMS (artigo 155, § 2º, inc. X, alínea "a") e das receitas de exportação, em relação às contribuições sociais e de intervenção no domínio econômico (artigo 149, § 2º, inc. I), como medida de estímulo ao desenvolvimento nacional (artigo 3º, inc. II) e de incentivo à atividade econômica (artigo 174);
- redução do impacto do IPI sobre a aquisição de bens de capital pelo contribuinte do imposto (artigo 153, § 3º, inc. VI), também como forma de promover o desenvolvimento da economia nacional e o incentivo à atividade econômica;
- a progressividade do ITR com o objetivo de desestimular a manutenção de propriedades rurais improdutivas (artigo 153, § 4º, inc. I) e a progressividade do IPTU (artigo 182, § 4º, inc. II), com o objetivo de promoção da função social da propriedade (artigos 170, inc. III, e 186);
- a imunidade das pequenas glebas rurais ao ITR, quando exploradas pelo proprietário que não possua outro imóvel (artigo 153, § 4º, inc. II), como forma de valorização do trabalho e da livre iniciativa (artigos 1º, inc. IV, 170, caput), busca do pleno emprego (artigo 170, inc. VIII) e cumprimento da função social da propriedade (artigo 170, inc. III);

- incidência única do ICMS (artigo 155, § 2º, inc. XII, alínea "h") e não incidência sobre operações interestaduais com petróleo, inclusive lubrificantes, combustíveis líquidos e gasosos e energia elétrica (artigo 155, § 2º, inc. X, alínea "b"), como mecanismo de repartição da arrecadação tributária sobre essas mercadorias entre os Estados de origem e consumo (artigo 155, § 4º, incs. I a III);
- a diferenciação de alíquotas do IPVA em função do tipo e da utilização do veículo automotor (artigo 155, § 6º, inc. II), o que poderia ser empregado como forma de adequar a tributação a aspectos de preservação do meio ambiente (artigo 225, inc. V), à ordenação do transporte terrestre (artigo 178), à promoção da educação no ensino fundamental (artigo 208, inc. VII) ou à promoção do adequado acesso das pessoas portadoras de deficiência ao transporte coletivo (artigos 227, § 2º, e 244);
- a diferenciação de alíquotas do IPTU em razão da localização e do uso do imóvel (artigo 156, § 1º, inc. II), como forma de realização da função social da propriedade (artigo 170, inc. III) e adequação do uso do imóvel ao planejamento urbano (artigo 182, caput);
- o tratamento diferenciado de produtos e serviços, bem como dos seus processos de elaboração e prestação, de acordo com o impacto ambiental por eles gerados, como forma de promoção da defesa ambiental (artigo 170, inc. VI) e de controle da produção, comercialização e emprego de técnicas, métodos e substâncias que comportem risco para a vida, a qualidade de vida e o meio ambiente (artigo 225, inc. V); e
- a tributação adicional do ICMS e do ISS sobre mercadorias e serviços supérfluos (artigo 82, do Ato das Disposições Constitucionais Transitórias), para composição de Fundos de Combate à Pobreza, como forma de promoção da dignidade da pessoa humana (artigo 1º) e erradicação da pobreza e da marginalização (artigo 3º, inc. III).

**Princípio da irretroatividade da lei tributária**

Como derivação do princípio da legalidade e consagrando o primado da segurança jurídica, a Constituição estipula que não se poderá cobrar tributos em relação a fatos geradores ocorridos antes do início da vigência da lei que os houver instituído ou aumentado (artigo 150, inc. III, alínea "a").

Paralelamente a isso, tratando da liberdade de ir e vir, é garantia fundamental que não haverá crime sem lei anterior que o defina, nem pena sem prévia cominação legal (artigo 5º, inc. XXXIX), assim como a lei penal não poderá retroagir, salvo para beneficiar o réu (inc. XL).

As mesmas garantias são transpostas ao direito de propriedade, protegendo-o da tributação em sentido amplo, seja em relação à incidência do tributo quando da ocorrência do fato gerador, como também da cobrança de sanções tributárias, na medida em que, como veremos oportunamente, dispõe o Código Tributário Nacional, no seu artigo 113, que a obrigação tributária pode ter por objeto uma penalidade pecuniária, decorrente não apenas da falta de pagamento do tributo, como também do descumprimento de uma obrigação acessória.

Portanto, nem o tributo poderá ser instituído ou aumentado com efeitos retroativos, nos termos expressos no artigo 150, inc. III, alínea "a", como também as penalidades por descumprimento de obrigações previstas na legislação tributária não poderão ser exigidas em relação a fatos pretéritos, anteriores à "prévia cominação legal".

Embora fosse possível derivar exceções a partir do artigo 5º, inc. XL, estendendo a sua aplicação em matéria tributária, o Código Tributário Nacional regulou a limitação ao poder de tributar de que ora tratamos, dispondo, no seu artigo 106, inc. II, que a lei poderá se aplicar a ato ou fato pretérito quando: **(i)** deixe de defini-lo como infração; **(ii)** deixe de tratá-lo como contrário a qualquer exigência de ação ou omissão, desde que não tenha sido fraudulento e não tenha implicado falta de pagamento de tributo; ou **(iii)** quando lhe comine penalidade menos severa que a prevista na lei vigente ao tempo da sua prática.

Mas o artigo 106, em seu inciso I, também autoriza a aplicação retroativa da lei tributária, "em qualquer caso, quando seja expressamente interpretativa, excluída a aplicação de penalidade à infração dos dispositivos interpretados".

Essa exceção provoca um sem número de discussões e controvérsias nas relações entre Fisco e contribuintes, especialmente porque costuma ser utilizada com certa frequência, não pelo legislador *stricto sensu*, mas pelo próprio Poder Executivo, no exercício do seu poder regulamentar e de, nos termos do artigo 100, do Código Tributário Nacional, editar as chamadas "normas complementares" à legislação tributária.

Mas, mesmo quando utilizada pelo Poder Legislativo, o uso da norma interpretativa deve ser visto com cautela e olhar crítico, para que não se esteja a mascarar uma verdadeira majoração ou instituição de tributo retroativa, frustrando-se a garantia dada pelo artigo 150, inc. III, alínea "a", da Constituição.

Nesse sentido, revela-se de especial importância a cláusula do artigo 106 a determinar que a lei interpretativa assim se designe "expressamente", o que implica exigir também que a sua cláusula de vigência seja compatível com essa declaração do legislador, prevendo claramente a sua aplicação retroativa em razão do seu objetivo de esclarecer o conteúdo da norma já existente.

A aplicação da regra não é fácil e demanda, como dito, cautela e olhar crítico, sendo fundamental lembrar que, nos termos do mesmo artigo 106, a retroação da lei pretensamente interpretativa jamais poderá implicar punição ao sujeito passivo da obrigação tributária.

Nessa mesma direção está o artigo 100, parágrafo único, do Código Tributário Nacional, a estabelecer que o sujeito passivo que observar as "normas complementares" à legislação tributária não poderá ser sancionado – mediante imposição de pena, cobrança de juros de mora, nem atualização do valor monetário da base de cálculo do tributo – se essa conduta o levar a uma eventual desconformidade.

Implicitamente, embora apenas o artigo 106 fale claramente em retroatividade da lei tributária interpretativa, o artigo 100 admite, de certo modo, a mudança de direção e a retroação dada à legislação tributária por parte das "normas complementares" editadas para moldar o seu conteúdo e a sua aplicação.

Daí o motivo pelo qual deve ser dada a máxima efetividade possível a esse último artigo, a fim de homenagear o princípio da segurança jurídica e prestigiar o sujeito passivo da obrigação tributária que houver se comportado de acordo com as orientações extraídas das normas complementares editadas pela própria Administração Pública.

Outra regra que reforça essa ideia é aquela constante do artigo 146, do Código Tributário Nacional, a assegurar que eventual mudança havida pela Administração Pública em critério utilizado para o lançamento de um tributo não pode ser aplicada, em relação ao mesmo sujeito passivo, quanto a fato gerador pretérito.

Nesse caso, diante da ausência de qualquer tipo de norma de caráter interpretativo, a modificação do critério de lançamento somente pode ser empregada para fatos geradores futuros, o que se revela algo mais comum do que se pode imaginar, ensejando inúmeras situações conflituosas entre Fisco e contribuintes.

Voltaremos a esses temas mais adiante, quando examinarmos em detalhe essas regras sobre interpretação e aplicação da legislação tributária.

## Princípio da anterioridade anual

Como reforço à legalidade e à irretroatividade da legislação tributária – e consolidando a garantia da segurança jurídica em relação ao exercício do poder de tributar –, a Constituição veda a cobrança de tributo no mesmo exercício financeiro em que tenha sido publicada a lei que o instituiu ou aumentou (artigo 150, inc. III, alínea "b").

A lei, portanto, deve ser publicada até 31 de dezembro de um determinado exercício, para que o tributo possa ser exigido no exercício seguinte, estando a sua exigência sujeita ou não a um regime de apuração coincidente com o exercício financeiro anual.

O princípio da anterioridade serve de mecanismo de efetivação de um valor muito mais caro e relevante, previsto implicitamente na Constituição, qual seja, o ideal da "não surpresa" na cobrança dos tributos. Com efeito, o legislador deve prezar pela estabilidade e pelo planejamento das relações mantidas pelos cidadãos por ele representados, em todas as suas esferas de direito, não podendo editar a lei tributária de forma desleal em relação àqueles próprios cidadãos que a legitimam.

Na Constituição de 1967, tal garantia não se limitava à mera publicação da lei no exercício anterior. Exigia também do legislador que obtivesse a prévia autorização orçamentária para a arrecadação da nova receita derivada, ficando ressalvadas somente as possibilidades de aumento de tarifas aduaneiras e o lançamento de imposto extraordinário por motivo de guerra (artigo 150, § 29).

A prévia autorização orçamentária (então designada de *princípio da anualidade*) demandava ainda maior responsabilidade por parte do legislador, exigindo dele uma participação mais responsável no controle das contas públicas e da situação fiscal para o próximo exercício.

A ideia, no entanto, foi abandonada e enfraquecida na Emenda Constitucional nº 1/1969, que passou a se contentar com a pura e simples publicação da lei até 31 dezembro, o que se manteve na Constituição atual.

O enfraquecimento se fez evidente em diversas situações em que o Estado, premido pela necessidade de novas fontes de arrecadação para o ano seguinte, publicou "edições extraordinárias" do Diário Oficial em 31 de dezembro, cumprindo alegadamente a obrigação de dar publicidade à nova lei tributária, antes de exigir a sua imposição aos sujeitos passivos.

Tantas foram as situações escandalosas que, anos depois, por meio da Emenda Constitucional nº 42/2003, o Constituinte derivado reconheceu que o princípio da anterioridade anual por si só não bastava para promover a segurança jurídica. Introduziu, assim, a garantia da *anterioridade nonagesimal* (até então já existente para as contribuições sociais), segundo a qual, além de se exigir a publicação da norma de instituição ou aumento do tributo até 31 de dezembro, a sua aplicação não será permitida antes do lapso temporal de noventa dias.

Em relação à instituição ou à majoração de tributos federais por meio de medida provisória, conforme o artigo 62, § 2º, deve-se observar a respectiva conversão em lei ordinária até 31 de dezembro, sob pena de o tributo não poder ser exigido no exercício seguinte, apenas no subsequente.

Como exceções ao princípio da anterioridade anual, temos: **(i)** a eventual instituição de empréstimos compulsórios; **(ii)** aumentos ou instituição de incidências do II, IE, IPI e IOF; **(iii)** além do imposto extraordinário para iminência ou caso de guerra externa. Outra exceção são **(iv)** as contribuições sociais, que, conforme artigo 195, § 6º, encontram-se sujeitas apenas à anterioridade nonagesimal.

Não há obrigação de anterioridade da norma quando, em vez de cuidar da instituição ou da majoração de tributo, ela regula somente o prazo de vencimento e respectivo pagamento. Essa questão, aliás, já é inclusive objeto da súmula nº 669 do Supremo Tribunal Federal.

Importante referir o cuidado que se deve ter quanto à aplicação da anterioridade nos casos de *reinstituição* do tributo, o que poderá ocorrer na hipótese de extinção de alguma regra anterior que veicule a sua desoneração total ou parcial.

Conforme veremos em momento oportuno, o legislador tributário dispõe de diferentes "categorias especiais da técnica de tributação" para reduzir ou eliminar o ônus sobre determinada situação ou determinado sujeito passivo. A depender da ferramenta utilizada, poderá ou não haver a obrigação de observar o princípio da anterioridade (observação aqui válida tanto para a anterioridade anual, quanto para a nonagesimal, de que trataremos a seguir).

Essa é a razão pela qual, apesar de celebradas no momento da sua concessão, as reduções de carga fiscal devem ser vistas com cuidado e rigor técnico, para que se compreenda exatamente o regime jurídico aplicável, em especial no caso da sua futura eliminação, momento esse em que a desoneração passa a gerar maiores preocupações.

**Princípio da anterioridade nonagesimal**

A Emenda Constitucional nº 42/2003 adicionou a alínea "c" ao seu artigo 150, inc. III, proibindo que sejam cobrados tributos antes de decorridos noventa dias da data em que haja sido publicada a lei que os instituiu ou aumentou.

Trouxe, para todos os tributos, a anterioridade até então existente apenas para as contribuições sociais, conforme artigo 195, § 6º (lembrando-se que, para essa espécie tributária específica, não se aplica a anterioridade anual).

Graças à novidade, a norma editada ao final de um determinado exercício financeiro não apenas estará impedida de gerar os seus efeitos no mesmo ano de sua edição, como somente legitimará a cobrança do tributo após o decurso de noventa dias contados da data da publicação da norma no respectivo Diário Oficial.

Apesar da sua grande utilidade, a ***anterioridade nonagesimal*** (ou ***noventena***) não se aplica a todos os tributos, sendo excepcionada para empréstimos compulsórios, II, IE, imposto de renda e proventos de qualquer natureza e IOF, imposto extraordinário de guerra e fixaçao das bases de cálculo do IPVA e do IPTU.

Em relação ao IPI, a Emenda Constitucional nº 42/2003 acabou por criar uma situação interessante, na medida em que ele não se submete à anterioridade anual, mas está sujeito à noventena. Dessa forma, esse imposto estará sujeito a regime idêntico àquele aplicável às contribuições sociais, na medida em que a anterioridade nonagesimal deverá ser observada em qualquer tipo de aumento e em qualquer momento, no curso do exercício financeiro em que for veiculado o ato de instituição ou majoração do imposto.

E que não se diga que, com isso, o IPI perderia o seu chamado caráter extrafiscal, não podendo ser utilizado pelo Governo Federal como instrumento de intervenção indireta na economia. Afinal, ao menos no que se refere ao comércio exterior – principal setor em que a União intervém, via tributo, de maneira direta na regulação da balança comercial – alterações imediatas da carga fiscal por parte da União continuam sendo possíveis, por meio do II, do IE e do IOF.

O mercado produtor interno, em compensação, passou a contar com mais uma proteção jurídica – a anterioridade nonagesimal – de grande importância para garantir a segurança jurídica necessária ao planejamento financeiro dos setores produtivos da econômica nacional. Daí a importância de se ter mantido o IPI sujeito a essa limitação ao poder de tributar.

**Princípio da vedação ao confisco**

No artigo 150, inc. IV, a Constituição Federal proíbe a utilização do tributo "com efeito de confisco", sem definir, entretanto, em que hipóteses ou situações isso se materializaria. Fica, então, a encargo do intérprete e aplicador da lei compreender e definir quando isso ocorreria.

É certo que se trata de limitação ao poder de tributar relacionada à garantia ao direito de propriedade (artigo 5º, inc. XXII), que, embora tenha a sua utilização condicionada ao exercício da sua função social (inc. XXIII), somente pode ser relativizada nos estritos casos de desapropriação por necessidade ou utilidade pública, ou por interesse social, mediante justa e prévia indenização em dinheiro (inc. XXV), ou na hipótese de uso por autoridade competente, no caso de iminente perigo público, assegurada ao proprietário indenização ulterior, se houver dano (inc. XXVI).

Intuitivamente, portanto, o poder de tributar estaria limitado a ponto de exigir do contribuinte, em relação ao fato tributado, que a própria riqueza objeto desse fato seja sacrificada para o pagamento do tributo, o que implicaria a indireta expropriação do sujeito passivo. Trata-se, assim, de limite que reforça o respeito à capacidade contributiva, prevista no artigo 145, § 1º.

A jurisprudência do Supremo Tribunal Federal é farta na análise de casos dos mais variados, em que a infração ao artigo 150, inc. IV, é alegada pelos interessados. E costuma dizer, em resposta, que a verificação da ocorrência ou não do confisco demanda a análise da situação *in concreto* do contribuinte, ponderando os dados concretos e a peculiaridade de cada operação ou situação, tomando-se em conta custos, carga tributária global, margens de lucro e condições pontuais do mercado e de conjuntura social e econômica.

De todo o modo, consolidou-se o entendimento no sentido de que a vedação ao confisco também deve ser aplicada no caso de penalidades decorrentes do descumprimento da legislação tributária, que sejam de valor abusivo (Medida Cautelar na Ação Direta de Inconstitucionalidade nº 1.075-1-DF. Pleno, Rel. Min. Celso de Mello, j. em 17.6.1998). E isso ocorre, por exemplo, quando o percentual da penalidade é superior ao próprio valor do tributo a que ela se refere, ou quando a multa, incidente sobre o valor da operação ou prestação objeto da tributação, também excede o valor do principal. Há, ainda, casos em que o Supremo revê o percentual da sanção aplicada e realiza verdadeira revisão da dosimetria da pena.

Sob outro ângulo, o princípio da vedação ao confisco também é visto como limite ao poder de tributar quando o contribuinte estiver diante de situação em que não possa, no exercício da sua liberdade, optar por organizar as suas atividades de maneira a incorrer ou não no fato gerador do tributo.

Essa opção ou possibilidade de escolha é o que diferenciaria a incidência legítima do tributo – quando o sujeito passivo incorrer no seu fato gerador – da invasão patrimonial do particular pelo Estado sem previsão legal.

Assim, tributação e confisco se distinguiriam em razão de que, podendo optar por não incorrer no fato gerador e efetuar um pagamento ao Estado, estar-se-ia diante de uma situação aceita pela Constituição, ao passo que, havendo a exigência do pagamento do tributo, sem que o sujeito passivo tenha incorrido na respectiva hipótese de incidência, estar-se-ia então diante do confisco.

Outra derivação importante do princípio é a impossibilidade, consagrada em reiteradas súmulas (nºs 70, 323 e 547) do Supremo Tribunal Federal, do uso de sanções políticas[1] – em especial da apreensão de mercadorias, da interdição de estabelecimentos e da proibição de emissão de notas fiscais, por exemplo – como forma de exigir o pagamento de tributos (muito embora, diga-se de passagem, a interdição tenha sido aceita na hipótese excepcional do cancelamento de registro de fabricante de cigarros, como forma de proteger a livre concorrência em tal segmento).

Entre outras ocasiões nas quais esse tipo de sanção foi condenada, vale referir o caso do Protocolo ICMS nº 21/2011, celebrado entre alguns Estados da Federação e o Distrito Federal, com o intuito de impor uma cobrança de ICMS no destino em operações com mercadorias comercializadas a distância, por meios eletrônicos, antes da Emenda Constitucional nº 87/2015.

Por meio desse ato, havia a possibilidade de apreensão de mercadorias por ocasião do seu ingresso nos territórios das Unidades Federadas de destino, como forma de exigir o recolhimento da nova parcela do ICMS imposta de acordo com a nova sistemática.

> "Essa odiosa medida vulnera, a um só tempo, os incisos IV e V do art. 150 da Lei Fundamental de 1988, que vedam, respectivamente, a cobrança de tributos com efeitos confiscatórios e o estabelecimento de restrições, por meio da cobrança de tributos, ao livre tráfego de pessoas ou bens entre os entes da Federação", disse o Supremo Tribunal Federal (Ações Diretas de Inconstitucionalidade nºs 4.628-DF e 4.713-DF. Pleno, Rel. Min. Luiz Fux, j. em 17.9.2014).

## Princípio da liberdade de tráfego de pessoas ou bens

Em prol da integração federativa, o artigo 150, inc. V, veda que se utilizem tributos interestaduais ou intermunicipais como limitações ao tráfego de pessoas ou bens entre as Unidades da Federação, ressalvando a cobrança de pedágio para a utilização das vias conservadas pelo Poder Público.

[1] Retornaremos a esse tema adiante, no tópico relativo aos ***poderes da fiscalização***, Capítulo 5.

Ao fazer essa ressalva, a Constituição reconhece a natureza tributária do pedágio, na medida em que a exceção confirma a regra, ou seja, o pedágio seria o único tributo que não precisaria observar o princípio da liberdade de tráfego de pessoas ou bens.

Não é, como já vimos, o que entendeu o Supremo Tribunal Federal na Ação Direta de Inconstitucionalidade nº 800-RS (Pleno, Rel. Min. Teori Zavascki, j. em 11.6.2014), ao considerar que o pedágio tem natureza de *preço público*, o que significa excluir a sua instituição e cobrança da aplicação de todos os princípios e limitações ao poder de tributar. E isso em alteração à sua anterior orientação a respeito do tema, firmada no Recurso Extraordinário nº 181.475-6-RS (2ª Turma, Rel. Min. Carlos Velloso, j. em 4.5.1999).

O Supremo Tribunal Federal também enxergou violação ao princípio de que aqui tratamos ao analisar também aquela questão relativa ao Protocolo ICMS nº 21/2011. E isso porque o texto desse Protocolo permitia que os seus signatários apreendessem mercadorias, quando do ingresso em seus territórios, como forma de exigir o recolhimento do ICMS.

**Princípio da uniformidade da tributação**

A Constituição prescreve que a tributação deve ser uniforme no território nacional, referindo-se a esse princípio em duas passagens:

- a primeira, no artigo 151, inc. I, ao proibir que a União institua tributo que não seja uniforme em todo o território nacional ou que implique distinção ou preferência em relação à Estado, ao Distrito Federal ou ao Município, em detrimento do outro; e
- a segunda, no artigo 152, vedando os Estados, o Distrito Federal e os Municípios de estabelecer diferença tributária entre bens e serviços, de qualquer natureza, em razão da sua procedência ou destino.

Essa uniformidade é derivação do próprio princípio da isonomia, impedindo a imposição de tratamento tributário distinto a partir do *discriminem* geográfico. Daí decorre o fato de que se aceita apenas que a União (parte final do artigo 151, inc. I) conceda incentivos fiscais destinados a promover o equilíbrio do desenvolvimento socioeconômico entre as diferentes regiões do País, em prol dos fundamentos previstos no artigo

3º, incs. II e III, da Constituição. Afinal, compete à União: **(i)** articular as suas ações visando ao desenvolvimento e à redução das desigualdades regionais, incluindo a possibilidade de conceder isenções, reduções ou diferimento temporário de tributos federais devidos por pessoas físicas ou jurídicas (artigo 43, *caput* e § 2º, inc. III); **(ii)** atuar no planejamento do desenvolvimento nacional equilibrado (artigo 174, § 1º); e **(iii)** com tudo isso, buscar reduzir as desigualdades regionais (artigos 3º, inc. III, e 170, inc. VII.

De outro modo, não podem as demais Unidades da Federação utilizar os tributos de sua competência como ferramenta de discriminação de bens ou serviços, em razão da sua procedência ou do seu destino, sob pena de com isso desequilibrarem a harmonia do pacto federativo.

Como exemplo de uso discriminatório da competência tributária da União, autorizado pela Constituição, podemos mencionar a criação de regime tributário diferenciado do IPI para a produção de açúcar em Estados da região Nordeste do Brasil, o que foi considerado como válido pelo Supremo Tribunal Federal (Recurso Extraordinário nº 344.331-3-PR. 1ª Turma, Rel. Min. Ellen Gracie, j. em 11.2.2003), sob o entendimento de que não só o artigo 151, inc. I, como também o artigo 3º, permitiriam flexibilizar a seletividade daquele imposto federal, autorizando a sua discriminação não apenas em razão da essencialidade do produto, mas também por conta das características regionais do seu local de fabricação.

## Princípio da neutralidade da tributação em relação à livre concorrência

O artigo 146-A, introduzido na Constituição pela Emenda Constitucional nº 42/2003, contém uma dupla função. Em primeiro lugar, veicula uma norma de competência legislativa, a qual permite o uso da tributação para prevenir desequilíbrios da concorrência. E, em segundo, consagra o princípio da neutralidade da tributação, passando a ser explícito que, se a tributação pode ser usada para prevenir desequilíbrios concorrenciais, ela, necessariamente, não deve dar causa a esse tipo de alteração.

Aquela competência tributária veio se juntar ao conjunto de outras hipóteses de tributação extrafiscal existentes no texto constitucional (tais como a progressividade e a seletividade) e, do ponto de vista da ordenação da atividade econômica, somar-se ao emaranhado de regras e princípios que regulam a intervenção do Estado sobre o domínio econômico.

Sob esse segundo enfoque, o artigo 146-A deixar claro que tanto o legislador, no momento de criar normas tributárias, quanto o operador do Direito, no momento de aplicá-las, deve levar em conta a neutralidade da tributação frente à livre concorrência, como requisito de constitucionalidade da cobrança do tributo.

E tudo isso porque a livre concorrência, como estado de equilíbrio constitucionalmente assegurado, pressupõe o dever de neutralidade por parte do Estado diante do fenômeno concorrencial, isto é, pressupõe que o Estado não crie condições de desigualdade entre os agentes econômicos, inibindo o acesso de alguns deles ao livre mercado em benefício de outros.

Essa visão da neutralidade deriva da chamada regra de Edimburgo, que se traduz na máxima da *leave-them-as-you-find-them rule of taxation*, o que, evidentemente, é utópico e irreal, pois a imposição tributária leva necessariamente aos fenômenos da repercussão econômica, incidência econômica ou difusão, em conformidade com o grau de elasticidade da demanda ou da oferta do mercado sobre o qual recai.

E, se partirmos da ideia de neutralidade como absoluta ausência de interferência da tributação sobre o livre funcionamento dos mercados, será impossível falar em neutralidade tributária no caso da Constituição de 1988, que é pródiga em permissões para a tributação extrafiscal ou indutora.

Portanto, é necessário conciliar o amplo sistema extrafiscal previsto na Constituição com o princípio da livre concorrência, tido este como um estado de equilíbrio constitucionalmente assegurado, para o qual a neutralidade deve ser vista de maneira relativa, interagindo com os demais princípios da ordem econômica.

Assim sendo, encontramos o princípio da neutralidade tributária não como a absoluta ausência de interferência estatal na ordem econômica por meio de tributos, mas, pelo contrário, como a intervenção estatal realizada por meio de tributos com a finalidade de corrigir as deficiências das leis de mercado ou os desvios de comportamento e realizar os demais objetivos da ordem econômica vigente no Brasil.

Quando se entende a neutralidade tributária sob esse enfoque, percebemos que se trata de princípio coerente com a realidade de indução e extrafiscalidade impregnada no texto constitucional. No final do dia, as normas de promoção da neutralidade tributária serão realizadoras do próprio princípio da isonomia, pois implícita na própria livre concorrência estará também a garantia de igualdade de oportunidades aos agentes econômicos.

É para a realização do princípio da igualdade, portanto, que a neutralidade tributária deverá ser buscada, sendo importante instrumento para tal propósito o uso das normas tributárias indutoras explicitamente referidas no artigo 146-A, que poderão provocar comportamentos dos agentes econômicos para corrigir as distorções naturais dos mecanismos de mercado ou reparar desvios de comportamento dos agentes que atentem contra a livre concorrência.

Se, sob esse aspecto positivo, o artigo 146-A pode ser visto como autorização para o uso de normas tributárias indutoras para prevenir desequilíbrios da concorrência, não se pode deixar de ver, em seu aspecto negativo, que o princípio da neutralidade não admite que a ação arrecadadora do Estado provoque, ela própria, desequilíbrios da concorrência.

Tal conclusão se aplica não apenas em relação à ação de imposição tributária, como também na criação de obrigações acessórias, sendo necessária atenção redobrada, por parte do legislador, para os efetivos econômicos das obrigações tributárias principal e acessórias que vier a criar, pois serão elas inconstitucionais caso provoquem distúrbios injustificados no livre acesso dos agentes aos mercados e na igualdade de condições entre eles.

### Princípio da progressividade

De forma geral, a progressividade tributária pode ser vista como o crescimento da alíquota do tributo em função de um fator qualquer determinado em lei.

Essa visão nos parece ser adequada em razão da sua amplitude. Afinal, não raras vezes, a progressividade é definida como ferramenta de aumento da alíquota do tributo em razão apenas da elevação da respectiva base. No entanto, essa visão restritiva acaba por dar ao gênero contornos de uma de suas espécies, tratando por progressividade em sentido amplo a mera *progressividade fiscal*, que tem por objetivo arrecadar recursos para financiar gastos estatais, majorando a carga do tributo progressivamente na medida do aumento da sua capacidade contributiva.

Esse é um dos princípios que deve informar, conforme o artigo 153, § 2º, inc. I, da Constituição, a instituição e cobrança do imposto sobre a renda e os proventos de qualquer natureza.

Ao lado da progressividade fiscal, no entanto, existe também a *progressividade extrafiscal*, que implica aumentos de alíquotas em face de situações em que a tributação pretende estimular ou inibir comportamentos, servindo assim de ferramenta de indução.

Em ambos os casos – progressividade fiscal e extrafiscal – por se tratar de uma discriminação de imposição do tributo, há novamente que se observar se o fator de discriminação utilizado como referência para o aumento da alíquota está ou não autorizado pela Constituição. Em outras palavras, somente poderá haver *progressividade* nas estritas hipóteses previstas pelo Constituinte.

A progressividade fiscal é apenas uma entre as diversas outras formas de quantificação dos tributos, estando ao lado da *regressividade*, da *proporcionalidade* e dos *impostos fixos*.

A progressividade extrafiscal, por sua vez, é aplicável em virtude de alguma política econômica, social ou cultural que se queira implementar em determinado contexto.

Em ambos os casos, a progressividade causa uma distinção de tratamentos entre contribuintes do mesmo tributo, sendo que, na progressividade fiscal, segregam-se categoriais de contribuintes em função dos valores das bases de cálculo (fator de discriminação), cobrando-se mais de quem se relaciona a fato de maior relevância econômica ou menos de quem dá origem a fato de menor repercussão. Enquanto isso, no caso da progressividade extrafiscal, dá-se tratamento tributário distinto a dois contribuintes, que podem ser diferenciados em função de um determinado referencial outro, para provocar de sua parte um comportamento que se coadune com um determinado modo de agir que se quer ver alcançado.

A progressividade fiscal deve se ajustar ao princípio da capacidade contributiva. Esse alinhamento deve implicar, necessariamente, a realização de algum objetivo constitucionalmente preestabelecido, de forma que o fator de discriminação e os efeitos jurídicos dela decorrentes direcionem o comportamento do contribuinte à efetivação da finalidade almejada.

A Constituição de 1934 foi a primeira a fazer uso expresso da progressividade, prevendo a sua aplicação ao imposto sobre transmissões de bens por herança ou legado (artigo 128). Em 1946, houve avanço no que diz respeito ao direito de propriedade, que passou a ter o seu exercício condicionado ao bem-estar social (artigo 147). Estava aí plantada a semente que deu origem ao princípio da função social da propriedade, diretriz posteriormente incluída na ordem econômica e social da Constituição de 1967 (artigo 160) e mantida na Emenda Constitucional nº 1/1969.

Já na Constituição de 1988, os Municípios atingiram o ápice do fortalecimento político, elevados finalmente à condição de entes federados (artigo 1º). Tiveram garantidas a instituição e a cobrança dos impostos discriminados no artigo 156, bem como a participação nas receitas tributárias da União e dos Estados-Membros, como já vimos aqui. Foram ainda incumbidos da execução de políticas de desenvolvimento urbano, missão para cujo cumprimento lhes foram outorgados importantes instrumentos de coerção, dentre os quais a progressividade do artigo 182, § 4º, inc. II, da Constituição.

Até a aprovação da Emenda Constitucional nº 29/2000, o que havia era a competência municipal apenas para a instituição e cobrança do imposto sobre a propriedade predial e territorial urbana (artigo 156, inc. I), que poderia ser "progressivo, nos termos da lei municipal, de forma a assegurar o cumprimento da função social da propriedade".

Já se presenciava, nesse momento, uma hipótese de progressividade extrafiscal do IPTU, aplicável em face do artigo 182, da Constituição, de tal forma que, **(i)** no caso de propriedade urbana, **(ii)** localizada em área incluída no Plano Diretor, **(iii)** não edificada, subutilizada ou não utilizada, podia o Município exigir, **(iv)** nos termos da lei federal (Estatuto da Cidade), o seu adequado aproveitamento, sob pena de, **(v)** após impor a sua edificação ou o seu parcelamento compulsório, **(vi)** cobrar o IPTU progressivo no tempo.

O IPTU progressivo no tempo é um exemplo da elevação de alíquotas a serviço da consecução de políticas idealizadas no plano constitucional – no caso, o cumprimento da função social da propriedade urbana.

Similar progressividade é autorizada para o ITR, imposto esse para o qual, de maneira mais direta, o artigo 153, § 4º, inc. I, da Constituição, determina que seja progressivo, tendo as suas alíquotas fixadas de forma a desestimular a manutenção de propriedades improdutivas.

Além dessas progressividades extrafiscais, a Constituição prevê que o imposto sobre a renda e proventos de qualquer natureza seja "informado pelo critério da progressividade" (artigo 153, § 2º, inc. I), e que o IPTU seja progressivo em razão do valor do imóvel (artigo 156, § 1º, inc. I). Essa última regra foi inserida pela Emenda Constitucional nº 29/2000. A partir dessa emenda, a Constituição autorizou que os Municípios cobrassem proporcionalmente mais IPTU dos proprietários de imóveis de valor venal mais elevado, e menos de proprietários de imóveis mais modestos.

A incidência do IPTU feita nesses termos é mais adequada à capacidade contributiva, onerando mais o proprietário que revele maior potencial de concorrer para as despesas do Estado, e menos a propriedade de menor vulto econômico. O valor do bem tributado revelará a referida capacidade, o que é coerente com a hipótese de incidência e a base de cálculo do imposto.

**Princípio da seletividade**

Há tributos que podem ou devem ser seletivos, isto é, ter alíquotas diferenciadas em razão de critérios eleitos no próprio texto constitucional. Nesse sentido, a *seletividade* não implicará, necessariamente, a elevação da alíquota do tributo, mas, sim, a sua diferenciação dando tratamento tributário desigual a objetos desiguais e tratamento igual a objeto iguais, tudo isso com vistas à concretização de um objetivo constitucionalmente preestabelecido.

As referências expressas à seletividade são feitas nos casos do IPI e do ICMS, prevendo-se que aquele imposto ***deve*** ser seletivo, enquanto o segundo ***pode*** ser seletivo, em ambos os casos em função da essencialidade do produto, da mercadoria ou do serviço tributado. Isso quer dizer que, no caso do imposto federal sobre produtos industrializados, as suas alíquotas ***devem*** necessariamente ser mais altas, quando se tratar de produtos mais supérfluos, e mais baixas quanto mais essencial for a manufatura tributada. Além dessa orientação, o artigo 153, § 3º, inc. IV, é expresso em dizer que o IPI deve ter "reduzido seu impacto sobre a aquisição de bens de capital pelo contribuinte do imposto, na forma da lei", o que implica dizer que as alíquotas sobre bens dessa natureza não podem ser superiores às de bens de consumo, por exemplo.

Tomando por referência a obrigatoriedade da seletividade do IPI, seria inconstitucional a sua norma de incidência caso previsse uma alíquota padrão para todos os produtos industrializados, indistintamente. Será inconstitucional, da mesma forma, a norma que onerar mais severamente um produto mais essencial do que outro ou um bem de capital comparativamente a um bem de consumo.

No caso do ICMS, o princípio constitucional da seletividade tem aplicação um pouco distinta, de tal maneira que, se o legislador assim o desejar, poderá não discriminar alíquotas em razão de características da mercadoria ou do serviço tributado. No entanto, uma vez havendo qualquer tipo de diferenciação, nessa situação sim se deverá obrigatoriamente respeitar a essencialidade do bem ou do serviço tributado, sob pena de violação ao princípio da seletividade.

Nesse contexto, não é incomum encontrarmos alíquotas mais elevadas do ICMS sobre o fornecimento de energia elétrica, por exemplo, se comparadas aos percentuais do imposto incidentes sobre outras mercadorias menos essenciais. Ou, como ocorre em muitos Estados, encontrarmos o fornecimento de energia elétrica sendo tributado no mesmo patamar de bebidas alcóolicas, o que é claramente contrário ao princípio da essencialidade.

Outra situação curiosa, por vezes verificada em relação ao imposto estadual, diz respeito ao adicional de até 2% da alíquota do ICMS que, segundo o artigo 82, § 1º, do Ato das Disposições Constitucionais Transitórias, pode ser instituído com o objetivo de financiar o fundo estadual ou distrital de combate à pobreza.

Para tanto, o artigo 82 determina que o adicional onere "produtos e serviços supérfluos", não sendo incomum encontrar casos em que o Estado cria o adicional para produtos essenciais (por exemplo, materiais de construção) a fim de, posteriormente, destinar os recursos do fundo de combate à pobreza a gastos que envolvem a aquisição daqueles mesmos tipos de produto (investindo na construção de moradias populares).

A propósito, apesar de o imposto municipal sobre serviços (ISS) como regra não estar sujeito ao princípio da seletividade, ele deverá observar esse parâmetro quando se estiver tratando do adicional de 0,5% de alíquota destinada ao financiamento de fundos municipais de combate à pobreza. Nessa hipótese, aquele mesmo artigo 82, no seu § 2º, determina que o adicional poderá ser criado sobre serviços supérfluos.

Em nível federal, embora o IPI seja obrigatoriamente seletivo, também há previsão para um adicional de alíquota de até 5%, a incidir sobre produtos considerados supérfluos, para compor o fundo federal de combate à pobreza (artigo 80, inc. II, do Ato das Disposições Constitucionais Transitórias).

Tanto em relação ao adicional do IPI, quanto para o adicional do ISS, deverá haver lei federal definindo quais produtos e serviços podem ser considerados supérfluos, conforme artigo 83, do Ato das Disposições Constitucionais Transitórias.

Para o adicional do ICMS, não é exigida lei federal, mas o mencionado artigo 82, § 1º, demanda que a cobrança ocorra "nas condições definidas em lei complementar", prevendo, ainda, que o adicional não integre a parcela do imposto estadual cuja arrecadação é repassada aos Municípios, conforme artigo 158, inc. IV, da Constituição.

Até o momento, não havendo lei complementar tratando do assunto, os Estados e Distrito Federal vêm, mesmo assim, criando os seus adicionais de financiamento dos respectivos fundos de combate à pobreza, confiando no exercício dessa competência legislativa de forma plena, mediante aplicação do artigo 24, § 3º, da Constituição Federal.

Vale notar ainda que, diante do comando do artigo 170, inc. VI, é possível defender a existência de uma seletividade geral para a tributação de produtos e serviços, em razão do seu impacto ambiental e dos efeitos, sobre o meio ambiente, dos seus processos de elaboração e prestação.

Nesse caso, a diferenciação de alíquotas – em especial do IPI, do ICMS e do ISS, mas podendo se estender também a outros tributos – seria possível sob a ênfase da defesa do meio ambiente, levando em consideração, inclusive, a aplicação conjunta do artigo 146-A, da Constituiçao, buscando induzir à internalização de custos de atividades poluidoras, o que é uma externalidade negativa que provoca falha estrutural no funcionamento das leis de mercado.

Note-se, portanto, que esses critérios de diferenciação de tratamento tributário dados pelo Constituinte, permitindo a seletividade do tributo, podem se interconectar e, preferencialmente, ter a sua aplicação integrada. Exemplo disso pode ser dado a partir de outra hipótese de seletividade prevista no texto constitucional, autorizando o IPVA a ter alíquotas diferenciadas em função do tipo e da utilização do veículo, conforme artigo 155, § 6º, inc. II.

Ora, quais os tipos de veículos e os quais tipos de utilização que justificariam uma diferenciação da alíquota do imposto? Além disso, diante de um determinado fator de diferenciação escolhido, a alíquota deveria ser maior ou menor do que a existente para outras situações?

Seguramente, em razão daquela norma do artigo 170, inc. VI, o nível de dano causado pelo tipo e pelo uso do veículo ao meio ambiente poderá ser utilizado como fator de diferenciação das alíquotas do IPVA, onerando-se de maneira mais branda os veículos híbridos ou elétricos em comparação aos veículos que empregam combustíveis fósseis.

A ordenação do transporte terrestre, segundo diretrizes firmadas em lei própria prevista no artigo 178, da Constituição Federal, também poderá ser um fator de diferenciação válido, tributando de maneira mais onerosa, por exemplo, veículos que, por sua configuração, não tenha o seu uso recomendável para fins de conservação e manutenção das estradas e vias públicas do Estado, em comparação a outros veículos mais indicados (por exemplo, em razão do número de eixos fixos).

Poderá haver, ainda, a diferenciação do IPVA em razão da promoção do ensino fundamental (artigo 208, inc. VII), tornando menos onerosa a tributação de veículos utilizados no transporte escolar, em comparação a outros veículos.

De outro lado, há de se ter atenção com relação a critérios de discriminação (alguns deles já examinados aqui) que não poderão, por expressa vedação constitucional, ser utilizados como parâmetro para a seletividade do IPVA. Exemplo disso é a procedência ou local de fabricação do veículo, não se podendo criar uma alíquota mais gravosa do imposto estadual para veículos de origem importada em comparação a veículos de fabricação nacional.

Finalmente, o artigo 156, § 1º, inc. II, da Constituição Federal, autoriza a seletividade do IPTU em razão da localização e do uso do imóvel, com o propósito de induzir a adequada utilização da propriedade territorial e predial urbana à função social da propriedade (artigo 170, inc. III) e ao respectivo planejamento urbanístico, estabelecido em plano diretor, quando se tratar de cidade com mais de vinte mil habitantes (artigo 182, *caput* e §§ 1º e 2º).

**Princípio da não cumulatividade**

Cabe aqui referir, por último, o denominado princípio da não cumulatividade, que rege a incidência de alguns tributos previstos na Constituição Federal. Vejam:

| | |
|---|---|
| **IPI** | • o artigo 153, § 3º, inc. II, dispõe que o IPI *"será não-cumulativo, compensando-se o que for devido em cada operação com o montante cobrado nas anteriores"* |
| **ICMS** | • o artigo 155, § 2º, inc. I, diz que será *"não-cumulativo, compensando-se o que for devido em cada operação relativa à circulação de mercadorias ou prestação de serviços com o montante cobrado nas anteriores pelo mesmo ou outro Estado ou pelo Distrito Federal"*<br>• o artigo 155, § 2º, inc. II, alínea "a", determina que a isenção ou não incidência do ICMS, salvo determinação em contrário da legislação, *"não implicará crédito para compensação com o montante devido nas operações ou prestações seguintes"*<br>• o artigo 155, § 2º, inc. II, alínea "a", estabelece que a isenção ou não-incidência do ICMS, salvo determinação em contrário da legislação, *"acarretará anulação do crédito relativo às operações anteriores"*<br>• o artigo 155, § 2º, inc. XII, alínea "c", outorga à lei complementar o poder *de "disciplinar o regime de compensação do imposto"* |
| **PIS/Cofins e PIS/Cofins-importação** | • o artigo 195, § 12, estabelece que a lei *"definirá os setores de atividades econômicas para os quais"* essas contribuições sociais *"serão não-cumulativas"* |
| **Imposto residual da União** | • o artigo 154, inc. I, permite à União, mediante lei complementar, instituir impostos não previstos na sua competência e que não tenham fato gerador ou base de cálculo dos demais impostos previstos na Constituição, devendo ser o imposto assim instituído "*não-cumulativo*" |

A partir do quadro acima, é fácil concluir que não há uma uniformidade, no texto constitucional, com relação ao tratamento da não cumulatividade para os diferentes tributos aos quais ela se aplica, o que leva à reflexão a respeito da existência ou não de um conceito universal para esse princípio.

Com efeito, embora a não cumulatividade tenha por função precípua promover a neutralidade fiscal, permitindo que o tributo "flua pelo negócio" (*flows through the business*), pode haver diferentes abordagens em relação à sua aplicação: **(i)** seja em relação aos métodos de determinação do valor agregado a tributar em cada etapa de incidência do tributo; **(ii)** seja em relação aos *inputs* que permitem a dedução de créditos fiscais; **(iii)** seja quanto ao tratamento dado a desonerações fiscais ocorridas em etapas intermediárias da cadeia de produção e circulação de bens e serviços.

Quanto aos métodos, a não-cumulatividade pode ser implementada mediante: **(i)** o *método aditivo*, segundo o qual o tributo é resultante da aplicação de uma alíquota sobre o valor agregado pelo contribuinte na sua operação; **(ii)** o *método subtrativo direto*, também conhecido como "base contra base", pelo qual a alíquota do tributo é aplicada sobre a diferença de valor entre a operação realizada pelo contribuinte e a operação anterior; e **(iii)** o *método subtrativo indireto* ("imposto contra imposto"), em que o imposto a pagar é determinado pela diferença entre a alíquota aplicada sobre a operação do contribuinte e a incidente sobre a operação anterior.

A escolha do método de não cumulatividade é irrelevante em um cenário de alíquotas uniformes em todas as operações da cadeia. Quando não for o caso, poderá haver diferenças entre eles, de tal forma que se configure o chamado *efeito recuperação* do imposto, conforme abaixo demonstrado:

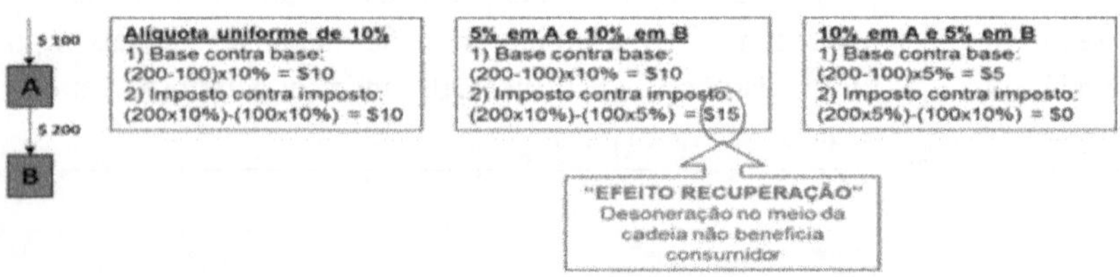

Perceba-se que, a depender do método de não cumulatividade, a sua aplicação poderá ocorrer: **(i)** pelo sistema *invoice credit* ou *transaction based method*, segundo o qual o crédito tomado pelo contribuinte se baseará no tributo indicado em documento emitido pelo seu fornecedor; ou **(ii)** pelo sistema de subtração (*subtraction method* ou *entity based method*), em que o valor agregado na operação do contribuinte será extraído da sua contabilidade, tomando por referência os créditos permitidos pelo regime de não cumulatividade existente.

Dado esse contexto, a busca da neutralidade por meio não cumulatividade faz com que esse princípio funcione como inibidor da concentração vertical do poder econômico, dependendo das características do mercado sobre o qual incide o tributo.

Os tributos cumulativos podem ter efeitos perversos, sob o ponto de vista econômico, na medida em que: **(i)** distorcem a alocação eficiente dos recursos econômicos; **(ii)** alteram os preços, para mais ou para menos, conforme seja maior ou menor a possibilidade de integração vertical de cada setor; **(iii)** desestimulam a exportação, diante da impossibilidade de devolução dos tributos contidos nos insumos e bens de capital empregados na produção do bem; **(iv)** estimulam a importação de bens, especialmente acabados, já que o tributo sobre a importação alcançaria apenas a etapa final de sua produção, ao passo que os produtos domésticos seriam atingidos cumulativamente; e **(v)** encarecem a administração tributária, exigindo fiscalização mais ampla, plurifásica, sem vinculação entre contribuintes, tal como ocorreria no caso de tributos cumulativos, em que o débito de um contribuinte é o crédito do outro.

Do ponto de vista do contribuinte, há quem pondere que, apesar das suas desvantagens em termos de ônus fiscal, os impostos cumulativos são mais simples do que os não cumulativos, os quais por vezes podem se tornar inaplicáveis aos pequenos contribuintes, afetando diretamente a maior virtude desse tipo de tributo, que deveria ser a sua neutralidade.

Por conta de todos esses fatores, apesar dos efeitos econômicos advindos da cumulação de tributos na composição dos custos dos agentes econômicos, refletindo na possibilidade de fixação de preços mais baixos pelos agentes integrados verticalmente, o Constituinte manifestou a sua intenção de submeter a um regime de não cumulatividade, inicialmente, apenas o IPI e o ICMS, através da compensação do imposto devido em cada operação ou prestação com o montante cobrado nas operações ou prestações anteriores, bem como eventuais impostos instituídos pela União no uso da sua competência residual.

Quanto aos demais tributos, ainda que economicamente pudesse haver cumulação – e, consequentemente, indução à concentração vertical –, o Constituinte admitiu tais situações no texto original de 1988, entendendo-as como harmônicas e não agressoras ao princípio da livre concorrência, previsto no artigo 170, inc. IV.

Com efeito, ainda que se pudesse dizer, por exemplo, que haveria efeitos cumulativos na cobrança do ISS tal como posta na Constituição, não se entendeu necessário, naquele momento, inclusive em face dos princípios e fundamentos da ordem econômica concomitantemente estabelecidos, dentre os quais a livre concorrência, que tal tributo fosse submetido a um regime de compensação visando a evitar a sua cumulação.

Diante dessas considerações, algumas questões se apresentam para reflexão, conjugando os princípios da não cumulatividade e da neutralidade da tributação em relação à livre concorrência.

A primeira delas diz respeito à possibilidade de o legislador infraconstitucional restringir os regimes de não-cumulatividade do ICMS e do IPI, tal como tem feito ao longo dos últimos anos.

Em relação ao ICMS, o legislador insiste em criar restrições ao amplo direito ao crédito do imposto incidente em operações anteriores: **(i)** autorizando, por meio da Lei Complementar nº 87/1996, apenas o creditamento fundado no critério físico; **(ii)** limitando no tempo a possibilidade de compensação do imposto incidente sobre aquisições de bens destinados ao ativo (artigo 20, § 3º); e, **(iii)** em relação a mercadorias destinadas ao uso ou consumo do estabelecimento (artigo 33, inc. I), à entrada de energia elétrica (inc. II) e ao recebimento de serviços de comunicação (inc. IV), postergando indefinidamente a data a partir da qual o ICMS incidente poderá ser creditado pela generalidade dos contribuintes.

Não obstante o texto constitucional delegar ao legislador complementar, conforme artigo 155, § 2º, inc. XII, alínea "c", a competência para "disciplinar" o regime de compensação do imposto, insiste-se na imposição de restrições à não cumulatividade do ICMS. E assim é feito, pelo legislador infraconstitucional, sem atentar para o fato de que tais restrições geram efeitos contrários à livre concorrência, dependendo da situação do setor econômico sobre o qual recair o imposto.

Além de inúmeros outros fundamentos que depõem contra tais limitações, a neutralidade tributária explicitada pelo artigo 146-A é ponto de partida para a análise do problema. Afinal, é questionável a constitucionalidade de qualquer mitigação infraconstitucional ao princípio da não cumulatividade do ICMS que tenha por efeito privilegiar, do ponto de vista concorrencial, agentes econômicos que são concentrados verticalmente, em prejuízo de agentes econômicos que não o são.

# Capítulo 4
# Imunidades

## Introdução

A imunidade tributária é uma modalidade de desoneração de fatos (imunidades objetivas) ou pessoas (imunidades subjetivas) que deriva do próprio texto constitucional, o qual, em diferentes dispositivos, suprime a competência tributária estatal para instituir e cobrar tributos sobre tais fatos ou pessoas.

Em razão de estar incorporada ao próprio texto constitucional, a imunidade não pode ser desafiada por lei instituidora de tributo, tampouco revogada por norma posterior editada pelo próprio Constituinte Derivado, uma vez que faria parte do rol de direitos e garantias do indivíduo, protegidos pela petrificação do artigo 62, § 4º, inc. IV.

Esse foi o entendimento do Supremo Tribunal Federal, no Recurso Extraordinário nº 636.941-RS (Pleno, Rel. Min. Luiz Fux, j. em 13.2.2014), quando afirmou que "a isençao prevista na Constituição Federal (art. 195, § 7º) tem o conteúdo de regra de supressão de competência tributária, encerrando verdadeira imunidade" e que "as imunidades têm o teor de cláusulas pétreas".

De outra forma julgou o Supremo, no Recurso Extraordinário nº 372.600-SP (2ª Turma, Rel. Min. Ellen Gracie, j. em 16.12.2003), quando considerou válida a revogação da imunidade do artigo 153, § 2º, inc. II, da Constituição Federal, pela Emenda Constitucional nº 20/98, declarando que, nesse caso, a "norma não consagrava direito ou garantia fundamental, apenas previa a imunidade do imposto sobre a renda a um determinado grupo social". Dessa maneira, concluiu que a "sua supressão do texto constitucional... não representou a cassação ou tolhimento de um direito fundamental e, tampouco, um rompimento da ordem constitucional vigente".

Se vigorasse essa orientação mais antiga, seria factível levar adiante a proposição de revogação da imunidade tributária para as entidades religiosas, por exemplo, objeto da Sugestão nº 2/2015, derivada de consulta pública no Senado Federal.

Não obstante, parece haver grande força no entendimento de que ao menos as imunidades recíprocas seriam imutáveis, pois assim vem sendo considerado pelo Supremo, a título de exemplo, nas Ações Cíveis Originárias nºs 2.023-AC e 1.507-RS (Pleno, Rel. Min Rosa Weber, j. em 25.4.2013) e na Ação Direta de Inconstitucionalidade nº 939-DF (Pleno, Rel. Min. Sydney Sanches, j. em 15.12.1993).

No que diz respeito à possibilidade de as Constituições Estaduais ou Leis Orgânicas Municipais replicarem, limitarem ou ampliarem imunidades previstas na Constituição Federal, o Supremo Tribunal entendeu que, ao menos no que diz respeito ao ICMS, essa liberdade não seria compatível com o pacto federativo e poderia criar situação contrária ao princípio da isonomia tributária (Ação Direta de Inconstitucionalidade nº 773-RJ. Pleno, Rel. Min. Gilmar Mendes, j. em 20.8.2014).

Vale comentar, ainda, que sendo a imunidade uma "não-competência tributária", a sua observância não depende, em princípio, do cumprimento de qualquer tipo de obrigação acessória, tampouco da observância de regulamentação infraconstitucional. Eventuais exigências dessa natureza poderiam ser consideradas como tendo caráter meramente declaratório, jamais constitutivo (nesse sentido, aliás, são as decisões do Superior Tribunal de Justiça, no Recurso Especial nº 1.517.801-SC, 1ª Turma, Rel. Min. Benedito Gonçalves, j. em 17.9.2018, e no Agravo de Instrumento no Recurso Especial nº 1.600.065-RS, 2ª Turma, Rel. Min. Mauro Campbell Marques, j. em 2.8.2016).

Curiosa, porém, é a situação da imunidade do artigo 150, inc. VI, alínea "c", da Constituição, que protege da cobrança de impostos o patrimônio, a renda ou os serviços de partidos políticos, sindicatos, instituições de educação e assistência social, sem fins lucrativos, desde que "atendidos os requisitos da lei". Redação similar é encontrada na imunidade do artigo 195, § 7º, que delimita a não cobrança de contribuição para a seguridade social apenas para as entidades beneficentes de assistência social que "atendam às exigências estabelecidas em lei".

Nesses casos excepcionais, a jurisprudência do Supremo Tribunal Federal vem se firmando no sentido de: **(i)** exigir lei complementar para tratar de contrapartidas exigidas das entidades imunes, como condição à fruição da desoneração constitucional; mas **(ii)** aceitar lei ordinária no que diz respeito a aspectos procedimentais necessários à verificação do atendimento das finalidades constitucionais da regra de imunidade, tais como certificação, fiscalização e controle administrativo.

Essa foi a tese estabelecida no tema nº 32 ("reserva de lei complementar para instituir requisitos à concessão de imunidade tributária às entidades beneficentes de assistência social"), como decorrência da decisão tomada no Recurso Extraordinário nº 566.622-RS (Pleno, Rel. Min. Marco Aurélio, j. em 23.2.2017) e também nas Ações Diretas de Inconstitucionalidade nºs 1.802-DF, 2.028-DF, 2.036-DF, 2.228-DF e 2.621-DF.

Finalmente, no que se refere à interpretação e à aplicação das normas constitucionais de imunidade, a jurisprudência do Supremo Tribunal Federal oscila dependendo do caso concreto que está em discussão.

Com efeito, por vezes afirma que as imunidades devem ser interpretadas com ênfase na sua teologia, a fim de dar máxima eficácia ao objetivo constitucional por elas almejado, "de modo a estender o alcance axiológico dos dispositivos imunitórios, em homenagem aos intentos protetivos pretendidos pelo constituinte originário".

Assim decidiu, por exemplo: **(i)** no caso da imunidade do IPTU sobre imóveis de propriedade de instituições de educação e de assistência social, sem fins lucrativos, que estejam vagos (Recurso Extraordinário nº 767.332-MG. Pleno, Rel. Min. Gilmar Mendes, j. em 30.10.2013), alugados (súmula nº 724/STF), que sirvam de moradia ou escritórios para integrantes da entidade imune (Recurso Extraordinário nº 221.395. 2ª Turma, Rel. Min. Marco Aurélio, j. em 8.2.2000); **(ii)** na aplicação da imunidade dos livros, estendendo-a aos filmes e papéis fotográficos necessários à publicação de jornais e periódicos (súmula nº 657/STF), às receitas de inserção de anúncios e publicidades em listas telefônicas de distribuição gratuita (Recurso Extraordinário nº 199.183-6-SP. 2ª Turma, Rel. Min. Marco Aurélio, j. em 17.4.1998) e, mais recentemente, ao *e-books* e leitores de livros eletrônicos (tema nº 593/STF: "a imunidade tributária constante do art. 150, VI, d, da CF/88 aplica-se ao livro eletrônico (e-book), inclusive aos suportes exclusivamente utilizados para fixá-lo"); **(iii)** na extensão da imunidade dos templos religiosos, para abranger cemitérios e distintas crenças espirituais (Recurso Extraordinário nº 578.562-BA. Pleno, Rel. Min. Eros Grau, j. em 21.5.2008); e **(iv)** na proteção da imunidade das entidades de ensino também aos centros de idiomas (Agravo Regimental, no Agravo Regimental, no Recurso Ordinário em Mandado de Segurança nº 24.283-DF. 2ª Turma, Rel. Min. Joaquim Barbosa, j. em 21.9.2010).

De outro lado, em certas situações o Supremo as aplica restritivamente, por entender que assim devem ser interpretadas as limitações ao poder estatal de tributar. Foram esses os casos: **(i)** do afastamento da imunidade dos livros para serviços de composição gráfica (Agravo Regimental no Recurso Extraordinário nº 631.864-MG. 1ª Turma, Rel. Min. Ricardo Lewandowski, j. em 3.5.2011; e Agravo Regimental no Recurso Extraordinário nº 435.978- SP. 1ª Turma, Rel. Min. Cármen Lúcia, j. em 8.2.2011), para maquinário e peças sobressalentes (Agravo Regimental nos Embargos de Divergência no Recurso Extraordinário nº 202.149-RS. Pleno, Rel. Min. Celso de Mello, j. em 1.6.2018), bem como para os serviços de distribuição, transporte ou entrega de livros e jornais (Agravo Regimental no Recurso Extraordinário nº 530.121-PR. 1ª Turma, Rel. Min. Ricardo Lewandowski, j. em 9.11.2010); e **(ii)** da não aplicação da imunidade dos templos religiosos às lojas da maçonaria (Recurso Extraordinário nº 562.351-RS. Pleno, Rel. Min. Ricardo Lewandowski, j. em 4.9.2012) e aos cemitérios laicos (Recurso Extraordinário nº 544.815-SP, citado no julgamento do Recurso Extraordinário nº 578.562-BA. Pleno, Rel. Min. Eros Grau, j. em 21.5.2008).

### Falsas imunidades

Em relação aos impostos, a Constituição prevê, no seu artigo 150, inc. IV, imunidades sobre: **(i)** o patrimônio, rendas ou serviços, das próprias pessoas políticas; **(ii)** sobre templos de qualquer culto; **(iii)** patrimônio, renda ou serviços dos partidos políticos, inclusive as suas fundações, das entidades sindicais dos trabalhadores, das instituições de educação e de assistência social, sem fins lucrativos; **(iv)** livros, jornais, periódicos e o papel destinado à sua impressão; e, finalmente, **(v)** fonogramas e videofonogramas musicais produzidos no Brasil contendo obras musicais ou literomusicais de autores brasileiros e/ou obras em geral interpretadas por artistas brasileiros bem como os suportes materiais ou arquivos digitais que os contenham, salvo na etapa de replicação industrial de mídias ópticas de leitura a laser.

É interessante observar que a Constituição Federal, embora aparentemente estabeleça algumas situações em que está vedada a cobrança de certos tributos, o que poderia qualificá-las como imunidades tributárias, na verdade fixa regras **(i)** de repartição de competência para a cobrança de um mesmo tributo ou **(ii)** de solução de conflitos de competência entre tributos potencialmente incidentes sobre a mesma situação.

O primeiro exemplo disso é ser encontrado no artigo 155, § 2º, inc. X, alínea "b", onde a Constituição estabelece a não incidência do ICMS nas operações interestaduais com petróleo, inclusive lubrificantes, combustíveis líquidos e gasosos dele derivados, e energia elétrica.

Segundo consolidado no Supremo Tribunal (Agravo Regimental no Recurso Extraordinário nº 190.992-7-RS. 1ª Turma, Rel. Min. Ilmar Galvão, j. em 12.11.2002; Recurso Extraordinário nº 338.681-6-SP. 2ª Turma, Rel. Min. Carlos Velloso, j. em 6.12.2005; e Recurso Extraordinário nº 198.088-5-SP. Pleno, Rel. Min. Ilmar Galvão, j. em 17.5.2000), não se trata de imunidade propriamente dita, mas de *não-incidência técnica* com o objetivo de instituir, para aquelas operações, regra de competência para arrecadação do ICMS pela Unidade da Federação de destino da mercadoria.

Similar é a situação da regra de não incidência do ICMS sobre ouro como ativo financeiro (artigo 155, § 2º, inc. X, alínea "c"), que de fato soluciona o potencial conflito de competência entre o imposto estadual e o IOF, de competência federal.

## Imunidades objetivas e subjetivas

Em relação às efetivas imunidades, já mencionamos que a Constituição, em certas situações, afasta a possibilidade de tributos sobre determinados fatos (imunidades objetivas) ou sobre determinadas pessoas (imunidades subjetivas). A distinção é relevante, na prática, para se determinar o alcance da norma constitucional que afasta a possibilidade de cobrança tributária, em especial quando falamos nos chamados impostos indiretos, que incidem sobre operações e transações realizadas entre mais de uma pessoa.

No caso das ***imunidades objetivas***, um dos grandes temas de discussão diz respeito à interpretação e aplicação da regra que afasta a cobrança de impostos sobre "livros, jornais, periódicos e o papel destinado à sua impressão".

Como já mencionamos, o Supremo Tribunal Federal adotou intepretação extensiva à aplicação do artigo 150, inc. VI, alínea "d", para alcançar filmes e papéis fotográficos necessários à publicação de jornais e periódicos, receitas de inserção de anúncios e publicidades em listas telefônicas de distribuição gratuita e, ainda, *e-books* e leitores de livros eletrônicos. De outro lado, afastou a aplicação da imunidade aos serviços de composição gráfica, ao maquinário e peças sobressalentes, bem como para os serviços de distribuição, transporte ou entrega de livros e jornais.

Vale comentar também o clássico precedente do Recurso Extraordinário nº 221.239-6-SP (2ª Turma, Rel. Min. Ellen Gracie, j. em 25.5.2004), em que o Supremo reconheceu a aplicação da imunidade do livro aos álbuns de figurinhas, afirmando que "a imunidade tributária sobre livros, jornais periódicos e o papel destinado à sua impressão tem por escopo evitar embaraços ao exercício da liberdade de expressão intelectual, artística, científica e de comunicação, bem como facilitar o acesso da população à cultura, à informação e à educação".

A partir disso, tem-se decidido que as figurinhas por si só são também imunes, inclusive quando comercializadas sem o respectivo álbum ou para fins de colecionismo, são igualmente imunes com base no artigo 150, inc. VI, alínea "c" (Agravo no Recurso Extraordinário nº 977.244-SP. Rel. Min. Edson Fachin, j. em 20.6.2016; Agravo no Recurso Extraordinário nº 953.004-SP. Rel. Min. Rosa Weber, j. em 17.3.2016; Agravo Regimental no Recurso Extraordinário nº 656.203-SP. Rel. Min. Cármen Lúcia, j. em 25.9.2012).

A jurisprudência da Suprema Corte alcançou uniformização, ainda, pela via da repercussão geral, em relação à extensão da imunidade à importação de pequenos componentes eletrônicos que acompanham material didático de curso de montagem de computadores (tema nº 259, julgado no Recurso Extraordinário nº 595.676-RJ. Pleno, Rel. Min. Marco Aurélio, j. em 8.3.2017).

O grande desafio que se apresenta em relação ao tema está relacionado à evolução da tecnologia de comunicação e à redução da veiculação de textos, notícias, imagens e informações por canais materializados em meio físico. E mais, à transformação da divulgação de informações em textos para versões em áudio e vídeo.

Em estudo anterior tangenciando o assunto, concluímos pela aplicação da imunidade a jornais eletrônicos, seja sobre a sua assinatura e disponibilização eletrônicas, seja sobre a veiculação de propaganda e publicidade geradora de receitas para a sua manutenção, na medida em que, "dada a importância da informação jornalística, o Constituinte buscou deixar clara a absoluta impossibilidade de restrição a essa forma de manifestação do pensamento, colocando-a sob proteção especial **independentemente do veículo, da forma** ou **do processo** por meio do qual pudesse ela vir a ser veiculada".

Sob o ponto de vista da legislação infraconstitucional, não se pode deixar de fazer referência à Lei nº 10.753/2003, que instituiu a Política Nacional do Livro e definiu: "considera-se livro a publicação de textos escritos em fichas ou folhas, não periódica, grampeada, colada ou costurada, em volume cartonado, encadernado ou em brochura, em capas avulsas, em qualquer formato e acabamento".

São equiparados ao livro, segundo a mesma lei: **(i)** os fascículos e as publicações de qualquer natureza que representem parte de livro; **(ii)** os materiais avulsos relacionados com o livro, impressos em papel ou em material similar; **(iii)** os roteiros de leitura para controle e estudo de literatura ou de obras didáticas; **(iv)** os álbuns para colorir, pintar, recortar ou armar; **(v)** os atlas geográficos, históricos, anatômicos, mapas e cartogramas; **(vi)** os textos derivados de livro ou originais, produzidos por editores, mediante contrato de edição celebrado com o autor, com a utilização de qualquer suporte; **(vii)** os livros em meio digital, magnético e ótico, para uso exclusivo de pessoas com deficiência visual; e **(viii)** os livros impressos no sistema Braille.

De acordo com a mesma norma, o "livro é o meio principal e insubstituível da difusão da cultura e transmissão do conhecimento, do fomento à pesquisa social e científica, da conservação do patrimônio nacional, da transformação e aperfeiçoamento social e da melhoria da qualidade de vida".

Diante dessa função atribuída ao livro, cabe delimitar onde termina a sua imunidade tributária e onde começa outra regra constitucional, prevista no seu artigo 155, § 2º, inc. X, alínea "d", que veda a cobrança do ICMS sobre "serviço de comunicação nas modalidades de radiodifusão sonora e de sons e imagens de recepção livre e gratuita". Outra regra imunizante a ser considerada é a do artigo 150, inc. IV, alínea "d", que cuida dos "fonogramas e videofonogramas musicais produzidos no Brasil contendo obras musicais ou literomusicais de autores brasileiros e/ou obras em geral interpretadas por artistas brasileiros bem como os suportes materiais ou arquivos digitais que os contenham, salvo na etapa de replicação industrial de mídias ópticas de leitura a laser".

Haveria absoluta distinção entre as áreas alcançadas por essas três regras imunizantes? Ou, até certo ponto, a evolução tecnológica da comunicação permitiria enxergar zonas de intersecção? Ou seja:

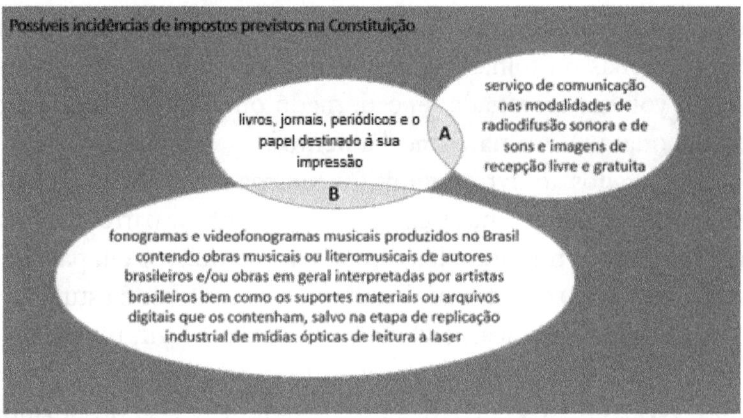


Haveria uma sobreposição de imunidades na hipótese **A** do quadro acima, quando se tratasse da divulgação de ideias e textos por meios eletrônicos de livre acesso, se fosse considerado que, nesse caso, estar-se-ia diante de uma difusão de imagens de recepção livre e gratuita?

É necessário lembrar que, de acordo com o precedente do Tribunal de Justiça do Estado de São Paulo, na Apelação Cível com Revisão nº 636.044-5/1-00 (Rel. Des. Antonio Carlos Villen, j. em 16.6.2008), a sua 10ª Câmara de Direito Público considerou ser imune ao ICMS a veiculação de publicidade pela *internet*, por considerá-la acobertada pela norma do artigo 155, § 2º, inc. X, alínea "d".

Ora, sendo essa publicidade veiculada por meio de textos ou imagens, não seria também o caso de a considerar imune com base na norma do artigo 150, inc. VI, alínea "c", na medida em que ser teria aí a difusão de mensagens e ideias, ainda que sem um suporte físico tangível? Lembrando ainda que, conforme dito pelo Supremo no seu precedente sobre álbuns de figurinhas, "o Constituinte, ao instituir essa benesse, não fez ressalvas quanto ao valor artístico ou didático, à relevância das informações divulgadas ou à qualidade cultural de uma publicação".

A nosso ver, parece que a resposta é afirmativa. Tanto é assim que, na redação do item 1.09 da lista de serviços anexa à Lei Complementar nº 116/2003, dada pela Lei Complementar nº 157/2016, consignou-se a possibilidade de tributação da "disponibilização, sem cessão definitiva, de conteúdos de áudio, vídeo, imagem e texto por meio da internet, respeitada a imunidade de livros, jornais e periódicos" (grifamos).

Já no caso da zona de intersecção **B** do quadro acima desenhado, a própria referência às obras "literomusicais", feita no artigo 150, inc. IV, alínea "d", permite ver que a proteção à divulgação de textos e ideias está duplamente assegurada.

Assim sendo, ainda que determinada obra dessa natureza (literomusical) esteja corporificada em mídia óptica de leitura a laser, o que não lhe daria direito à imunidade pela alínea "d", ela estaria livre de impostos pela regra da alínea "c", uma vez que, como já se viu, a tese firmada pelo Supremo Tribunal Federal, no tema nº 593, assegura a "imunidade tributária de livro eletrônico (e-book) gravado em CD-ROM".

Passando às imunidades do artigo 150, inc. VI, alíneas "a" a "c", a primeira questão relevante é saber, encarando-as como ***imunidades subjetivas***, até que ponto elas são capazes de afastar a incidência dos chamados impostos indiretos, em especial do ICMS e do ISS.

De início, o Supremo Tribunal manifestou entendimento de que, no caso de importações de mercadorias por entidades imunes, o ICMS não poderia ser exigido, porque "o contribuinte por excelência do tributo é o importador (que tende a ser o adquirente da mercadoria) e não o vendedor. Há confusão entre as figuras do contribuinte de direito e do contribuinte de fato" (Agravo Regimental no Agravo de Instrumento nº 476.664-RS. 2ª Turma, Rel. Min. Joaquim Barbosa, j. em 6.4.2010).

A partir disso, consolidou a sua jurisprudência no tema nº 342, dos recursos extraordinários com repercussão geral, deliberando que "a imunidade tributária subjetiva aplica-se a seus beneficiários na posição de contribuinte de direito, mas não na de simples contribuintes de fato, sendo irrelevante para a verificação da existência do beneplácito constitucional a repercussão econômica do tributo envolvido" (muito embora, antes disso, tenha tomado posição em sentido diametralmente oposto, afirmando que "a imunidade tributária prevista o art. 150, IV, c, da Constituição, compreende as aquisições de produtos no mercado interno, desde que os bens adquiridos integrem o patrimônio dessas entidades beneficentes", conforme Agravo Regimental no Agravo de Instrumento nº 535.922-RS. 2ª Turma, Rel. Min. Ellen Gracie, j. em 30.9.2008).

Observe-se que, ainda quando a entidade imune seja chamada a recolher o ICMS sobre determinada operação, mas na condição de substituta tributária – ou seja, fazendo-o em nome de um terceiro, terceiro este contribuinte do imposto – não haverá a proteção da garantia constitucional, pois "a eleição da entidade como sujeito passivo indireto não avança sobre qualquer das áreas constitucionalmente resguardadas pela Constituição contra a tributação, na medida em que o tributo incidirá sobre operações alheias e sujeitará diretamente pessoas estranhas à entidade beneficiada" (Recurso Extraordinário nº 202.987-4-SP. 2ª Turma, Rel. Min. Joaquim Barbosa, j. em 30.6.2009).

Na situação contrária, quando a entidade for substituída tributária em determinada cadeia de circulação de mercadoria, daí então caberá a ela o direito de restituir o ICMS indevidamente antecipado por substituição, o que é normalmente previsto nas legislações estaduais (no caso do Estado de São Paulo, esse direito encontra-se previsto no artigo 269, inc. III, do Regulamento do ICMS, aprovado pelo Decreto nº 45.490/2000).

Portanto, a imunidade atingirá a entidade e terá reflexos para afastar a incidência do ICMS e do ISS sempre e quando for ela o próprio contribuinte (sujeito passivo direto) desse imposto e, evidentemente, desde que não haja desvio de finalidade por parte da entidade imune, o que deve ser comprovado pelo Fisco (Agravo Regimental no Recurso Extraordinário nº 1.095.156-SP. 2ª Turma, Rel. Min. Gilmar Mendes, j. em

23.3.2018; Agravo Regimental no Recurso Extraordinário nº 1.056.354-RS. 2ª Turma, Rel. Min. Gilmar Mendes, j. em 1.12.2017; Agravo Regimental no Recurso Extraordinário nº 1.037.290-DF. 2ª Turma, Rel. Min. Dias Toffoli, j. em 21.8.2017; Agravo Regimental no Recurso Extraordinário nº 1.010.350-SP. 1ª Turma, Rel. Min. Roberto Barroso, j. em 30.6.2017; Agravo Regimental no Recurso Extraordinário nº 916.945-RJ. 1ª Turma, Rel. Min. Roberto Barroso, j. em 30.9.2016; dentre outros).

**Imunidade recíproca e exclusão da exploração de atividade econômica**

O artigo 150, inc. VI, alínea "a", da Constituição, dispõe ser vedado à União, aos Estados, ao Distrito Federal e aos Municípios, instituir impostos sobre "patrimônio, renda ou serviços, uns dos outros". Segundo o § 2º desse artigo, a imunidade estende-se às "autarquias e às fundações instituídas e mantidas pelo Poder Público, no que se refere ao patrimônio, à renda e aos serviços, vinculados a suas atividades essenciais ou às delas decorrentes".

Esclarece ainda o texto constitucional, no § 3º do mesmo artigo 150, que a imunidade não se aplica ao "patrimônio, à renda e aos serviços, relacionados com exploração de atividades econômicas regidas pelas normas aplicáveis a empreendimentos privados, ou em que haja contraprestação ou pagamento de preços ou tarifas pelo usuário, nem exonera o promitente comprador da obrigação de pagar imposto relativamente ao bem imóvel".

Apesar da clareza dessas regras, o Supremo Tribunal Federal criou uma questionável elasticidade na sua jurisprudência, no que se refere à aplicação da imunidade recíproca à empresa pública que, segundo a sua visão, realizaria serviço constitucionalmente monopolizado pela União.

Com efeito, analisando casos concretos envolvendo a Empresa Brasileira de Correios e Telégrafos (ECT), o Supremo Tribunal Federal fixou três teses bastante ampliativas, em sede de repercussão geral, entendendo: **(i)** no tema nº 235 (Recurso Extraordinário nº 601.392-PR. Pleno, Rel. Min. Gilmar Mendes, j. em 28.2.2013), que a ECT deve gozar da imunidade recíproca do artigo 150, inc. VI, alínea "a", mesmo em relação aos serviços que não presta em regime de monopólio; **(ii)** no tema nº 402 (Recurso Extraordinário nº 627.051-PE. Pleno, Rel. Min. Dias Toffoli, j.

me 12.11.2014), que a ECT não deve recolher ICMS sobre o serviço de transporte de encomendas; e **(iii)** no tema nº 644 (Recurso Extraordinário nº 773.992-BA. Pleno, Rel. Min. Dias Toffoli, j. em 15.10.2014), que a mesma empresa não deve recolher IPTU sobre imóveis de sua propriedade e por ela utilizados, ainda que em outras atividades econômicas que não a postal.

Todos esses precedentes, a nosso ver, frustram o comando do § 3º acima, segundo o qual a imunidade recíproca não deve alcançar patrimônio, renda e serviços relacionados à exploração de atividades econômicas regidas pelas normas aplicáveis a empreendimentos privados, até mesmo porque, de acordo com outra norma da Constituição – artigo 173, § 1º, inc. II – as empresas públicas, sociedades de economia mista e suas subsidiárias devem sujeitar-se ao "regime jurídico próprio das empresas privadas, inclusive quanto aos direitos e obrigações civis, comerciais, trabalhistas e **tributários**". E para que não pudesse pairar qualquer tipo de dúvida, o § 2º do mesmo artigo 173 reiterou que "as empresas públicas e as sociedades de economia mista não poderão gozar de privilégios **fiscais** não extensivos às do setor privado".

Como compreender, diante dessas regras, o caminho tomado pelo Supremo Tribunal Federal para se perder nas teses firmadas nos temas nºs 235, 402 e 644 acima?

Em primeiro lugar, é essencial examinar a decisão tomada pela Corte na Ação de Descumprimento de Preceito Fundamental nº 46-7-DF (Pleno, Rel. Min. Eros Grau, j. em 5.8.2009), quando discutiu o artigo 9º, da Lei nº 6.538/78, que atribuiu monopólio à União para explorar o serviço postal, bem como o artigo 42, da mesma lei, prevendo sanção para quem coletasse, transportasse, transmitisse ou distribuísse objetos de qualquer natureza sujeitos ao monopólio da União, ainda que pagas as tarifas postais ou de telegramas.

Estavam aí envolvidos os interesses diretos da Associação Brasileira de Empresas de Distribuição (ABRAED), que na ação se opunha à ECT, com a participação dos interessados, o Sindicato Nacional das Empresas de Encomendas Expressas e a Associação Brasileira de Empresas de Transporte Internacional (ABRAEL).

Nesse julgamento, o Supremo Tribunal Federal concluiu que o serviço postal teria natureza de serviço público, em razão de o artigo 21, inc.

X, da Constituição Federal, dizer que cabe à União "manter" esse serviço; e que compreenderia apenas o transporte de cartas, cartões postais e correspondências agrupadas.

Destacou que, dado o seu regime de monopólio, tal atividade se diferenciaria inclusive dos serviços de saúde e educação, os quais, embora públicos, podem ser realizados pela iniciativa privada, conforme autorizado pela própria Constituição nos seus artigos 199 e 209.

A partir do julgamento do tema nº 235, o Supremo começou a esticar ainda mais a corda, ampliando a imunidade recíproca para toda e qualquer atividade exercida pela ECT, entendendo que essa empresa pública realizaria essas outras atividades em caráter "servil" ao serviço postal. Que a extensão da imunidade a esses outros serviços teria a natureza de um verdadeiro "subsídio cruzado", necessário para permitir à ECT "manter" os serviços postais (Recurso Extraordinário nº 601.392-PR. Pleno, Rel. Min. Gilmar Mendes, j. em 28.2.02013).

Passou esse Tribunal a reconhecer a imunidade aos serviços de transporte de encomendas, colocando a ECT em desigualdade de condições com todas as demais empresas de transporte do País (vide, a propósito, do Protocolo ICMS nº 32/2001, celebrado no âmbito do CONFAZ, e que submete a ECT a regime de fiscalização especial em relação a todas as demais transportadoras). Estendeu a imunidade aos imóveis utilizados nas atividades postais ou em quaisquer outros serviços, o que também parece ser um privilégio que pode frustrar aquelas normas dos artigos 150, §§ 2º e 3º acima.

Tal complacência do Supremo Tribunal Federal para com a ECT chama a atenção para os conceitos que o próprio Eros Roberto Grau apresenta, em seu *A Ordem Econômica na Constituição de 1988 (interpretação e crítica)* (São Paulo: Malheiros Editores, 2005), a respeito da extensão dos conceitos de atividade econômica e de serviços públicos.

Segundo o ex-Ministro do Supremo, o conceito de atividade econômica em sentido estrito é dado de maneira negativa, abrangendo tudo aquilo que não for atividade ilícita e não for serviço público. Observa, ainda, que quando o Estado exerce uma atividade econômica em função de um imperativo de segurança nacional ou para atender a um relevante interesse coletivo, isso não quer dizer que está prestando um serviço público, mas sim realizando uma atividade econômica em sentido estrito.

O Estado estaria prestando serviço público, propriamente dito, somente quando o exercício dessa atividade fosse necessário ao acatamento de um interesse social. Nesse sentido: **(i)** teríamos então os *serviços públicos privativos*, ou seja, aqueles cuja prestação é reservada ao Estado, ainda que admitida a possibilidade de particulares o desenvolverem em regime de concessão ou permissão; e **(ii)** os *serviços públicos não privativos*, isto é, aqueles cuja prestação pelo setor privado pode ser realizada independentemente de concessão, permissão ou autorização, como seria o caso dos serviços de saúde e educação, já referidos acima.

Esses conceitos são relevantes para que, diante das premissas firmadas pelo Supremo Tribunal Federal nos temas nº 235, 402 e 644, fique claro até onde a imunidade recíproca amplamente reconhecida em favor da ECT poderá levar.

Com efeito, a fim de manter coerência com os precedentes da ECT, o Supremo deverá decidir, no tema nº 412, a imunidade recíproca em benefício da Empresa Brasileira de Infraestrutura Aeroportuária (Infraero), em razão de ela também explorar, nos termos do artigo 21, inc. XII, alínea "c", da Constituição, a navegação aérea, aeroespacial e a infraestrutura aeroportuária.

Já decidiu a Suprema Corte, aliás, em relação à Casa da Moeda do Brasil (Agravo Regimental no Recurso Extraordinário nº 610.517-RJ, 2ª Turma, Rel. Min. Celso de Mello, j. em 3.6.2014), que a imunidade recíproca se lhe aplica em razão de exercer serviços públicos previstos no artigo 21, inc. VII, assim ficando livre de impostos não apenas sobre a emissão de moeda, mas também em relação à fabricação de fichas telefônicas e à impressão de selos postais.

Por coerência, novamente, deveria rever as suas decisões em que reconheceu a imunidade recíproca aplicável à Ordem dos Advogados do Brasil, por entender que desempenha atividade própria de Estado (defesa da Constituição, da ordem jurídica, do Estado Democrático de Direito, dos direitos humanos, da justiça social, bem como a seleção e o controle disciplinar dos advogados), mas restringindo a imunidade apenas às atividades relacionadas com as finalidades essenciais de tal entidade (Agravo Regimental no Recurso Extraordinário nº 259.976-RS. 2ª Turma, Rel. Min. Joaquim Barbosa, j. em 23.3.2010). Afinal, por que não ampliar a imunidade do mesmo modo como feito com a ECT?

Deverá o Supremo ampliar o reconhecimento da imunidade tributária das casas lotéricas, uma vez que, no seu entendimento já manifestado em ao menos um precedente (Agravo Regimental no Recurso Extraordinário nº 475.268-MG. 2ª Turma, Rel. Min. Ellen Gracie, j. em 22.2.2011), "não há dúvidas de que a exploração de loterias é serviço público".

Se a exploração da loteria é serviço público, o mesmo se deveria reconhecer em relação a outras atividades semelhantes, como o turfe, por exemplo, cuja exploração se dá exclusivamente mediante contrato de agência e de acordo com carta patente emitida nos termos da Lei nº 7.291/84.

Dentre outros tantos exemplos que se pode aqui referir, deveria o Supremo reconhecer a imunidade das empresas prestadoras de serviço de transporte municipal (individual ou coletivo), posto que, a depender do que dispuser a lei orgânica municipal respectiva (no caso da lei orgânica do Município de São Paulo, o seu artigo 172 estabelece que "compete à Prefeitura planejar, organizar, implantar e **executar**, diretamente ou sob regime de concessão, permissão, ou outras formas de contratação, bem como regulamentar, controlar e fiscalizar o transporte público, no âmbito do Município"), essa atividade terá natureza de serviço público, ainda que podendo ser exercido por particulares em regime de concessão, permissão ou outras formas de contratação.

Curioso observar que, não obstante tamanha ampliação das imunidades recíprocas, a jurisprudência do Supremo retrocede apenas quando, no julgamento do tema nº 437, afirma que "incide o IPTU considerado imóvel de pessoa jurídica de direito público cedido a pessoa jurídica de direito privado, devedora do tributo" (Recurso Extraordinário nº 601.720-RJ. Pleno, Rel. Min. Marco Aurélio, j. em 19.4.2017).

Nesse caso, muito embora a situação do particular devedor de tributo em nada tivesse que ver com o "patrimônio" da entidade de direito público imune, segundo o artigo 150, inc. VI, alínea "a", a aplicação da regra constitucional é limitada sob o argumento de que a extensão da imunidade recíproca poderia violar o princípio da livre concorrência (vide também Recurso Extraordinário nº 594.015-SP. Pleno, Rel. Min. Marco Aurélio, j. em 6.4.2017).

Difícil encontrar coerência teórica com os demais julgados sobre o tema.

# Capítulo 5
# Normas gerais em matéria tributária

## Introdução

Cabe à lei complementar, como diz o artigo 146, da Constituição: **(i)** dispor sobre conflitos tributários entre União, Estados, Distrito Federal e Municípios; **(ii)** regular as limitações constitucionais ao poder de tributar; e, ainda, **(iii)** estabelecer normas gerais em matéria de legislação tributária, especialmente sobre **(iii.i)** a definição de tributos e suas espécies, **(iii.ii)** em relação aos impostos, a definição dos respectivos fatos geradores, bases de cálculo e contribuintes, **(iii.iii)** obrigação, lançamento, crédito, prescrição e decadência tributários, **(iii.iv)** o adequado tratamento tributário ao ato cooperativo praticado pelas sociedades cooperativas, e **(iii.v)** a definição de tratamento tributário diferenciado e favorecido para microempresas e para empresas de pequeno porte, inclusive mediante a instituição de regime único de arrecadação dos impostos e contribuições da União, dos Estados, do Distrito Federal e dos Municípios.

Grande parte dessas atribuições é, até hoje, cumprida pelo Código Tributário Nacional, o qual foi promulgado como lei ordinária sob a égide da Constituição de 1946 mas, em razão da reforma tributária de 1965, promovida pela Emenda Constitucional nº 18, foi recepcionado como lei materialmente complementar.

Assim, conforme se passa a examinar, o Código Tributário Nacional veicula normas gerais sobre: **(i)** o exercício das competências tributárias previstas na Constituição e os limites ao poder de tributar; **(ii)** a definição de tributos e de suas espécies; **(iii)** a interpretação e a aplicação da legislação tributária; **(iv)** obrigação tributária, fato gerador e crédito tributário; **(v)** sujeição passiva tributária; e **(vi)** o exercício da administração tributária.

Com relação à definição dos fatos geradores dos impostos previstos na Constituição de 1988, o Código Tributário Nacional ainda exerce esse papel dos seus artigos 19 a 75, quanto a impostos que não foram, posteriormente, objeto de regulação por leis complementares específicas. É esse o caso do II e IE, do ITR e do IPTU, do imposto sobre a renda e proventos de qualquer natureza, do ITBI, do IPI e do IOF.

Há impostos cujos fatos geradores são definidos por legislação complementar própria, editada após o Código Tributário Nacional (ISS e ICMS, por exemplo), bem como há outros impostos **(i)** cujos fatos geradores não se encontram definidos em legislação alguma, inclusive porque a competência constitucional para a sua instituição não foi exercida. Esse é o caso do IGF, da competência residual da União, prevista no artigo 154, inc. I, além da própria competência da mesma União para instituir impostos extraordinários para o caso de iminência ou guerra externa (inc. II); e **(ii)** impostos cujos fatos geradores, encontram-se definidos na legislação de cada Estado e do Distrito Federal, que, em razão da omissão da União em editar lei complementar definindo os aspectos gerais da sua incidência, exerceram o seu poder de legislar supletivamente, nos termos do artigo 24, § 3º, da Constituição (esse é o caso do IPVA e do ITCMD).

Por fim, relembre-se de que, exercendo a função específica da qual trata o artigo 146, inc. III, alínea "d", e parágrafo único, da Constituição Federal, a Lei Complementar nº 123/2006 instituiu o Estatuto Nacional da Microempresa e da Empresa de Pequeno Porte, também conhecido como "Simples Nacional", por meio do qual se regula um sistema único de arrecadação dos impostos e das contribuições da União, dos Estados, do Distrito Federal e dos Municípios.

### Definição de tributos e suas espécies

Embora a Constituição tenha fornecido inúmeras regras que permitem conceituar e identificar as diferentes espécies de tributos existentes no nosso sistema, outorgou à legislação complementar a tarefa de definir tributos e suas espécies.

Por conta disso, ainda que essa tarefa seja cumprida pelo Código Tributário Nacional, as normas por ele estabelecidas em 1967 devem ser obrigatoriamente interpretadas no contexto da Constituição de 1988, evitando-se qualquer tipo de leitura do texto constitucional "de baixo para cima", quando a técnica correta requer verificar até qual extensão os conceitos e as definições do Código foram recepcionados pelo regime constitucional atual.

E essa realidade se apresenta na definição do conceito de tributo, quando, no artigo 3º, o Código Tributário Nacional se refere a "toda prestação pecuniária compulsória, em moeda ou cujo valor nela se possa exprimir, que não constitua sanção de ato ilícito, instituída em lei e cobrada mediante atividade administrativa plenamente vinculada" (sublinhamos).

No entanto, conforme se extrai do artigo 182, § 4º, inc. II, da Constituição, a progressividade extrafiscal do IPTU funciona como uma reação, ou seja, como uma sanção, pelo fato de o proprietário do solo urbano não realizar a sua edificação ou mantê-lo subutilizado ou não utilizado. Nessas situações, o texto constitucional chega a utilizar a expressão *"sob pena de"*, prevendo como penalidades, então: **(i)** o parcelamento ou a edificação compulsória do imóvel; **(ii)** o IPTU progressivo no tempo; e, como medida extrema, **(iii)** a desapropriação do imóvel.

À luz da Constituição, parece-nos questionável a recepção da definição de tributo, constante do artigo 3º, do Código Tributário Nacional, na parte em que afirma "que não constitua sanção de ato ilícito". E isto, é claro, sem considerarmos a opinião ainda mais incisiva de alguns, como é o caso de Ives Gandra da Silva Martins, para quem "o tributo é uma penalidade. Espontaneamente, muitos poucos dariam sua contribuição ao Estado" (*Da sanção tributária*. 2ª ed. rev. e atual. São Paulo: Saraiva, 1998, p. 50).

Na sequência, diz o Código que a natureza jurídica do tributo é determinada pelo fato gerador da respectiva obrigação, sendo irrelevantes para qualificá-la **(i)** a denominação de demais características formais adotadas pela lei e **(ii)** a destinação legal do produto da sua arrecadação.

Novamente, a definição dada pelo artigo 4º, do Código Tributário Nacional, deve ser contextualizada no sistema estabelecido pela Constituição de 1988, uma vez que, em relação à destinação legal do produto da arrecadação do tributo, esse elemento é determinante para se identificar qual a espécie tributária da qual estamos falando.

Com efeito, no caso dos impostos, a Constituição proíbe a vinculação da sua arrecadação a órgãos, fundos ou despesas, exceto nos casos expressamente ressalvados no seu artigo 167, inc. IV[2].

Já as taxas devem ter o produto da sua arrecadação voltado para remunerar a atividade estatal realizada, seja no exercício do poder de polícia, seja na prestação de serviço público específico e divisível.

Similares são as situações, ainda, dos empréstimos compulsórios, das contribuições sociais, das contribuições de intervenção no domínio econômico e das contribuições de interesse de categorias profissionais.

A defasagem do Código Tributário Nacional pode ser também encontrada no seu artigo 5º, quando afirma que os tributos são os impostos, as taxas e as contribuições de melhoria, rol esse em muito ampliado no sistema tributário constitucional, abrangendo as já referidas contribuições sociais, contribuições de intervenção no domínio econômico, contribuições de interesse das categorias profissionais ou econômicas, os empréstimos compulsórios, a contribuição para financiar a previdência dos servidores públicos e, finalmente, a contribuição para custeio do serviço de iluminação pública.

Nesse contexto, ganha valor a norma do artigo 4º, inc. I, do Código Tributário Nacional, ao afirmar que a natureza jurídica do tributo é determinada pelo seu fato gerador e não por sua denominação ou por suas características formais.

Assim, parece útil classificar as espécies tributárias a partir das suas características intrínsecas e extrínsecas, considerando que: **(i)** sob o ponto de vista *intrínseco*, importa verificar se há vinculação ou não do tributo a uma atividade estatal, como elemento necessário à configuração do seu fato gerador; e **(ii)** como elemento *extrínseco*, é necessário verificar se existe ou não vinculação legal do produto da respectiva arrecadação.

[2] *"IV – a vinculação de receita de impostos a órgão, fundo ou despesa, ressalvadas a repartição do produto da arrecadação dos impostos a que se referem os arts. 158 e 159, a destinação de recursos para as ações e serviços públicos de saúde, para manutenção e desenvolvimento do ensino e para realização de atividades da administração tributária, como determinado, respectivamente, pelos arts. 198, § 2º, 212 e 37, XXII, e a prestação de garantias às operações de crédito por antecipação de receita, previstas no art. 165, § 8º, bem como o disposto no § 4º deste artigo;"*

Utilizados esses critérios, poderemos então considerar como ***imposto*** a espécie tributária não vinculada a qualquer atividade estatal e cuja arrecadação, por expressa vedação do artigo 167, inc. IV, da Constituição, e do artigo 16, do Código Tributário Nacional, como regra não pode ser vinculada a órgão, fundo ou despesa estatal.

Comparativamente, a ***taxa*** tem estrutura diametralmente oposta, tratando-se de tributo vinculado a uma atividade estatal que consista no exercício de poder de polícia (taxa de polícia) ou na prestação de um serviço público específico e divisível, prestado ao contribuinte ou colocado à sua disposição (taxa de serviço). Necessariamente, portanto, o produto da sua arrecadação deve estar voltado para a contraprestação dessas atividades.

Nos termos do artigo 77, parágrafo único, do Código Tributário Nacional, que repete a regra do artigo 145, as taxas não podem ter base de cálculo própria de impostos. E, indo além do que dispõe a Constituição, as taxas também não podem ter como base de cálculo o capital das empresas.

Outra relevante definição dada pelo Código Tributário Nacional, no seu artigo 78, é a de *poder de polícia*, capaz de justificar a instituição e a cobrança de taxas.

Dispõe o referido Código que o poder de polícia é a atividade da administração pública que, limitando ou disciplinando direito, interesse ou liberdade, regula a prática de ato ou abstenção de fato, em razão de interesse público concernente à segurança, à higiene, à ordem, aos costumes, à disciplina da produção e do mercado, ao exercício de atividades econômicas dependentes de concessão ou autorização do Poder Público, à tranquilidade pública ou ao respeito à propriedade e aos direitos individuais ou coletivos. Diz ainda, no parágrafo único do artigo 78, que se considera regular o exercício do poder de polícia quando desempenhado pelo órgão competente, nos limites da lei aplicável e com observância do processo legal, e, tratando-se de atividade que a lei tenha como discricionária, sem abuso ou desvio de poder.

Ainda em relação às taxas, o artigo 79 define como *serviço público* passível de remuneração por esse tributo, o serviço utilizado pelo contribuinte, *efetivamente*, quando por ele usufruído a qualquer título, ou *potencialmente*, quando, sendo de utilização compulsória, seja posto à sua disposição mediante atividade administrativa em efetivo funcionamento. E como *específico*, aquele serviço público que possa ser destacado em unidades autônomas de intervenção, de utilidade ou de necessidade pública. Por último, como *divisível*, o serviço público cuja utilização seja suscetível de separação por parte de cada um dos seus usuários.

Por último, o artigo 80, do Código Tributário, esclarece que, seja em relação ao exercício de poder de polícia, seja no caso de prestação efetiva ou potencial de serviço público específico e divisível, as taxas somente poderão ser instituídas e cobradas pela União, pelos Estados, pelo Distrito Federal e por Municípios na medida em que forem pertinentes a atribuições das suas respectivas competências. Ou seja, não poderá a União instituir uma taxa de fiscalização se a atividade que está sendo fiscalizada não é de sua competência material (por exemplo, a instituição de uma taxa federal para a remuneração do serviço de fiscalização do zoneamento urbano).

A terceira espécie tributária que encontramos é a ***contribuição de melhoria***, que corresponde a tributo em que há vinculação indireta entre a sua cobrança e uma atividade estatal específica (obra pública, desde que ocorra valorização imobiliária), sem haver, porém, vinculação legal do produto da sua arrecadação.

Ao contrário da taxa, cujo critério de quantificação tem pertinência com o custo da prestação estatal (serviço público ou poder de polícia), nas contribuições de melhoria a grandeza tributada guarda relação com o benefício especial gerado pela obra pública realizada. O custo é o limite total para a arrecadação dos contribuintes atingidos, conforme artigo 81, do Código Tributário Nacional.

As contribuições de melhoria têm como fato gerador, obrigatoriamente, o acréscimo do valor do imóvel localizado na área beneficiada, direta ou indiretamente, pela obra pública, sendo impertinente qualquer espécie de ação do sujeito passivo ou conduta sua que possa ser realizada ou omitida em função da obra realizada pelo Estado. Ademais, a sua instituição depende, como determina o artigo 82, dos seguintes requisitos mínimos:

- publicação prévia de: **(i)** memorial descritivo do projeto; **(ii)** orçamento do custo da obra; **(iii)** determinação da parcela do custo da obra a ser financiada pela contribuição; **(iv)** delimitação da zona beneficiada; e **(v)** determinação do fator de absorção do benefício da valorização para toda a zona ou para cada uma das áreas diferenciadas nela contidas;

- fixação de prazo não inferior a 30 (trinta) dias, para impugnação, pelos interessados, de qualquer daquelas informações publicadas previamente;
- regulamentação de processo administrativo próprio para instrução e julgamento de tal impugnação, sem prejuízo da sua apreciação judicial; e
- por ocasião do lançamento da contribuição, cada contribuinte deverá ser notificado do montante devido (que deve ser determinado pelo rateio do custo da obra pelos imóveis situados na zona beneficiada e em função dos respectivos fatores individuais de valorização), da forma e dos prazos para pagamento, além dos elementos que integraram o cálculo do tributo.

Em relação aos ***empréstimos compulsórios*** – superada pelo próprio texto constitucional a polêmica em torno da sua natureza tributária –, verifica-se que se trata de tributo "em princípio" desvinculado de qualquer atividade estatal e cujo produto de sua arrecadação deve ser destinado: (i) ao atendimento a despesas extraordinárias decorrentes de calamidade pública, guerra externa ou iminência de guerra; ou (ii) investimento público de caráter urgente e de relevante interesse nacional.

Em princípio, foi dito acima, porque há quem admita que, diante da falta de delimitação da materialidade da hipótese de incidência do tributo pelo Constituinte, não haveria qualquer impedimento para o empréstimo compulsório ser instituído (pela União, obrigatoriamente) levando em consideração situação típica de imposto, taxa ou de contribuição de melhoria.

Ponto conturbado, porém, diz respeito à possibilidade de invasão das faixas de competência tributária dos Estados, do Distrito Federal e dos Municípios, por ocasião da instituição de empréstimos compulsórios pela União.

Ao que nos parece, a cobrança desse tributo somente poderia ocorrer na hipótese de guerra externa ou sua iminência, conforme o próprio

Constituinte admite quando se refere aos impostos extraordinários do artigo 154, inc. II.

Assim, se a União pode invadir competências alheias para a instituição de tal espécie tributária, que se dirá para a instituição do empréstimo compulsório para atendimento às despesas extraordinárias de guerra, em que se pressupõe a devolução do valor arrecadado após a cessação do evento justificador da instituição do tributo.

Em relação aos empréstimos para investimentos públicos de caráter urgente, o artigo 148, inc. II, deve ser interpretado harmonicamente com a competência residual do artigo 154, inc. I, que explicitamente proíbe a instituição de novos impostos, por parte da União, tendo fato gerador ou base de cálculo próprio de impostos já discriminados na Constituição.

Vale mencionar, por último, que o Código Tributário Nacional, no seu artigo 15, inc. III, faz referência a uma terceira modalidade de empréstimo compulsório, que claramente não foi recepcionada pela Constituição de 1988, prevista para a hipótese genérica de "conjuntura que exija absorção temporária de poder aquisitivo".

Passando para as ***contribuições***, é bom lembrar que o artigo 149, da Constituição, autoriza à União instituir três espécies desse tributo, a começar pelas ***contribuições sociais***, cuja arrecadação é vinculada, conforme artigo 195, ao financiamento da seguridade social. Devem ser também enquadradas nessa categoria (i) a contribuição do salário-educação, prevista no artigo 212, § 3º, e (ii) a contribuição provisória sobre movimentação ou transmissão de valores e de créditos e direitos de natureza financeira (CPMF), constante do artigo 74, do Ato das Disposições Constitucionais Transitórias, mas extinta desde 2007.

Em princípio, conforme as hipóteses materiais discriminadas pela Constituição para a sua incidência, essas contribuições não se vinculariam a nenhuma atuação estatal específica em relação ao seu contribuinte.

Há que se ponderar essa conclusão, entretanto, com relação às contribuições sociais sobre a receita de concursos de prognósticos, na medida em que, conforme anteriormente visto aqui, a exploração do jogo (gênero em que se inclui a exploração dos concursos de prognósticos) é considerada pelo Supremo Tribunal Federal como serviço público (Agravo Regimental no Recurso Extraordinário nº 475.268-MG. 2ª Turma, Rel. Min. Ellen Gracie, j. em 22.2.2011). Essa conclusão, aliás, é reforçada pelo marco regulatório do setor (Lei nº 13.756/2018), que qualifica a exploração das loterias como serviço público exclusivo da União, passível de ser autorizado ou concedido a particulares.

Além das contribuições sociais, o artigo 149, da Constituição, atribui à União competência para instituir as chamadas ***contribuições de intervenção no domínio econômico*** (CIDE), tributo esse que pode ser considerado como de arrecadação vinculada ao financiamento de uma atividade estatal.

Diferentemente daquilo que ocorre com as contribuições sociais, para as quais há expressa referência ao artigo 154, inc. I, como limitador à instituição de novas exações não previstas no texto constitucional, no caso das CIDE a liberdade da União parece ser ampla, o que possibilitaria a sua instituição tomando por base materialidades típicas de impostos e taxas, bem como materialidades inerentes aos impostos já existentes e de competência da União, dos Estados, Distrito Federal e dos Municípios.

Discussão ainda efervescente em relação às CIDE é saber se a "intervenção econômica" por elas realizada decorreria do próprio impacto da sua incidência ou se, pelo contrário, a intervenção a que se refere o Constituinte dar-se-ia apenas pela versão dos recursos arrecadados com o tributo, para o financiamento da atuação estatal na área econômica objeto de intervenção.

Em nossa opinião, a intervenção que justifica, constitucionalmente, a criação e a cobrança da CIDE deve se referir a uma indução de comportamento econômico provocada pelo próprio conteúdo eleito como fato gerador da contribuição, sob pena de, adotando-se a materialidade típica de um imposto, acabar-se travestindo de CIDE um imposto de arrecadação vinculada, em violação à prescrição do artigo 167, inc. IV, da Constituição (e com o reforço, para esta conclusão, do disposto no artigo 4º, inc. I, do Código Tributário Nacional).

Na hipótese do artigo 177, § 4º, da Constituição Federal (CIDE-combustíveis), por exemplo, caso não admitíssemos o efeito indutor como implícito à figura da CIDE, teríamos um autêntico imposto de importação de petróleo e seus derivados, gás natural e seus derivados e álcool combustível, com arrecadação vinculada às despesas previstas no inc. II. Pior, teríamos a autorização, pela via transversa de uma Emenda Constitucional, para a instituição por lei de um imposto federal sobre a comercialização dos mencionados produtos, em violação ao artigo 155, § 3º, e ao artigo 154.

Deve haver, portanto, uma compatibilidade funcional entre a finalidade da intervenção econômica justificadora da CIDE e os efeitos econômicos por ela gerados, ou seja, a materialidade escolhida pela norma instituidora do tributo é relevante e deve ser coerente com a intervenção econômica a que se propõe o Estado.

Por último, chegamos às ***contribuições de interesse de categorias profissionais ou econômicas***, que podem ser instituídas também pela União, com fundamento no artigo 149, da Constituição Federal. Destinadas ao custeio de instituições fiscalizadoras e representativas de categorias econômicas ou profissionais, essas contribuições são cobradas diretamente por essas instituições, mediante delegação da capacidade tributária ativa da União.

Mais uma vez, a Constituição é silente quanto à materialidade sobre a qual essas contribuições podem recair, sendo escassa a discussão sobre hipóteses concretas do tributo sobre outros fatos geradores que não o próprio exercício da atividade econômica ou profissional a que se refere.

De qualquer maneira – assim como ocorre com a CIDE, mas diferentemente daquilo que acontece com as contribuições sociais – parece haver ampla liberdade para a União escolher situações sobre as quais podem incidir as contribuições de interesse de categorias, inclusive tomando por base hipóteses típicas de impostos e taxas, bem como materialidades inerentes aos impostos já existentes de competência da União, dos Estados, do Distrito Federal e dos Municípios, desde que haja alguma referibilidade entre o fato eleito na lei e o interesse da categoria profissional ou econômica em que se intervém.

## Competência tributária e limites

No seu artigo 6º, o Código Tributário Nacional esclarece que a atribuição constitucional de competências tributárias para a instituição e a cobrança de tributos compreende a "competência legislativa plena", ressalvadas as limitações contidas na Constituição Federal, nas Constituições Estaduais e nas Leis Orgânicas do Distrito Federal e dos Municípios.

Ainda que o tributo tenha a sua arrecadação repartida total ou parcialmente, como ocorre em diversos casos, a competência legislativa para a sua instituição e cobrança permanece plena na pessoa política designada constitucionalmente.

Neste particular, vale relembrar o caso em que alguns Estados da Federação, juntos com o Distrito Federal, procuraram alterar as regras constitucionais de incidência do ICMS sobre operações interestaduais, anteriormente às mudanças trazidas pela Emenda Constitucional nº 87/2015.

Nessa situação, quando firmaram o Protocolo ICMS nº 21/2011, embora titulares da competência constitucional para a cobrança do ICMS, aquelas Unidades Federadas usurparam as "limitações contidas na Constituição Federal", desrespeitando as regras de tributação na origem e no destino, o que, indiretamente, afetava os Municípios dos Estados prejudicados com a medida.

Em referência à regra do artigo 6º, do Código Tributário Nacional, o Protocolo ICMS nº 21/2011 violava o pacto federativo (artigo 60, § 4º, inc. I, da Constituição), na medida que interferia indevidamente na divisão da arrecadação do ICMS entre Estados e Municípios, regulada pelo artigo 158, inc. VI.

A propósito da regra do artigo 6º, vale também a referência ao artigo 110, o qual, mais adiante, prescreve que a lei tributária não pode alterar a definição, o conteúdo ou o alcance de institutos, conceitos e formas de direito privado, utilizados expressa ou implicitamente, pela Constituição Federal, pelas Constituições dos Estados ou pelas Leis Orgânicas do Distrito Federal ou dos Municípios, para definir ou limitar competências tributárias.

As duas regras se completam porque, enquanto a competência tributária compreende a competência legislativa plena, aquela somente poderá ser exercida nos estritos termos e limites dados pela Constituição, devendo-se atentar, para tanto, ao conteúdo e ao alcance dos institutos, dos conceitos e das formas de direito privado utilizados para descrever e delinear essas competências.

Portanto, não se pode avaliar se a competência legislativa plena foi exercida corretamente sem uma análise prévia – e obrigatória – do conteúdo dessa mesma competência dado pela Constituição.

Daí a relevância, no estudo dos tributos em espécie, da prévia compreensão do conteúdo e do alcance dos institutos referidos para a outorga da competência constitucional para a cobrança de cada um deles.

O artigo 110, sobre o qual voltaremos a nos referir adiante, permite afirmar ser o Direito Tributário, em sua essência, uma verdadeira modalidade de *direito de sobreposição* (ou *superposição*), uma vez que o ponto de partida para a sua interpretação e aplicação será sempre a compreensão da definição, do conteúdo ou do alcance dos institutos, conceitos e das formas de direito privado, utilizados expressa ou implicitamente, pela Constituição Federal, para a outorga das competências legislativas.

Torna-se fundamental o conhecimento desses conceitos, dessas definições e do alcance desses institutos, para bem saber se a competência tributária está sendo ou não exercida dentro dos limites constitucionalmente válidos.

Tudo isso sem perder de vista a relevância da legislação complementar para dispor sobre eventuais conflitos de competência para a cobrança de tributos, quando deverá o legislador, então, ajudar a esclarecer o alcance dos conceitos, das definições e dos institutos utilizados pelo Constituinte para atribuir a competência a cada ente tributante, relativamente aos tributos potencialmente conflitantes.

Nesse sentido, vale destacar o comando do artigo 8º, do Código Tributário Nacional, a determinar que "o não exercício da competência tributária não a defere a pessoa jurídica de direito público diversa daquela a que a Constituição a tenha atribuído", regra essa cuja observância é de enorme importância no caso do ISS, para evitar que o exercício da competência relativa a esse tributo ultrapasse o conteúdo, o conceito e a definição de "prestação de serviços", podendo eventualmente invadir a competência tributária residual não exercida pela União, mas prevista no artigo 154, inc. I, da Constituição de 1988.

Neste particular, vale referir a doutrina de Roque Antonio Carrazza, que caracteriza a competência tributária em nosso ordenamento por sua indelegabilidade, incaducabilidade, inalterabilidade, irrenunciabilidade e facultatividade do exercício.

Da mesma forma como não poderá haver invasões de competência, o poder de legislar em matéria de instituição e cobrança de tributos não poderá ser delegado, como bem dispõe o artigo 7º, do Código Tributário Nacional.

Poderá haver a delegação somente da chamada *capacidade tributária ativa*, que consiste nas funções de arrecadar ou fiscalizar tributos, ou de executar leis, serviços, atos ou decisões administrativas em matéria tributária. Essa atribuição compreende as garantias e os privilégios processuais da própria pessoa política competente, não se podendo ultrapassar esses limites.

Atribuída a capacidade tributária ativa a terceiros, ocorre o fenômeno da *parafiscalidade*, que, como já vimos, foi inaugurado no Brasil pelo Marquês de Pombal, quando autorizou a cobrança de certos tributos pelos chamados "contratadores".

Pode-se dizer que, no caso das contribuições de interesse das categorias profissionais ou econômicas, a parafiscalidade é praticamente da sua essência, sendo a capacidade tributária ativa correspondente normalmente delegada a autarquias ou a entidades de direito privado responsáveis por sua cobrança.

Questão que gera bastante discussão – considerando que a capacidade tributária ativa compreende, como dito, "as garantias e os privilégios processuais" – é saber se o tributo cuja cobrança é assim delegada deve, obrigatoriamente, ser exigido do sujeito passivo mediante execução fiscal, cujo rito processual específico é regulado pela Lei nº 6.830/1980.

A temática processual – como revela a discussão relativa à cobrança de anuidades de conselhos de fiscalização do exercício de profissionais regulamentadas, como ocorre no caso da Ordem dos Advogados do Brasil – dependerá diretamente da definição da natureza tributária ou não da cobrança, valendo mencionar que, no caso específico dos advogados, o entendimento atual do Superior Tribunal de Justiça (Recurso Especial nº 1.073.369-PR. 2ª Turma, Rel. Min. Mauro Campbell Marques, j. em 21.10.2018) é o de que a sua anuidade não possui natureza tributária e, sendo assim, não se submeteria às garantias, nem ao rito processual pertinente às dívidas de natureza fiscal.

Vale mencionar que, também na própria Constituição, no seu artigo 153, § 4º, inc. III, introduzido pela Emenda Constitucional nº 42/2003, foi contemplada a possibilidade de a fiscalização e a cobrança do ITR serem realizadas pelos Municípios, no lugar da União, tendo eles direito à totalidade da arrecadação desse imposto, ao invés dos 50% de repasse cabíveis quando a cobrança é feita pela própria União, conforme artigo 158, inc. II.

Como reforça o artigo 7º, do Código Tributário Nacional, § 3º, o cometimento do encargo ou da função de arrecadar tributos, a pessoas de direito privado, não constitui delegação da competência tributária, tanto que essa atribuição poderá ser revogada a qualquer tipo, por ato unilateral da pessoa política que a tiver outorgado (§ 2º).

Firmadas essas premissas a respeito do exercício da competência tributária, o Código Tributário Nacional cuida de reforçar alguns dos limites constitucionais impostos a esse exercício, lembrando que, aqui, o texto do Código mantém a sua redação original de 1966, o que demanda uma leitura ajustada e adaptada ao contexto das limitações ao poder de atributar atualizadas na Constituição de 1988.

Nesse sentido, o Código Tributário Nacional reitera, nos seus artigos 9º a 11, as proibições: **(i)** à instituição e majoração de tributos sem lei que os estabeleça (*princípio da legalidade*); **(ii)** à cobrança de tributos com base em lei posterior ao seu fato gerador (*irretroatividade da lei tributária*); **(iii)** ao uso de tributos como limitação ao tráfego de pessoas ou mercadorias pelo território nacional (*princípio da liberdade de tráfego de pessoas ou bens*); e **(iv)** à cobrança de tributos que não sejam uniformes em todo o território nacional, bem como ao estabelecimento de diferenças tributárias, por Estados, Distrito Federal e Municípios, entre bens de qualquer natureza, em razão da sua procedência ou destino (*princípio da uniformidade da tributação*).

Mais adiante, no seu artigo 104, menciona o *princípio da anterioridade*, referindo-se contextualmente à vigência da legislação referente aos impostos sobre o patrimônio e a renda, o que deve ser lido em consonância com a configuração desse princípio dada pela Constituição de 1988.

Mais adiante, o artigo 106 vem cuidar do *princípio da irretroatividade* da legislação tributária, autorizando a sua aplicação a fatos pretéritos somente quando, conforme já visto, **(i)** for expressamente interpretativa ou **(ii)** deixar de definir o fato pretérito como infração, **(iii)** deixar de tratá-lo como contrário a qualquer exigência de ação ou omissão, desde que não tenha sido fraudulento e não tenha implicado em falta de pagamento de tributo, ou, finalmente, **(iv)** lhe cominar penalidade menos severa que a prevista na lei vigente ao tempo da sua prática.

No artigo 9º, ainda, o Código Tributário refere-se às imunidades *recíproca*, dos *templos de qualquer culto*, dos *partidos políticos, entidades sindicais, instituições de educação e de assistência social, sem fins lucrativos* e, finalmente, do *livro e papel destinado à sua impressão.*

Novamente, como se trata de redação não atualizada ao contexto constitucional atual, não há referência à imunidade dos "fonogramas e videofonogramas musicais produzidos no Brasil contendo obras musicais ou literomusicais de autores brasileiros e/ou obras em geral interpretadas por artistas brasileiros bem como os suportes materiais ou arquivos digitais que os contenham, salvo na etapa de replicação industrial de mídias ópticas de leitura a laser", instituída somente com a Emenda Constitucional nº 75/2013.

De todo o modo, o papel que lhe outorga o artigo 146, inc. II, da Constituição, o Código Tributário regula que, em relação a essas imunidades constitucionais:

- elas não excluem a atribuição, por lei, da obrigação de as entidades imunes reterem tributos na fonte, na qualidade de responsáveis tributárias, nem de observarem obrigações acessórias que sejam necessárias para o controle do cumprimento de obrigações tributárias de terceiros (artigo 9º, § 1º);
- a *imunidade recíproca* deve se aplicar apenas aos serviços próprios das pessoas jurídicas de direito público imunes e inerentes aos seus objetivos (artigo 9º, § 2º), o que muito se discutiu no caso da imunidade da Empresa de Correios e Telégrafos, como já visto[3]; e
- a imunidade dos *partidos políticos, entidades sindicais, instituições de educação e de assistência social, sem fins lucrativos* deve observar os seguintes requisitos: **(i)** essas entidades não podem distribuir qualquer parcela do seu patrimônio ou de suas rendas, a qualquer título; **(ii)** devem aplicar integralmente, no Brasil, os seus recursos na manu-

[3] Também não parece ter sido observada, no caso dos Correios, a regra do artigo 13, do Código Tributário Nacional, prescrevendo que a imunidade recíproca não se aplica aos serviços públicos concedidos, devendo o respectivo tratamento tributário ser estabelecido pelo poder concedente, no que se refere aos tributos de sua competência. Conforme artigo 13, parágrafo único, o Código Tributário Nacional manifesta que a não tributação irrestrita dos serviços públicos concedidos poderia implicar uma isenção heterônoma, o que não é autorizado pela Constituição Federal.

tenção dos seus objetivos institucionais; e **(iii)** os serviços e as atividades por elas realizados e que são alcançados pela imunidades, são exclusivamente aqueles relacionados com os seus objetivos institucionais, conforme previsto nos seus estatutos ou atos constitutivos.

## Legislação tributária: definição e vigência

O Código Tributário Nacional define, no seu artigo 96, que a expressão ***legislação tributária*** compreende as leis, os tratados e as convenções internacionais, os decretos e as normas complementares que versem, no todo ou em parte, sobre tributos e relações jurídicas a eles pertinentes.

Mais adiante, no seu artigo 100, define que as tais ***normas complementares*** são: (i) os atos normativos expedidos pelas autoridades administrativas; (ii) as decisões dos órgãos singulares ou coletivos de jurisdição administrativa, a que a lei atribua eficácia normativa; (iii) as práticas reiteradamente observadas pelas autoridades administrativas; e (iv) os convênios que entre si celebrarem a União, os Estados, o Distrito Federal e os Municípios.

Ao tratar dos temas que podem ser regulados em cada uma dessas modalidades legislativas, o artigo 97 deixa claro que somente a lei em sentido estrito é que pode: **(i)** majorar ou reduzir tributos, ressalvados aqueles impostos que permitem constitucionalmente (e nos termos da respectiva legislação) alterações de alíquota mediante ato do Poder Executivo (II, IE, IPI e IOF); **(ii)** definir o fato gerador da obrigação tributária principal e do seu sujeito passivo (lembrando que, em relação aos impostos previstos na Constituição Federal, esse papel deve ser exercido por lei complementar, conforme artigo 146, inc. III, alínea "a"); **(iii)** fixar a alíquota do tributo e a sua base de cálculo (ressalvados, novamente, aqueles casos do II, IE, IPI e IOF); **(iv)** cominar penalidades para as ações ou omissões contrárias aos dispositivos legais ou para outra infrações definidas na lei; e **(v)** tratar das hipóteses de exclusão, suspensão e extinção de créditos tributários ou de dispensa ou redução de penalidades.

Em relação à fixação da base de cálculo dos tributos, o artigo 97, § 2º, estabelece que não constitui majoração – e, portanto, não demanda lei em sentido estrito – a atualização do valor monetário da respectiva base de cálculo, o que é muito comumente feito em relação a tributos como o IPTU e o IPVA, para os quais costumam ser editados atos infralegais, no final de cada exercício, divulgando qual o percentual de atualização monetária aplicada sobre os valores venais utilizados nos exercícios anteriores. Em alguns casos, a legislação ordinária estabelece um fator mínimo de correção, o qual poderá ser automaticamente aplicado, caso não haja ato infralegal indicando outro percentual.

Tudo isso, obviamente, será lícito apenas e enquanto a aplicação da atualização monetária respeitar a base de cálculo do próprio tributo. Ou seja, tomando por referência os mesmos IPTU e IPVA, apenas enquanto as suas bases atualizadas não extravasarem o próprio valor venal do imóvel ou do veículo automotor.

Ainda em relação à legalidade, o Código Tributário Nacional esclarece sobre o alcance que poderão ter os decretos editados pelo Poder Executivo em matéria tributária, afirmando que o seu conteúdo deve se restringir àquilo que estiver na lei em função da qual foram produzidos.

Novamente, está reforçada a ideia de rejeição aos chamados decretos autônomos em matéria tributária, devendo esse tipo de ato do Poder Executivo limitar-se à regulamentação do que estiver previsto em lei.

Apesar disso, muito se discute em relação à possibilidade ou não de o Poder Executivo estar autorizado, ele próprio, a instituir obrigação tributária acessória.

De um lado, o artigo 99, do Código Tributário Nacional, pode ser invocado para afirmar que, inclusive em relação ao cumprimento de obrigações acessórias, os decretos do Poder Executivo poderiam apenas regulamentar a sua aplicação, mas jamais as instituir, devendo ser isso reservado sempre à lei em sentido estrito.

De outro lado, porém o artigo 97, no seu inc. V, reserva à estrita legalidade a cominação de penalidades para as ações ou omissões a seus dispositivos, ou para outras infrações nela definidas, nada dizendo a respeito das obrigações acessórias.

Diante dessas regras, pode-se dizer que, no geral, o legislador tem recorrido a delegações genéricas de poder para Executivo regular, instituir e impor obrigações acessórias necessárias à fiscalização ou à arrecadação do tributo.

Entretanto, no que se refere à potencial penalidade derivada do seu não cumprimento, é necessária lei em sentido estrito, inclusive em razão de comandos constantes do artigo 113, do Código Tributário Nacional: **(i)** cujo § 3º estabelece que a obrigação acessória, pelo simples fato da sua inobservância, converte-se em obrigação principal relativamente à penalidade pecuniária correspondente; e **(ii)** cujo § 1º afirma que a obrigação tributária principal pode ter por objeto o pagamento de uma penalidade, justamente quando o seu fato gerador for o descumprimento de uma obrigação tributária principal ou acessória.

Ainda no campo da conceituação das categorias normativas que compõem a chamada ***legislação tributária***, o artigo 98 traz importante regra para a aplicação das normas no tempo e para a solução de potenciais antinomias, quando estivermos diante de conflitos normativos entre a legislação tributária interna e os tratados ou convenções internacionais que tratem do tema.

Segundo o Código, os tratados e as convenções internacionais revogam ou modificam a legislação tributária interna e serão observados pela legislação que lhes sobrevier.

Desse modo, deixou-se claro que, em matéria tributária, há um grau de especialidade dos tratados e das convenções internacionais, que faz com que nesta seara devam ser observados os comandos do artigo 2º, §§ 1º e 2º, da Lei de Introdução às normas do Direito Brasileiro (Decreto-Lei nº 4.657/1942), no sentido de que: **(i)** sendo o tratado ou a convenção internacional norma mais específica do que a norma tributária interna, deve prevalecer sobre esta; e **(ii)** justamente em razão dessa especificidade, a norma que estabelecer disposições gerais ou especiais a par das constantes do tratado ou da convenção, não revogará nem modificará esse tratado ou essa convenção.

Note-se que, na hipótese **(i)** acima, a todo o rigor o tratado ou a convenção não "revoga" a norma tributária interna, havendo na verdade uma relação de prevalência que afasta a aplicação da legislação interna, dado o maior grau de especialidade da norma editada no âmbito do direito internacional público. É esse o entendimento que vem se consolidando no âmbito do Superior Tribunal de Justiça, conforme decisões proferidas nos Recursos Especiais nºs 1.272.897-PE (1ª Turma, Rel. Min. Napoleão Nunes Maia Filho, DJ de 9.12.2015), 1.161.467-RS (2ª Turma, Rel. Min. Castro Meira, DJ de 1.6.2012) e 1.325.709-RJ (1ª Turma, Rel. Min. Napoleão Nunes Maia Filho, DJ de 20.5.2014).

E isto porque, no que se refere à aplicação dos tratados e convenções para evitar a dupla tributação da renda, vem prevalecendo a leitura de que o acordo internacional funciona como uma espécie de máscara ou gabarito que se sobrepõe à legislação interna, neutralizando a competência para a cobrança do imposto de renda sobre determinado fato gerador, em razão da norma do tratado que atribui essa competência a outro país envolvido na relação.

Interessante assinalar, sem prejuízo de retornarmos a esse ponto em momento oportuno, que os tratados ou convenções para evitar a dupla tributação da renda não criam, eles próprios, a norma de incidência tributária, que deve estar anteriormente presente na legislação tributária interna. Desse modo, havendo uma norma que atribua a competência para a cobrança do imposto ao outro país signatário do acordo, restará ineficaz a norma de incidência interna; excluído o tratado ou a convenção, a norma interna recuperará sua eficácia plena, podendo voltar a ser cobrado o tributo sobre aquela determinada renda.

Ainda no que diz respeito aos tipos normativos que compõem a *legislação tributária interna*, segundo o Código Tributário Nacional, vale repetir a importante norma do parágrafo único, do artigo 100, segundo o qual, caso o sujeito passivo observe e se comporte de acordo com a orientação manifestada nas *normas complementares* à legislação tributária, estará a salvo da imposição de penalidades, da cobrança de juros e da atualização do valor monetário da base de cálculo do tributo, se houver mudança no entendimento externado nesse tipo de norma.

A legislação tributária deve observar, no que refere à sua vigência no espaço e no tempo, as mesmas disposições gerais aplicáveis às normas jurídicas do Direito Brasileiro, razão por que acima se mencionou a Lei de Introdução às normas do Direito Brasileiro.

Também é de fundamental relevância a Lei Complementar nº 95/1998, que dispõe sobre a elaboração, a redação, a alteração e a consolidação das leis, e estabelece normas para a consolidação de atos normativos.

É nessa legislação que se devem buscar as regras para solução de conflitos de normas tributárias no tempo e para analisar a sua vigência e eficácia, sem prejuízo de aspectos específicos que a esse respeito são dispostos no Código Tributário Nacional, tal como ocorre com relação aos tratados ou convenções internacionais, como se acaba de ver.

Da Lei de Introdução às normas do Direito Brasileiro, pode-se destacar a relevância dos comandos introduzidos nos seus artigos 20 a 30, pela Lei nº 13.655/2018, nomeadamente com o objetivo de dispor sobre "segurança jurídica e eficiência na criação e na aplicação do direito público", os quais, em parte, parecem também aplicáveis ao Direito Tributário.

Com efeito, a partir desses dispositivos é possível extrair as seguintes regras, cuja aplicação parece ser bastante pertinente em casos de conflitos relativos à legislação tributária:

- nas esferas administrativa, controladora e judicial, não se decidirá com base em valores jurídicos abstratos, sem que sejam consideradas as consequências práticas da decisão (artigo 20, *caput*);
- a motivação demonstrará a necessidade e a adequação da medida imposta ou da invalidação de ato, contrato, ajuste, processo ou norma administrativa, inclusive em face das possíveis alternativas (artigo 20, parágrafo único);
- a decisão que, nas esferas administrativa, controladora ou judicial, decretar a invalidação de ato, contrato, ajuste, processo ou norma administrativa deverá indicar de modo expresso as suas consequências jurídicas e administrativas (artigo 21, *caput*);
- essa mesma decisão deverá, quando for o caso, indicar as condições para que a regularização ocorra de modo proporcional e equânime e sem prejuízo aos interesses gerais, não se podendo impor aos sujeitos atingidos ônus ou perdas que, em função das peculiaridades do caso, sejam anormais ou excessivos (artigo 21, parágrafo único);
- a decisão administrativa, controladora ou judicial que estabelecer interpretação ou orientação nova sobre norma de conteúdo indeterminado, impondo novo dever ou novo condicionamento de direito, deverá prever regime de transição quando indispensável para que o novo dever ou condicionamento de direito seja cumprido de modo proporcional, equânime e eficiente e sem prejuízo aos interesses gerais (artigo 23);
- a revisão, nas esferas administrativa, controladora ou judicial, quanto à validade de ato, contrato, ajuste, processo ou norma administrativa cuja produção já se houver completado, levará em conta as orientações gerais da época, sendo vedado que se declarem invá-

das situações plenamente constituídas, com base em mudança posterior de orientação geral (artigo 24, *caput*);

- para tanto, consideram-se orientações gerais as interpretações e especificações contidas em atos públicos de caráter geral ou em jurisprudência judicial ou administrativa majoritária, e ainda as adotadas por prática administrativa reiterada e de amplo conhecimento público (artigo 24, parágrafo único);
- para eliminar irregularidade, incerteza jurídica ou situação contenciosa na aplicação do direito público, inclusive no caso de expedição de licença, a autoridade administrativa poderá, após a oitiva do órgão jurídico e, quando for o caso, após a realização de consulta pública, e presentes razões de relevante interesse geral, celebrar compromisso com os interessados, o qual só produzirá efeitos a partir de sua publicação oficial (artigo 25, *caput*);
- esse tipo de compromisso: **(i)** deverá buscar solução jurídica proporcional, equânime, eficiente e compatível com os interesses gerais; **(ii)** não poderá conferir desoneração permanente de dever ou condicionamento de direito reconhecidos por orientação geral; e **(iii)** deverá prever com clareza as obrigações das partes, o prazo para seu cumprimento e as sanções aplicáveis em caso de descumprimento (artigo 25, § 1º);
- a decisão do processo, nas esferas administrativa, controladora ou judicial, poderá impor compensação por benefícios indevidos ou prejuízos anormais ou injustos resultantes do processo ou da conduta dos envolvidos (artigo 27, *caput*), devendo ser tal decisão motivada, ouvidas previamente as partes sobre o seu cabimento, a sua forma e, se for o caso, o seu valor (§ 1º);
- para prevenir ou regular a compensação referida acima, poderá ser celebrado compromisso processual entre os envolvidos (artigo 27, § 2º);
- o agente público responderá pessoalmente por suas decisões ou opiniões técnicas em caso de dolo ou erro grosseiro (artigo 28, *caput*);
- em qualquer órgão ou Poder, a edição de atos normativos por autoridade administrativa, salvo os de mera organização interna, poderá ser precedida de consulta pública para manifestação de interessa-

dos, preferencialmente por meio eletrônico, a qual será considerada na decisão (artigo 29, *caput*);

- a convocação conterá a minuta do ato normativo e fixará o prazo e demais condições da consulta pública, observadas as normas legais e regulamentares específicas, se houver (artigo 29, § 1º); e
- as autoridades públicas devem atuar para aumentar a segurança jurídica na aplicação das normas, inclusive por meio de regulamentos, súmulas administrativas e respostas a consultas (artigo 30, *caput*), sendo que esses instrumentos deverão ter caráter vinculante em relação ao órgão ou entidade a que se destinam, até ulterior revisão (parágrafo único).

No que se refere à sua aplicação e vigência no espaço, o artigo 102 do Código Tributário Nacional, estipula que, como regra, a legislação tributária limita-se ao território da pessoa política responsável pela edição do ato legislativo.

Dessa maneira, enquanto a legislação federal tem aplicação em todo o território nacional, a legislação de Estados, Distrito Federal e Municípios estará restrita aos limites geográficos dos seus respectivos territórios, ressalvada a possibilidade de, mediante convênios celebrados entre si, esses outros entes da Federação reconhecerem e permitirem a aplicação extraterritorial de suas normas.

A regra do artigo 102 guarda especial importância no caso da incidência e cobrança do ICMS por substituição tributária em operações ou prestações interestaduais, para o que se faz necessária a existência de convênio ou protocolo entre os Estados envolvidos, permitindo que o Estado de destino possa aplicar a sua lei e exigir o ICMS, por antecipação, de um contribuinte localizado no Estado de origem da mercadoria.

É pertinente o artigo 102, ainda, como norma a ser observada e aplicada em conjunto com o artigo 199, do mesmo Código Tributário Nacional, no qual se afirma que as administrações tributárias da União, dos Estados, do Distrito Federal e dos Municípios prestar-se-ão mútua assistência para a fiscalização dos tributos de suas respectivas competências, podendo permutar informações, na forma estabelecida, em caráter geral ou específico, por lei ou convênio.

Isso significa dizer que a limitação territorial à vigência da legislação tributária, conforme artigo 102, também restringe a fiscalização relativa à aplicação dessa mesma lei, de tal forma que os agentes fiscais deverão se ater aos limites geográficos das suas áreas de competência, sem prejuízo de, por lei ou convênio, cooperarem entre si, permutando informações e prestando assistência.

Assim, não é dado a um agente fiscal de um Estado auditar contribuinte de outra Unidade da Federação, sem que haja convênio ou lei atribuindo aplicação extraterritorial à sua legislação interna e permitindo a troca de informações ou a assistência à sua fiscalização, juntamente às autoridades auditoras da outra Unidade.

O mesmo deve ser observado, como didaticamente estabelece o parágrafo único, do artigo 102, em relação aos tratados, acordos e convênios internacionais celebrados pela União com Estados estrangeiros. Poderá o Governo Federal, na forma estabelecida nesses instrumentos de Direito Internacional Público, intercambiar informações que sejam do interesse da arrecadação e da fiscalização de tributos, o que vem se tornando cada vez mais comum, não só em razão da cobrança tributárias, mas também para o combate aos crimes de evasão de divisas, lavagem de dinheiro, a organizações criminosas e ao terrorismo.

Em relação às *normas complementares* do artigo 100, do Código Tributário Nacional, ainda, o artigo 103 comanda que: **(i)** os atos normativos expedidos pelas autoridades administrativas entrarão em vigor na data da sua publicação, salvo disposição em contrário; **(ii)** as decisões dos órgãos singulares ou coletivos de jurisdição administrativa, a que a lei atribua eficácia normativa, entrarão em vigor após trinta 30 (trinta) dias da sua publicação; e **(iii)** os convênios que entre si celebrem a União, os Estados, o Distrito Federal e os Municípios vigoram na data neles prevista.

Segundo o artigo 105, a legislação tributária vigente aplica-se imediatamente aos fatos geradores futuros e aos pendentes, assim entendidos aqueles cuja ocorrência tenha tido início, mas nao esteja completa, nos termos do artigo 116, nas quais se dispõe que: **(i)** se o fato gerador do tributo for uma *situação de fato*, considera-se ocorrido tal fato no momento em que se verificarem as circunstâncias materiais necessárias a que produza os efeitos que normalmente lhe são próprios; e **(ii)** se for uma *situação jurídica*, considera-se ocorrido o fato gerador desde o momento em que esteja definitivamente constituída a situação, nos termos do direito aplicável.

Por fim, o artigo 106, do Código Tributário Nacional, como já vimos mais de uma vez até aqui, reconhece a aplicação da legislação tributária a fatos pretéritos, em exceção ao princípio da irretroatividade, quando a nova norma: **(i)** seja expressamente interpretativa; **(ii)** deixar de definir o fato pretérito como infração; **(iii)** deixar de tratá-lo como contrário a qualquer exigência de ação ou omissão, desde que não tenha sido fraudulento e não tenha implicado falta de pagamento de tributo; ou, finalmente, **(iv)** lhe cominar penalidade menos severa que a prevista na lei vigente ao tempo da sua prática.

**Legislação tributária: interpretação e aplicação**

É dever registrar as críticas feitas à positivação de regras de interpretação e integração nos dispositivos do Código Tributário Nacional, chegando Ricardo Lobo Torres a afirmar que as referidas regras seriam *inválidas* e carentes de *eficácia* e *legitimidade* (*Normas de Interpretação e Integração do Direito Tributário.* Rio de Janeiro: Forense, 1994, p. 164).

Os métodos interpretativos tradicionalmente são matéria de estudo doutrinário, não cabendo ao legislador estipular fórmulas pré-determinadas para um processo que, conforme Tercio Sampaio Ferraz Junior (*Introdução ao Estudo do Direito – Técnica, Decisão, Dominação.* São Paulo: Atlas, 1988, p. 254), é comparável à tarefa de traduzir um texto em língua estrangeira. De acordo com essa comparação, a tarefa de interpretar equivaleria a traduzir a "linguagem normativa" para a "linguagem da realidade".

Nesse processo de *tradução*, diversos *elementos* podem ser extraídos do texto legal (elemento gramatical / literal, elemento lógico, elemento sistemático, elemento histórico, elemento sociológico, elemento evolutivo, elemento teleológico / axiológico, elemento econômico etc.), e trabalhados para a obtenção do produto da interpretação, isto é, a norma jurídica propriamente dita.

Da combinação desses elementos e da ênfase dada a cada um deles, foram desenvolvidos diversos *métodos interpretativos* (por exemplo: método gramatical, método sistemático, método da escola do direito livre etc.), todos eles voltados à extração do conteúdo normativo do texto legal, a fim de determinar a sua aplicação ou não a determinado fato verificado na realidade.

Além dos *elementos* e *métodos* de interpretação, outros dois fatores a serem levados em conta, no momento da tradução da linguagem normativa, são os *critérios* e os *tipos* de interpretação.

Por *critérios* de interpretação designamos os "pontos de partida", as premissas ideológicas das quais se pode partir para a extração do conteúdo normativo da lei.

Em matéria de interpretação da lei tributária, esses *critérios* podem compreender: **(i)** a extensão do alcance da norma tributária para fins de, no caso de dúvida, impor ao sujeito passivo o pagamento do tributo (*in dubio pro fisco*), enxergando o fenômeno da tributação como uma exigência da sua participação/colaboração no custeio dos gastos estatais; **(ii)** a sua restrição nas situações de dúvida, sob a premissa de que o tributo representa uma restrição à liberdade e ao direito de propriedade (*in dubio pro contribuinte*); ou **(iii)** simplesmente a busca pelo conteúdo exato da norma (*pro lege*), enxergando-se o tributo como decorrente de uma relação jurídica comum criada pela lei entre o sujeito passivo e o sujeito ativo de uma obrigação.

Por *tipos* de interpretação designamos os "pontos de chegada" levados em conta no momento da tradução do conteúdo normativo da lei.

A esse respeito, podemos utilizar a eficiente distinção traçada por José Maria Arruda de Andrade (*Interpretação da norma tributária – concreção normativa, teoria estruturante do direito e análise pragmática*. Tese de doutoramento apresentada à Faculdade de Direito da USP. São Paulo: 2005), segregando três *tipos* de interpretação, a saber: **(i)** a *interpretação declarativa* – chega-se a uma correspondência entre a letra e o espírito da lei; **(ii)** a *interpretação restritiva* – a letra da lei é mais ampla do que o seu espírito, devendo-se restringir a sua aplicação; e **(iii)** a *interpretação extensiva* – a letra é menos ampla do que o espírito, devendo-se estender a sua aplicação.

Contrariamente às expectativas doutrinárias, no entanto, o legislador de 1966 resolveu positivar regras sobre a interpretação e também sobre a integração da legislação tributária, tendo dedicado todo capítulo IV, do título I, do livro segundo do Código Tributário Nacional para tal finalidade.

Apesar de todas as críticas tecidas a respeito, portanto, essas regras precisam ser bem compreendidas e aplicadas.

Iniciamos essa tarefa pelas regras de *integração* da legislação tributária, reguladas no artigo 108, do Código Tributário Nacional, e que autorizam a aplicação, no caso de ausência de disposição normativa expressa, das seguintes ferramentas: **(i)** analogia; **(ii)** princípios gerais de direito tributário; e **(iii)** princípios gerais de direito público.

Segundo o artigo 108, § 1º, é vedada a analogia como método de *integração* da legislação tributária, para fins da exigência de tributos não previstos em lei.

Esse dispositivo é criticado por sua redundância. Além disso, é censurado por ter se referido apenas à vedação da analogia, deixando de lado os outros métodos de integração previstos nos seus incs. II a IV (princípios gerais de direito tributário, princípios gerais de direito público e equidade).

Subentende-se, da referência feita ao princípio da estrita legalidade, ao final do próprio § 1º, que nada além da lei pode ser invocado para se exigir a pagamento de qualquer tributo que seja.

Em relação a todas as demais questões tratadas pelo direito tributário (obrigações tributárias, processo administrativo fiscal, parcelamento, etc.), os métodos integrativos do artigo 108 poderiam ser utilizados (ressalvada também a utilização da equidade para fins de dispensa do pagamento de tributo devido, conforme § 2º, do artigo 108), sem nenhum tipo de conflito constitucional.

No que se refere aos princípios de direito tributário, examinou-se todos eles no tópico próprio a respeito do tema, valendo mencionar que, como princípios gerais de direito público, podem ser não apenas invocadas as novas regras dos artigos 20 a 30, da Lei de Introdução às normas do Direito Brasileiro, como também outros princípios aqui já referidos e presentes em nossa Constituição, tais como o princípio republicano, o princípio federativo, o princípio da proporcionalidade, o princípio do devido processo legal substantivo, dentre outros tantos.

Os princípios gerais de direito privado, por sua vez, devem ser utilizados, conforme artigo 109, para a pesquisa da definição, do conteúdo e do alcance dos seus institutos, conceitos e formas, mas não para a definição dos seus efeitos tributários.

Como já falamos aqui, o artigo 110 também diz que a lei tributária não pode alterar a definição, o conteúdo e o alcance de institutos, conceitos e formas de direito privado, utilizados expressa ou implicitamente pela Constituição Federal, pelas Constituições Estaduais e pelas Leis Orgânicas do Distrito Federal e dos Municípios, para definir ou delimitar competências tributárias.

Isso significa dizer que, a fim de avaliar se a competência legislativa para instituição e cobrança do tributo foi exercida corretamente, é mandatório conhecer o conteúdo dessa mesma competência, dado pela Constituição Federal.

Nesse sentido, o artigo 110 permite afirmar ser o Direito Tributário, como referimos antes, uma modalidade de *direito de sobreposição* (ou *superposição*), na medida em que o ponto de partida para a sua interpretação e aplicação será sempre a compreensão da definição, do conteúdo ou do alcance dos institutos, conceitos e forma de direito privado utilizados para a outorga das competências para instituição e cobrança de cada tributo.

A parte final do artigo 109, quando afirma que os institutos de direito privado não se prestariam para a definição dos seus efeitos tributários, costuma ser invocada como argumento para se tentar emplacar a interpretação econômica da norma tributária, no sentido de, diante de dois fenômenos jurídicos distintos, mas com efeitos econômicos similares, dar-se a ambos tratamentos tributários idênticos.

Ricardo Lobo Torres propõe duas leituras possíveis desses dispositivos: **(i)** uma conjunta, do artigo 109 com o artigo 110, conduzindo à conclusão de que o Código Tributário Nacional privilegiou o método de interpretação sistemático, quando estiverem em jogo institutos e conceitos utilizados pela Constituição; e **(ii)** outra isolada, que levaria à conclusão de que o artigo 109 dá prioridade à interpretação econômica do fato gerador, desde que não haja a constitucionalização dos conceitos.

A nosso ver, a leitura conjunta dos dispositivos é preferível à isolada, o que leva a aderir àquela primeira conclusão de que as normas de direito tributário devem ser interpretadas e aplicadas em harmonia com os institutos e conceitos utilizados tanto na Constituição, quanto com os empregados no direito privado, o que sempre consagrou e continua a consagrar o direito tributário como “direito de sobreposição”.

Nesse sentido, vale nova remissão a Alcides Jorge Costa (Direito tributário e direito privado. In: *Direito tributário: estudos em homenagem ao Prof. Ruy Barbosa Nogueira*, coordenado por Brandão Machado. São Paulo: Saraiva, 1984, pág. 222). Segundo ele, a tributação recai sempre sobre fatos e situações com conteúdo econômico, na sua quase totalidade, regulados pelo direito privado.

Nesse desiderato, pode haver na legislação tributária: **(i)** uma recepção expressa dos conceitos de direito privado pelo direito tributário; **(ii)** uma recepção implícita; **(iii)** uma alteração explícita dos conceitos de direito privado; ou **(iv)** uma aplicação analógica das normas de direito privado.

A situação da recepção implícita, que é a mais comum, apresenta o grande problema: ao mencionar um conceito ou instituto já elaborado pelo direito privado, o direito tributário está automaticamente o adotando para efeito de aplicação de suas normas? A hipótese da aplicação analógica também requer análise cautelosa.

Em ambos os casos, Alcides Jorge Costa alerta para o perigo de análises do assunto inspiradas em outros ordenamentos jurídicos, pois no sistema brasileiro sequer haveria a possibilidade de discutir se os conceitos e institutos de direito privado devem ou não ser recebidos como tais pelo direito tributário: "Nossa Constituição contém um sistema rígido de partilha de fontes de receita tributária entre a União, os Estados e os Municípios. Na formulação desta partilha, emprega conceitos estabelecidos pelo direito privado e que à luz deste devem ser entendidos, sob pena de se tornarem destituídos de sentido. (...) É por esta razão que o Código Tributário Nacional, em seu art. 110, dispõe que 'a lei tributária não pode alterar a definição, o conteúdo e o alcance de institutos, conceitos e formas de direito privado, utilizados, expressa ou implicitamente, pela Constituição Federal, pelas Constituições dos Estados ou pelas Leis Orgânicas do Distrito Federal ou dos Municípios, para definir ou limitar competências tributárias'. (...) Mas *não é só. A União detém o monopólio legislativo no campo do direito privado (Constituição, art. 8º*, XVII, b) [art. 22, I da atual Constituição]. Se, no uso de sua competência legislativa, a União alterar os conceitos de direito privado de que usa a Constituição para discriminar as fontes de receita tributária, esta alteração será irrelevante no campo do direito tributário. Se assim não fosse, a partilha destas fontes entre União, Estados e Municípios ficaria ao alvedrio do legislador ordinário, pelo menos em parte".

Na sua opinião, portanto, alterações implícitas dos conceitos utilizados na norma de incidência tributária e aplicações que considerem o substrato econômico sem levar em conta a forma, não são compatíveis com o sistema constitucional brasileiro.

Vale, a partir dessas questões, fazer uma breve referência ao artigo 116, parágrafo único, do Código Tributário Nacional, que é sempre tratado quando se fala em planejamento tributário no sistema tributário brasileiro.

Apesar das diferentes posições doutrinárias adotadas a respeito do tema, não nos convence a ideia de que o referido dispositivo legal, introduzido pela Lei Complementar nº 104/2001, teria instituído no Brasil uma "norma geral antielisiva". E isso porque nos parece claro que o sistema tributário nacional foi construído de forma a permitir o planejamento tributário, o qual faz parte natural da livre iniciativa e é compatível com os princípios econômicos da Constituição de 1988.

Sendo assim, aderimos à opinião de Johnson Barbosa Nogueira (*Anais do Seminário Internacional sobre Elisão Fiscal, realizado pela Escola de Administração Fazendária – ESAF, em Brasília, no período de 06 a 08 de agosto de 2001.* Brasília: ESAF, 2002, pág. 57), profundo conhecedor do tema, que se manifestou no sentido de que a Lei Complementar nº 104/2001 não trouxe nada de inovação. A única modificação trazida pelo parágrafo único foi a seguinte: "houve uma grande virtude, porque se resolveu aquele problema, uma vez que o fisco não precisa ir ao judiciário para obter a declaração. Ele pode desconsiderar aquele negócio jurídico simulado, e não se trata de declará-lo ilegal nem inválido, mas de apenas considerá-lo ineficaz para buscar o tipo que está por trás do chamado negócio dissimulado".

Por último, duas outras regras de extrema relevância podem ser encontradas nos artigos 111 e 112, do Código Tributário Nacional.

Na primeira, o legislador manifesta a orientação de que a legislação tributária deve ser interpretada de maneira "literal", quando dispuser sobre: **(i)** suspensão ou exclusão do crédito tributário; **(ii)** outorga de isenção; ou **(iii)** dispensa do cumprimento de obrigações tributárias acessórias.

O que se quer, com isso, é a interpretação estrita, sem nenhum tipo de extensão ou analogia, para que as normas excepcionais de suspensão ou exclusão do crédito tributário, de isenção ou dispensa de obrigações acessórias não sejam aplicadas a situações não almejadas pelo legislador.

Interessante notar que essa regra de interpretação não deve ser vista nem como contrária ao sujeito passivo (embora fale em desonerações e dispensa de obrigações acessórias), nem como favorável ao Fisco, pois poderá ter aplicação prática em situações nas quais ambos os resultados possam ocorrer. Afinal, a interpretação estrita poderá ser contrária tanto a uma pretensão de intepretação extensiva por parte do contribuinte, quanto de uma interpretação restritiva por parte do Fisco.

Já o artigo 112 prevê explicitamente o critério de interpretação *in dubio pro* contribuinte, sempre que se tratar de lei tributária que defina infrações ou comine penalidades, quando houver dúvida quanto: **(i)** à capitulação legal do fato; **(ii)** à natureza ou às circunstâncias materiais do fato, ou à natureza ou extensão dos seus efeitos; **(iii)** à autoria, imputabilidade ou punibilidade; ou, ainda, **(iv)** à natureza da penalidade aplicável ou à sua graduação.

Essa norma resulta de clara influência do Direito Penal, tendo "uma aplicação ampla: qualquer que seja a dúvida sobre e interpretação da lei punitiva ou sobre a valorização dos fatos concretos efetivamente ocorridos, a solução há de ser a mais favorável ao acusado" (AMARO, Luciano. *Direito tributário brasileiro*. 6ª ed. São Paulo: Saraiva, 2001, p. 212).

"O *in dubio pro* contribuinte deve ser aplicado quando houver dúvidas muito fortes sobre a interpretação (legislativa, jurisprudencial, fática etc.) a ser escolhida para construir a norma aplicável a determinado caso e, ao mesmo tempo, quando se esteja tratando de um contribuinte de boa fé" (VILLAS-BÔAS, Marcos de Aguiar. *In Dubio pro* Contribuinte: Continuação do Debate, *in Revista Dialética de Direito Tributário* nº 220/104).

No âmbito da revisão do ato administrativo de lançamento, mediante procedimento regular, a dúvida quanto aos elementos dos incisos I a IV, do artigo 112, poderá ocorrer nos órgãos colegiados de julgamento, especialmente naqueles em que se observa a composição paritária dos seus integrantes, como é o caso do Conselho Administrativo de Recursos Fiscais – CARF (artigo 25, do Decreto nº 70.235/1972, e artigo 1º, do Regimento interno do CARF).

Nessas situações, havendo um empate na votação sobre o mérito do lançamento e da respectiva acusação fiscal, estará instaurada uma *dúvida objetiva* quanto à capitulação legal do fato correspondente, quanto à natureza ou às circunstâncias materiais desse fato, ou à natureza ou extensão dos seus efeitos, quanto à autoria, imputabilidade, ou punibilidade, ou, ainda, quanto à natureza da penalidade aplicável, ou à sua graduação.

Para tais hipóteses, a legislação pertinente ao processo administrativo fiscal federal prevê que compete ao presidente da turma do CARF ou da Câmara Superior de Recursos Fiscais (CSRF) proferir o chamado *voto de qualidade*.

Todavia, em razão do comando do artigo 112, esse voto de qualidade deveria ser obrigatoriamente favorável ao contribuinte, dada a incerteza objetiva a respeito do cometimento ou não do fato que ensejou o lançamento. É o que defendeu, acertadamente, o ex-Conselheiro do CARF, Fábio Brun Goldschmidt (Acórdão nº 2202-002.535, j. em 20.11.2013).

Fernando Facury Scaff (*In Dubio pro Contribuinte* e o Voto de Qualidade nos Julgamentos Administrativo-tributários, *in Revista Dialética de Direito Tributário* nº 220/21) vai além, advogando a própria invalidade do *voto de qualidade.*

Não custa reforçar que, havendo a revisão administrativa do lançamento e chegando-se a um tal cenário de *dúvida objetiva* a respeito da suposta infração à legislação tributária de que é acusado o sujeito passivo, o lançamento terá a sua legalidade contaminada, independentemente da regra do artigo 112, pois não haverá a necessária certeza que se deve fazer presente nesse tipo de ato, conforme artigos 142 e 204, do Código Tributário Nacional.

Nessas situações, em respeito aos artigos 112, inc. II, 142 e 204, do Código Tributário Nacional, cabe exigir que o voto de qualidade aplique *in concreto* a regra do *in dubio pro contribuinte* e, diante da incerteza objetiva a respeito da existência do crédito tributário, julgue o litígio favoravelmente ao acusado, reconhecendo a sua extinçao por absoluta falta de certeza.

Anote-se que não se pode considerar que o voto de qualidade poderia desempatar o litígio de outra forma, sob pena de se criar, nas palavras de Fernando Facury Scaff (obra citada), um "superjulgador dentro de um sistema paritário e equidistante".

Afinal, a vigorar a possibilidade de livre voto de qualidade pelo presidente do órgão colegiado, estar-se-ia instituindo, em essência, uma instância adicional de decisão, superior ao próprio colegiado e ditada pela *maioria de um só*, em completa frustração ao princípio da colegialidade, cuja relevância vem sendo destacada em julgamentos do Supremo Tribunal Federal (Habeas Corpus nº 152.752-PR. Plenário, Rel. Min. Rosa Weber, j. em 4.4.2018).

E mais, criar-se-ia uma instância adicional claramente impedida (Supremo Tribunal Federal. Recurso Ordinário em Mandado de Segurança nº 26.029-DF. 2ª Turma, Rel. Min. Cármen Lúcia, j. em 11.3.2014; Superior Tribunal de Justiça. Pedido de Unificação de Interpretação de Lei nº 303-DF. 1ª Seção, Rel. Min. Mauro Campbell, Dje 26.4.2017; e Tribunal Regional Federal da 1ª Região. Apelação Cível nº 2000.34.00.045920-6-DF. 8ª Turma, Rel. Des. Fed. Maria do Carmo Cardoso, j. em 27.11.2009) de decidir novamente a questão, uma vez que personificada em julgador que teria já participado do julgamento colegiado anterior.

**Fato gerador, obrigação tributária, crédito tributário e lançamento**

O artigo 113, do Código Tributário Nacional, diz que a obrigação tributária pode ser ***principal*** ou ***acessória***.

No primeiro caso, é principal a obrigação que tem por objeto o pagamento de tributo ou de penalidade pecuniária por descumprimento da legislação tributária. É acessória a obrigação decorrente da legislação tributária que tem por objeto prestações, positivas ou negativas, nela previstas no interesse da arrecadação ou da fiscalização de tributos.

A obrigação acessória, portanto, pelo simples fato da sua inobservância, converte-se em obrigação tributária principal, relativamente à penalidade pecuniária para tanto prevista em lei.

Assim, seja no caso da obrigação principal, seja no da acessória, será necessário verificar, na realidade fática, a ocorrência ou não do fato gerador previsto na legislação pertinente, o que corresponde, segundo os artigos 114 e 115, do Código Tributário Nacional, à situação descrita na norma como necessária e suficiente para o nascimento da obrigação de pagar o tributo ou de realizar a prestação, positiva ou negativa, prevista em benefício da arrecadação ou da fiscalização.

Segundo diferentes correntes doutrinárias e conforme distintas terminologias por elas adotadas, a norma que prevê o "fato gerador" da obrigação principal será composta de diferentes elementos, que se prestarão a determinar, em conjunto, um fato, um local e um momento para o nascimento da obrigação de pagar o tributo, um sujeito passivo e um sujeito ativo dessa obrigação, bem como, finalmente, fatores de quantificação da obrigação. Com efeito: para Ruy Barbosa Nogueira, o **fato gerador** do tributo é composto pelo **elemento** objetivo (situação descrita em lei) e pelos **aspectos** subjetivo (sujeitos ativo e passivo), espacial (lugar), temporal (momento) e quantitativo (base de cálculo e alíquota); para Geraldo Ataliba, a **hipótese de incidência tributária** é descrita pelos **aspectos** material (descrição de um fato gerador e da sua base imponível), pessoal (sujeitos ativo e passivo), temporal e espacial, provocando a incidência do mandamento legal de se pagar o tributo (alíquota, como elemento de qualificação da obrigação tributária); e para Paulo de Barros Carvalho, a **regra-matriz de incidência tributária** é composta por um antecedente – informado pelos **critérios** material, espacial e temporal – e de um consequente normativo – informado por **critérios** pessoal e quantitativo.

Essencialmente, portanto, o fenômeno da incidência tributária se dá a partir da prévia existência de uma norma tributária que, descrevendo determinado fato (gerador), prevê um comando (obrigação) de pagar determinado tributo: ocorrendo aquele fato descrito, ocorrerá a chamada *subsunção do fato à norma*, donde efetivamente nascerá uma relação jurídica entre o sujeito passivo e o sujeito ativo, obrigando o primeiro a efetuar o pagamento do tributo a este segundo.

Similarmente, a obrigação tributária acessória também decorrerá de norma descritiva de um fato, do qual nascerá não a obrigação de pagar o tributo, mas obrigação de fazer ou não fazer algo relacionado à fiscalização ou à arrecadação tributária.

Saltando para o artigo 139, do Código Tributário Nacional, verifica-se que dele emana a regra segundo a qual "o crédito tributário decorre da obrigação principal e tem a mesma natureza desta". E, no artigo 142, a definição de lançamento, assim entendido como o "procedimento administrativo tendente a verificar a ocorrência do fato gerador da obrigação correspondente, determinar a matéria tributável, calcular o montante do tributo devido, identificar o sujeito passivo e, sendo o caso propor a aplicação da penalidade cabível".

De maneira simplificada, com a ocorrência, na realidade fática, do fato gerador descrito na norma de incidência tributária, estará criada uma obrigação do sujeito passivo para com o sujeito ativo: aquele deve realizar o pagamento de um tributo a este, o que será concretizado em uma prestação pecuniária a ser determinada por meio do lançamento.

Embora haja grandes discussões em torno da natureza *declaratória* ou *constitutiva* do procedimento de lançamento – não obstante o capítulo do Código Tributário Nacional que dele trate refira-se expressamente à constituição do crédito tributário – o fato é que, pela mecânica das normas gerais do nosso sistema tributário, mesmo havendo a obrigação tributária a partir da realização do fato gerador, não poderá ser exigido o tributo sem que o lançamento seja realizado, momento em que o crédito efetivamente cobrável terá as suas variáveis determinadas, na forma do artigo 142, acima referido.

Tomando em conta aquelas diferentes terminologias utilizadas para a explicação do mesmo fenômeno, podemos resumir que:

Veja-se, a partir da esquematização acima, a relevância do processo de *interpretação* da legislação tributária, a partir do qual o aplicador da norma dela extrairá todos os aspectos ou critérios pertinentes aos fatos nela descritos, assim como os efeitos previstos na norma para a materialização ou não da obrigação de pagar o tributo.

Do mesmo modo, compreendido o conteúdo da norma, nota-se a relevância do processo de *qualificação* jurídica do evento ocorrido na realidade fática, a fim de determinar, a partir dessa qualificação, se ele de fato se subsume àquele fato gerador descrito na norma de incidência tributária. Quando assim não ocorrer, estar-se-á diante de uma hipótese pura e simples de não-incidência.

Para ambos os processos, que se fazem necessários para determinar a aplicação ou não da norma tributária, os artigos 116 a 118, do Código Tributário Nacional, estabelecem diretrizes de enorme relevância.

De acordo com o artigo 116, se o fato gerador descrito na norma de incidência corresponder a uma *situação de fato*, dever-se-á considerá-lo como ocorrido e como existentes os seus efeitos desde o momento em que estiverem reunidas todas as circunstâncias materiais necessárias para tanto.

Traduzindo em exemplo, o núcleo do fato gerador *causa mortis* do ITCMD é a morte, um evento fático que, uma vez caracterizado em um dado local e momento, acarretará a incidência do imposto.

De outro lado, quando o fato gerador corresponder a uma *situaçao jurídica*, considerar-se-á como ocorrida a hipótese legal quando estiver ela definitivamente constituída, de acordo com o direto aplicável. Nesse caso, temos por exemplo a incidência do imposto de importação (II), o que, embora ordinariamente pressuponha um evento fático correspondente ao ingresso físico de uma mercadoria no território nacional, a bem da verdade, tem o núcleo do seu fato gerador definido legalmente como uma situação jurídica, que equivale ao desembaraço aduaneiro da mercadoria importada.

Portanto, como regra, ainda que a mercadoria importada se encontre em território nacional, não terá havido o fato gerador do II enquanto não caracterizada a situação jurídica correspondente à conclusão do desembaraço aduaneiro, mediante registro da respectiva declaração de importação.

Sendo o fato gerador da obrigação tributária uma situação jurídica descrita na norma, o artigo 117 cuida então de definir quando essa situação poderá ser considerada como perfeita e acabada, se estiver sujeita a algum tipo de condição: **(i)** se a situação estiver sujeita a *condição suspensiva*, o fato gerador será considerado como ocorrido desde o momento do implemento da condição; **(ii)** se, de outra forma, for *condição resolutiva*, o fato gerador considerar-se-á ocorrido no momento da prática do ato ou da celebração do negócio jurídico.

Vale também mencionar, neste momento, a regra do artigo 144, § 2º, do Código Tributário Nacional, que se refere aos tributos lançados por períodos de tempo, em relação aos quais a lei poderá expressamente fixar uma data em que, por presunção, se considerará ocorrido o fato gerador.

Essa regra é relevante porque, ainda que se possa achar que todos os elementos materiais do fato gerador estariam presentes em um determinado momento, isso deverá ser confirmado pela norma tributária, ao eleger o aspecto ou critério temporal da respectiva incidência.

Assim, por exemplo, os impostos sobre a renda e sobre o patrimônio poderiam ambos, em princípio, ter os seus fatos geradores determinados em periodicidades diárias, semanais ou mensais, pois, a todo o rigor, em cada um desses momentos seria possível apurar se houve ou não acréscimo no patrimônio de uma pessoa física ou jurídica e, igualmente, seria possível quantificar o valor venal das suas propriedades.

No entanto, em prol da eficiência e da praticidade, a norma de incidência tributária estabelece um marco temporal em que se considerará ocorrido o fato gerador, para que faça sentido, nesse instante, ter-se por certo o nascimento da obrigação tributária e, como veremos adiante, determinarem-se as variáveis aplicáveis para o lançamento do crédito tributário correspondente.

Por último, a tratar do processo de *qualificação* do fato ocorrido na realidade e para verificar a sua *subsunção* ou não ao fato gerador descrito na norma de incidência tributária, o artigo 118 do Código Tributário Nacional prescreve que se deve abstrair **(i)** da validade jurídica dos atos efetivamente praticados pelos contribuintes, responsáveis ou terceiros, bem como da natureza do seu objeto ou dos seus efeitos, e **(ii)** dos efeitos dos fatos efetivamente ocorridos.

O artigo faz referência ao chamado princípio do ***non olet***, segundo o qual não interessa ao Fisco se a relação que dá origem ao signo de riqueza tributável é lícita ou não: ocorrido o fato gerador, nascerá a obrigação de pagar o tributo, ainda que a atividade do contribuinte ou o valor econômico por ele gerado tenha natureza ilícita.

Há quem entenda que, havendo a expropriação do produto da atividade criminosa, não poderia haver ainda a cobrança do tributo, pois isso representaria violação à vedação ao confisco. Não nos parece ser esse o caso, pois, a bem da verdade, o mesmo fato realizado pelo agente estará submetido a duas normas distintas, cada qual sujeita a um determinado efeito jurídico. Isso poderá acontecer em face da sanção penal de expropriação do produto do crime, ou ainda diante de uma sanção administrativa por irregularidade de determinada atividade e em inúmeras outras situações.

Assim, se a norma tributária isoladamente considerada não representar ônus confiscatório, não haverá violação à vedação ao confisco quando, ao mesmo tempo, a atividade ilícita do contribuinte estiver sujeita a alguma sanção gravosa e, até mesmo, à pena de expropriação.

Discussão interessante é saber se o princípio do *non olet* se aplica apenas "contra" o sujeito passivo – isto é, ainda que o rendimento tenha origem ilícita e possa a vir a ser legalmente confiscado, o agente mesmo assim responde pelo pagamento do tributo – ou se também o beneficiaria, tal como poderia ocorrer ao se comprovar que, para a obtenção de determinado rendimento lícito ou ilícito, era absolutamente necessário incorrer em uma despesa ilícita, deduzindo-a então da sua apuração do imposto de renda.

O tema se encontra em debate em inúmeros casos de autos de infração lavrados contra empresas envolvidas na chamada Operação Lava Jato, glosando as despesas por elas havidas com o pagamento de propinas que, na visão desses agentes, eram necessárias e obrigatórias no seu nicho específico de mercado.

Essas despesas foram deduzidas por tais empresas nas suas apurações do IRPJ e da CSLL – normalmente sob a forma de pagamentos a empresas de "consultoria" ou outros tipos de serviços –, ensejando posteriores questionamentos por parte das autoridades fiscais, as quais entenderam que o pagamento de propina jamais poderia ser considerado como "usual ou normal" para a realização das transações ou operações exigidas pela atividade da empresa (vide artigo 47, § 1º, da Lei nº 4.506/64).

Embora o Brasil seja signatário de acordos internacionais de combate à corrupção, o fato é que, diferentemente de outros países, não há norma expressa em nossa legislação fiscal vedando a dedução daquele tipo de despesa. Pelo contrário, o princípio do *non olet* poderia ser visto como norma expressa em sentido contrário à restrição da dedução, autorizando-a expressamente, "abstraindo-se... da validade jurídica dos atos efetivamente praticados" e "dos efeitos dos fatos efetivamente ocorridos".

Talvez por isso é que, em muitos casos derivados da Operação Lava Jato, a dedução das despesas relativas ao pagamento de propinas foi questionada, sob o ponto de vista do artigo 2º, da Lei nº 3.470/58, que proíbe o desconto das bases do IRPJ e da CSLL das "comissões, bonificações, gratificações ou semelhantes": **(i)** quando não for indicada a operação ou a causa que deu origem ao rendimento; e **(ii)** quando o comprovante do pagamento não individualizar o beneficiário do rendimento.

Com base nesse fundamento, aliás, não apenas a despesa pode ser glosada, como os contribuintes acusados de pagamento de propina são exigidos a reter o imposto de renda na fonte, pela alíquota de 35%, conforme previsão do artigo 61, *caput*, da Lei nº 8.981/95.

Retornando à obrigação tributária, dela decorrerá o crédito tributário, sendo que, segundo o artigo 139, do Código Tributário Nacional, tanto a obrigação quanto o crédito terão "a mesma natureza".

A todo o rigor, o crédito tributário é o objeto da obrigação tributária. A efetiva prestação a que está obrigado o particular, em face do Estado, em razão de realizar o fato gerador correspondente.

Por essa razão, diante da ocorrência do fato gerador e do nascimento do liame jurídico entre particular e Estado, consubstanciado na obrigação tributária, uma das prestações também inerentes a essa relação será a realização do lançamento tributário, ato pelo qual será apurado o crédito tributário efetivamente devido.

Com efeito, nos termos do artigo 142, o *lançamento* é o ato por meio do qual o crédito tributário é constituído, mediante procedimento que verifica a ocorrência do fato gerador, determina a matéria tributária, calcula o montante do tributo devido, identifica o sujeito passivo e, sendo o caso, propõe a aplicação da penalidade cabível.

Circunstâncias que modifiquem o crédito tributário ou interfiram na sua exigibilidade não deverão afetar, conforme artigo 140, a obrigação tributária. Esta surgirá com a ocorrência do fato gerador, pura e simplesmente.

De acordo com o que prescreve o artigo 141, o crédito tributário constituído poderá sofrer modificações, ser extinto ou ter a sua exigibilidade suspensa ou excluída, nos próprios casos previstos no Código Tributário Nacional, como veremos adiante, sendo que essas hipóteses não alteram a obrigação tributária e não dispensam o agente público do cumprimento dos seus deveres relativos à efetivação e fiscalização do tributo, sob pena de responsabilidade funcional.

Como o crédito tributário decorre da obrigação tributária, que, por sua vez, surge com a ocorrência do respectivo fato gerador, o artigo 144 estabelece que o lançamento deverá se reportar à data da ocorrência do fato gerador, regendo-se pela legislação então vigente, ainda que posteriormente tenha sido ela modificada ou revogada.

Portanto, todos aqueles elementos referidos no artigo 142 – em especial determinar a matéria tributária, calcular o montante do tributo devido, identificar o sujeito passivo e, sendo o caso, propor a aplicação da penalidade cabível – deverão ser considerados à luz do que estiver disposto na legislação do momento da ocorrência do respectivo fato gerador.

Normas posteriores, como já vimos, poderão surtir efeito e se aplicar à situação somente nas hipóteses restritas do artigo 106, que autoriza a retroatividade benigna da lei tributária.

A data da ocorrência do fato gerador também determinará, como prescreve o artigo 143, a taxa de câmbio a ser utilizada caso o valor tributado esteja expresso em moeda estrangeira. A regra permite disposição de lei em sentido contrário, de tal forma que, se não houver regra específica para o tributo, a conversão deverá ser feita segundo o câmbio da data do fato gerador e de "conversão da moeda estrangeira em moeda nacional", ou seja, pelo câmbio de compra da moeda brasileira.

Observe-se, no entanto, que a data do fato gerador não vinculará a autoridade administrativa em relação a novos critérios para apuração ou processos de fiscalização do tributo.

Se, posteriormente ao fato gerador, houver nova norma ampliando os poderes de investigação ou outorgando ao crédito tributário maiores garantias ou privilégios, isso será observado no lançamento tributário, excluída apenas a hipótese de, sob o manto de uma nova "garantia", na verdade, ser criada uma hipótese de responsabilidade tributária de terceiros até então inexistente.

Essa questão foi discutida pelo Supremo Tribunal Federal, no Recurso Extraordinário nº 601.314-SP (Plenário. Rel. Min. Edson Fachin, j. em 24.2.2016), no qual firmou a tese de repercussão geral (tema nº 225) de que a flexibilização da quebra do sigilo bancário do contribuinte, ali em discussão, poderia ser aplicada a fatos geradores passados. Contudo, tal posição "não atrai a aplicação do princípio da irretroatividade das leis tributárias, tendo em vista o caráter instrumental da norma, nos termos do artigo 144, §1º, do CTN".

Alinhado com esse entendimento, o Superior Tribunal de Justiça, no julgamento do Recurso Especial nº 1.134.665-SP (1ª Seção, Rel. Min. Luiz Fux, j. em 25.11.2009), firmou a tese (nº 275) no sentido de que "as leis tributárias procedimentais ou formais, conducentes à constituição do crédito tributário não alcançado pela decadência, são aplicáveis a fatos pretéritos, razão pela qual a Lei 8.021/90 e a Lei Complementar 105/2001, por envergarem essa natureza, legitimam a atuação fiscalizatória/investigativa da Administração Tributária, ainda que os fatos imponíveis a serem apurados lhes sejam anteriores".

**Modalidades de lançamento**

O artigo 142 – talvez um dos mais relevantes do Código Tributário Nacional – estabelece que o lançamento do crédito tributário "compete privativamente à autoridade administrativa". Esse caráter privativo é reforçado pelo artigo 37, inc. XXII, da Constituição Federal, a reservar a atividade de fiscalização tributária a "servidores de carreiras específicas".

Portanto, trata-se de atividade indelegável e que não prescinde da participação, por ação ou omissão, de um agente público de carreira específica, sem o que o lançamento será inválido. O parágrafo único, do artigo 142, reforça essa ideia, ao sentenciar que "a atividade administrativa de lançamento é vinculada e obrigatória, sob pena de responsabilidade funcional".

São importantes essas referências iniciais porque: **(i)** se por um lado a autoridade administrativa é obrigada a fiscalizar, não havendo margem para qualquer discricionariedade a esse respeito, sob pena de responsabilidade funcional; **(ii)** essa mesma atividade não pode ser delegada e deve ser exercida privativamente por agente público de carreira específica.

Isto quer dizer que o ente tributante deve, obrigatoriamente, ter um corpo de agentes dedicados a esse mister na sua estrutura administrativa, sendo ilegal e inconstitucional a delegação da atividade do lançamento a particulares, o que, infelizmente, não raro é feito por Municípios de pequeno porte, esperançosos em, desse modo, aumentar a sua arrecadação tributária.

A participação do contribuinte ou responsável tributário no lançamento, por sua vez, não apenas poderá ocorrer, como também, a depender da modalidade do lançamento, dar-se-á em maior ou menor grau, deixando maior ou menor espaço para a atuação da autoridade administrativa competente.

O artigo 147, do Código Tributário Nacional, define o ***lançamento por declaração*** como aquele em que o sujeito passivo ou um terceiro presta informações à autoridade administrativa quanto à matéria de fato indispensável para que essa efetive o lançamento. Dada essa participação dividida entre particular e Poder Público, o lançamento por declaração também é designado como lançamento misto.

Sendo detectado algum erro na declaração formulada pelo sujeito passivo ou terceiro: **(i)** se a respectiva retificação visar a reduzir ou excluir o tributo, ela apenas surtirá efeito se comprovado o erro e antes de o lançamento ser notificado ao sujeito passivo; **(ii)** o erro deverá ser retificado de ofício, se apurado pela autoridade administrativa responsável pela revisão da declaração.

Essa modalidade de lançamento é utilizada por muitos Municípios, por exemplo, em relação ao ISS devido pelas chamadas sociedades uniprofisisonais.

Nesses casos, a pessoa jurídica informa à administração o número de sócios prestadores de serviço e, com base nessa quantidade, é notificado do valor fixo de ISS a recolher para o exercício, considerados os parâmetros previstos na legislação municipal.

A maior parte dos tributos encontra-se sujeita, na prática, ao ***lançamento por homologação***, segundo o qual, conforme artigo 150, o sujeito passivo tem o dever de antecipar o pagamento do tributo devido sem o prévio exame da autoridade administrativa, operando-se o lançamento, então, pelo ato em que a autoridade, tomando conhecimento da atividade exercida pelo sujeito passivo, a homologa expressa ou tacitamente.

Diferentemente do lançamento por declaração, no lançamento por homologação, o sujeito passivo não apenas fornece informações necessárias à constituição do crédito tributário, como ele próprio quantifica o valor a recolher ao erário, realizando o seu pagamento (dito "antecipado") até a data de vencimento estipulada na legislação pertinente.

Ou seja, no lançamento por declaração, o sujeito passivo aguarda que o Fisco, com base nas suas informações, notifique-o a respeito do valor a recolher, enquanto que, no lançamento por homologação, desde logo, o próprio sujeito passivo calcula o tributo devido e, com base nessa sua apuração, realiza o pagamento, o qual, conforme § 1º, do artigo 150, implicará extinção do crédito tributário, "sob condição resolutória da ulterior homologação do pagamento".

Tomando aquele mesmo imposto municipal como parâmetro, o ISS devido pelos prestadores de serviços que não se qualificam como sociedades uniprofissionais é, normalmente, constituído mediante lançamento por homologação, baseado na totalização do ISS destacado em cada nota fiscal de prestação de serviços emitida ao longo do mês.

O imposto destacado nesses documentos é calculado pelo próprio sujeito passivo (prestador do serviço), por sua conta e risco, representando o documento pelo qual ele verifica a ocorrência do fato gerador, determina a matéria tributável e calcula o montante do tributo devido.

Somado o ISS de cada nota fiscal, o contribuinte efetua o seu pagamento na data de vencimento prevista na legislação, ficando sujeito então à homologação desse pagamento, expressa ou tacitamente, por parte do Município competente.

Também em relação a essa modalidade de lançamento, o Código Tributário Nacional estabelece que: **(i)** não influem sobre a obrigação tributária quaisquer atos anteriores à homologação, praticados pelo sujeito passivo ou por terceiro, visando à extinção total ou parcial do crédito; e **(ii)** aqueles mesmos atos anteriores à homologação serão, todavia, considerados na apuração do saldo porventura devido e, sendo o caso, na imposição de penalidade, ou sua graduação.

Finalmente, em complemento à definição do seu *caput*, o § 4º do artigo 150 estipula prazo de cinco anos, contados da ocorrência do fato gerador, para que a Fazenda Pública reveja o lançamento realizado pelo sujeito passivo e se pronuncie a respeito. Transcorrido esse prazo, sem qualquer manifestação por parte da administração tributária: **(i)** homologado estará o lançamento; e **(ii)** extinto estará o crédito tributário, nos termos do artigo 156, inc. VII. Retornaremos a esse artigo, quanto tratarmos dos fenômenos da decadência e da prescrição.

A terceira modalidade regulada pelo Código Tributário Nacional, no seu artigo 149, é o ***lançamento de ofício***, no qual todas as tarefas previstas no artigo 142 cabem inteiramente à autoridade administrativa competente. Essa modalidade é aplicável aos tributos para os quais a lei assim estipular, sendo comum no caso das taxas e do IPTU.

Em relação a qualquer tributo, o ***lançamento de ofício*** é cabível quando: (i) a declaração não for prestada, por quem de direito, no prazo e na forma da legislação tributária, no caso de tributo sujeito a lançamento por declaração; (ii) a pessoa legalmente obrigada, embora tenha prestado declaração no caso de tributo sujeito a lançamento por declaração, deixar de atender, no prazo e na forma da legislação tributária, a pedido de esclarecimento formulado pela autoridade administrativa, recusar-se a prestá-lo ou não o prestar satisfatoriamente, a juízo daquela autoridade; (iii) se for comprovada falsidade, erro ou omissão quanto a qualquer elemento definido na legislação tributária como sendo de declaração obrigatória pelo sujeito passivo; (iv) se for constatada omissão ou inexatidão, por parte da pessoa legalmente obrigada, no exercício do lançamento por homologação; (v) se for demonstrada ação ou omissão do sujeito passivo, ou de terceiro legalmente obrigado, que der lugar à aplicação de penalidade pecuniária; (vi) se for evidenciado que o sujeito passivo, ou terceiro em benefício daquele, agiu com dolo, fraude ou simulação; (vii) precisar ser apreciado fato não conhecido ou não provado por ocasião do lançamento anterior; ou (viii) se for comprovado que, no lançamento anterior, ocorreu fraude ou falta funcional da autoridade que o efetuou, ou omissão, pela mesma autoridade, de ato ou formalidade especial.

Portanto, nas hipóteses **(ii)** a **(viii)** acima, o artigo 149 deve ser lido em conjunto com o artigo 145, inc. III, do Código Tributário Nacional, onde se prescreve que o lançamento regularmente notificado ao sujeito passivo poderá ser alterado de ofício, por iniciativa da autoridade administrativa. No entanto, conforme artigo 150, parágrafo único, a revisão do lançamento de ofício só pode ser iniciada enquanto não for extinto o direito da Fazenda Pública (extinção essa que se opera pelo fenômeno da decadência, na forma do artigo 156, inc. V, e conforme adiante detalharemos).

Por último, o artigo 148 define a modalidade de ***lançamento por arbitramento***, cuja aplicação se limita aos tributos que tenham por base o valor ou o preço de bens, direitos, serviços ou atos jurídicos.

Nesse caso, a autoridade administrativa poderá arbitrar aquele valor ou preço se: **(i)** forem omissos ou não mereçam fé as declarações ou os esclarecimentos prestados pelo sujeito passivo; ou **(ii)** não mereçam fé, igualmente, os documentos expedidos pelo sujeito passivo ou pelo terceiro legalmente obrigado.

Em qualquer dessas hipóteses, o artigo 148 ressalva e assegura ao sujeito passivo, em caso de contestação ao arbitramento, a avaliação contraditória, administrativa ou judicial do lançamento assim realizado.

**Modificação e critérios jurídicos do lançamento**

Efetuado o lançamento por uma das modalidades vistas acima, os elementos nele considerados para a constituição do crédito tributário poderão ser alterados em virtude de: **(i)** impugnação do sujeito passivo; **(ii)** recurso de ofício por parte da autoridade administrativa; ou **(iii)** iniciativa de ofício da autoridade, nos casos previstos no já referido artigo 149.

De extrema relevância, no contexto da possibilidade de revisão do lançamento, é o artigo 146, do Código Tributário Nacional, segundo o qual "a modificação introduzida, de ofício ou em consequência de decisão administrativa ou judicial, nos critérios jurídicos adotados pela autoridade administrativa no exercício do lançamento somente pode ser efetivada, em relação a um mesmo sujeito passivo, quanto a fato gerador ocorrido posteriormente à sua introdução".

O objetivo da regra é atribuir confiabilidade e, por consequência, segurança jurídica, às relações que se estabelecem entre os sujeitos passivo e ativo da relação tributária, de tal forma que, se determinado critério tiver sido utilizado pela própria autoridade administrativa no lançamento, esse padrão não pode ser revisto em relação ao próprio fato gerador que deu origem ao respectivo crédito tributário. Poderá ser aplicado apenas a fatos geradores futuros.

A proteção do artigo 146 é bastante pertinente quando o critério jurídico que se pretende modificar foi utilizado pela autoridade administrativa em lançamento de ofício realizado na forma do artigo 145, inc. III, ou seja: **(i)** em revisão do lançamento por homologação realizado pelo sujeito passivo; ou **(ii)** para suprir a omissão no lançamento por homologação ou declaração não realizado no momento oportuno.

Nessas situações, não é incomum que a autoridade administrativa seja confrontada pelo sujeito passivo, que, mediante defesa em procedimento regular de revisão, demonstra que o critério empregado no lançamento de ofício estava equivocado. Não é permitido, então, que a autoridade simplesmente lance mão de um terceiro critério jurídico para a defesa do seu lançamento de ofício – distinto do critério originalmente utilizado pelo sujeito passivo e do critério empregado no lançamento de ofício original –, o que traria incerteza para a relação estabelecida a partir do fato gerador em questão e para a sua própria revisão administrativa.

Mas a regra do artigo 146 não se aplica apenas no contexto da revisão do lançamento, mas também quando algum elemento a ser considerado no lançamento é informado pela administração tributária ao sujeito passivo e, apesar disso, posteriormente é modificado em prejuízo à confiabilidade que deveria haver na relação entre fisco e contribuinte.

Interessante observar o aparente conflito entre a regra do artigo 146, com aquela do artigo 100, parágrafo único, do mesmo Código Tributário Nacional, a permitir que a observância de normas complementares à legislação tributária coloca o sujeito passivo a salvo de penalidades, cobrança de juros e atualização monetária da base de cálculo, mas não do pagamento do próprio tributo.

A proteção dada pelo artigo 146 é maior do que a do artigo 100, contemplando inclusive o próprio tributo, justamente porque aquele dispositivo se refere a um critério jurídico informado *em concreto* pela autoridade administrativa ao caso específico do sujeito passivo, enquanto o artigo 100 cuida da orientação normativa firmada *em abstrato* a respeito da interpretação e aplicação da legislação tributária.

Como exemplo dessa realidade, podemos verificar que o artigo 146 deverá proteger o contribuinte que, em observância à orientação recebida em concreto por meio de resposta a consulta formulada às autoridades fiscais (vide artigo 161, § 1º, do Código Tributário Nacional), não poderia ser surpreendido com a cobrança do próprio tributo relativamente a fatos geradores ocorridos antes da modificação da consulta.

Não poderia ser surpreendido, ainda, pela modificação de entendimento da autoridade fiscal a respeito da aplicação de uma isenção, suspensão ou qualquer tipo de benefício fiscal que dependesse da sua prévia aprovação em concreto, diferentemente da hipótese do sujeito passivo que observasse uma orientação normativa genérica a respeito da aplicação do benefício e que viesse a ser, oportunamente, alterada por norma complementar futura, tal como prevê o artigo 100, parágrafo único.

Portanto, as situações hão de ser avaliadas com zelo, uma vez que, quanto mais próximo do lançamento efetivo do tributo estiver o critério jurídico posteriormente alterado, maior será o grau da proteção dada pela norma fiscal, iniciando-se pela regra do artigo 100, parágrafo único, e podendo-se chegar ao maior rigor do artigo 146.

Outra peculiaridade com a qual se deve ter atenção é o fato de que, não obstante uma determinada situação possa estar muito mais próxima à hipótese do artigo 100, poderá haver uma proteção adicional outorgada por norma específica editada pelo ente tributante, aumentando a carga de segurança jurídica para o caso de mudança de critério na interpretação ou aplicação da legislação tributária ou, simplesmente, partindo da premissa de que a situação também mereceria aquele grau de tutela previsto no artigo 146.

Esse é o caso, por exemplo, dos efeitos outorgados à Solução de Divergência, pelo artigo 48, § 11, da Lei nº 9.430/96, regulamentado pelos artigos 19, § 4º, e 21, § 3º, da Instrução Normativa nº 1.396/2013, da Secretaria da Receita Federal do Brasil, segundo os quais, havendo o reconhecimento da diferença de interpretações entre soluções de consulta respondidas pela administração fazendária federal e, sendo editada a Solução de Divergência como forma de, em caráter geral, uniformizar o entendimento sobre o tema, a sua aplicação somente poderá ocorrer a partir da data da ciência dada ao sujeito passivo.

É ainda importante observar, em relação ao tema, a distinção que se estabelece entre ***erro de fato*** verificado no lançamento – passível de correção, na forma do artigo 149, inc. VIII do Código Tributário Nacional –, e o ***erro de direito***, cuja correção deve respeitar a proteção à confiança prescrita pelo artigo 146.

No Recurso Especial nº 1.130.545-RJ (1ª Seção, Rel. Min. Luiz Fux, j. em 9.8.2010), o Superior Tribunal de Justiça firmou a tese de que "a retificação de dados cadastrais do imóvel, após a constituição do crédito tributário, autoriza a revisão do lançamento pela autoridade administrativa (desde que não esteja extinto o direito potestativo da Fazenda Pública pelo decurso do prazo decadencial), quando decorrer da apreciação de fato não conhecido por ocasião do lançamento anterior, *ex vi* do disposto no artigo 149, inciso VIII, do CTN".

Em oposição a esse exemplo, mencionou que se consideraria erro de direito "quando a autoridade administrativa, em vez de exigir o ITR do proprietário do imóvel rural, entende que o sujeito passivo pode ser o arrendatário, ou quando, ao lavrar o lançamento relativo à contribuição social incidente sobre o lucro, mal interpreta a lei, elaborando seus cálculos com base no faturamento da empresa, ou, ainda, quando a base de cálculo de certo imposto é o valor da operação, acrescido do frete, mas o agente, ao lavrar o ato de lançamento, registra apenas o valor da operação, por assim entender a previsão legal".

## Sujeitos da relação jurídico-tributária

Com a ocorrência do fato gerador e o nascimento da obrigação tributária, estabelece-se uma relação jurídica entre um sujeito ativo e um sujeito passivo.

A depender da situação, podem-se fazer presentes na relação mais de um sujeito ativo e mais de um sujeito passivo, uma vez que é possível haver uma repartição da competência para a cobrança do imposto, tal como ocorre em relação ao ICMS sobre operações ou prestações interestaduais por ele tributadas, ou a existência de mais de um contribuinte ou de um contribuinte e um responsável de quem o tributo possa ser cobrado, solidariamente ou não.

Lembre-se também que, conforme artigo 7º, § 3º, do Código Tributário Nacional, o encargo ou a função de arrecadar tributos pode ser outorgado a pessoas de direito privado, sem que isso constitua delegação da competência tributária. Trata-se, como já se viu, da chamada parafiscalidade, hipótese em que ocorre a delegação somente da capacidade tributária ativa, isto é, das funções de arrecadar ou fiscalizar tributos, ou de executar leis, serviços, atos ou decisões administrativas em matéria tributária.

***Contribuinte e responsável***

Na outra ponta da relação, figura o sujeito passivo, definido pelo artigo 121, do Código Tributário Nacional, como a pessoa (física ou jurídica) obrigada ao pagamento do tributo ou da penalidade pecuniária, podendo se qualificar como:

(i) ***contribuinte*** – aquele que tem relação pessoal e direta com a situação que constitua fato gerador da obrigação tributária. Daí a razão por que o contribuinte também é chamado de ***sujeito passivo direto***; ou

(ii) ***responsável*** – aquele que, sem revestir a condição de contribuinte, é considerado como obrigado em razão de disposição expressa de lei e por estar vinculado ao fato gerador da obrigação tributária (artigo 128), também chamado de ***sujeito passivo indireto***.

Apesar da outorga de competência à lei ordinária para fixar hipóteses de responsabilidade, a pessoa eleita como responsável deve ter algum vínculo, alguma relação com o fato que dá ensejo à obrigação tributária, não podendo ser alguém excessivamente distante ou sequer relacionado ao evento que justifica a cobrança do tributo. Como exemplo da necessidade desse vínculo, vale lembrar que o Superior Tribunal de Justiça já afastou a responsabilização de administradoras de cartão de crédito, pelo ISS devido pelos estabelecimentos prestadores de serviços a elas filiados (Recurso Especial nº 55.346-RJ. 1ª Turma, Rel. Min. Cesar Asfor Rocha, j. em 25.10.1995).

Os mesmos sujeitos passivos – contribuinte ou responsável – poderão estar sujeitos a obrigações acessórias impostas para o controle da arrecadação do tributo (muito embora a obrigação acessória possa envolver um sujeito passivo que não corresponda ao contribuinte ou responsável pelo pagamento do tributo, na medida em que, conforme artigos 114 e 115, do Código Tributário Nacional, o fato gerador da obrigação tributária acessória não necessariamente coincide com o fato gerador da obrigação principal).

O artigo 123 do Código prevê que, salvo disposição de lei em contrário, os acordos privados entre particulares, que contenham estipulações relativas à responsabilidade pelo pagamento de tributos, não são oponíveis ao Fisco. A mesma regra é aplicável às obrigações tributárias acessórias.

E isso é relevante porquanto impossibilita que, em contratos de qualquer natureza, as partes criem regras que modifiquem, perante o Fisco, a designação de qual dos contratantes deverá efetuar o recolhimento de eventual tributo incidente ou decorrente do negócio jurídico celebrado, ou, da mesma forma, que pretendam eleger quem deve cumprir esta ou aquela obrigação acessória prevista na legislação fiscal.

Cláusulas contratuais dessa natureza serão válidas e cogentes entre as partes do contrato, criando obrigações entre elas e, no caso de descumprimento dessas obrigações, resultando no dever de indenizar por parte do contratante inadimplente.

O que não pode ocorrer, no entanto, é pretender impor ao Fisco: **(i)** no momento em que este pretender realizar a cobrança do tributo, que tal exigência seja feita contra outro sujeito passivo que não aquele previsto na legislação aplicável, simplesmente porque, no exercício da autonomia da vontade, as partes signatárias de um acordo privado estipularam algo distinto; **(ii)** nem que a parte que arcou com o pagamento do tributo, por conta do ajuste contratual, passe a ter legitimidade processual para repetir eventual indébito (súmula nº 614/STJ).

Convenções particulares a respeito do tema são comuns, aparecendo tanto em simples contratos de locação (atribuindo-se ao locatário a obrigação de recolher o IPTU devido pelo proprietário, por exemplo), quanto em contratos mais complexos, nos quais não só a responsabilidade pelo pagamento dos tributos é repartida entre as partes do negócio jurídico, como o seu impacto sobre o valor da transação também pode ser objeto de regramento, uma vez que, diante das particularidades do nosso sistema, os tributos existentes no Brasil costumam impactar diretamente na formação de preços nos mais variados tipos de atividades.

É importante destacar, no entanto, que o Fisco deve respeitar as convenções particulares que, embora não digam respeito à atribuição de responsabilidade tributária, eventualmente possam frustrar as suas expectativas de buscar a satisfação do crédito tributário perante terceiros que, indiretamente, estejam relacionados a uma situação que ensejou a falta de pagamento do tributo.

Como será visto adiante, ao se tratar das hipóteses de responsabilidade por infrações reguladas pelo Código Tributário Nacional, não é incomum que as fiscalizações estaduais se vejam diante de casos de contribuintes do ICMS que simulam a existência de estabelecimentos ou da própria pessoa jurídica, com o propósito de realizar vendas de mercadorias sem o pagamento do imposto.

Em muitas dessas situações, o adquirente da mercadoria age de boa-fé e, como é o usual, recebe o item adquirido em seu estabelecimento, mediante compra e venda gravada com a cláusula CIF (*Cost, Insurance and Freight*), ou seja, com valores de frete e seguro incluídos no preço. Nessas situações, a transferência da propriedade ocorre com a entrega da mercadoria no destinatário, de tal sorte que, no caso de eventual simulação do estabelecimento ou da própria pessoa jurídica vendedora, esse é, em princípio, um fato desconhecido pelo comprador.

Portanto, nenhuma responsabilidade poderá sobre este recair se houver agido de boa-fé (súmula nº 509, do Superior Tribunal de Justiça). E isso não porque a compra e venda foi gravada com a cláusula CIF, mas porque o vendedor é quem agiu de forma ilícita, ensejando a sua responsabilidade pessoal pela infração, nos termos do artigo 137, do Código Tributário Nacional, que adiante examinaremos.

O mesmo pode ocorrer quando a ilicitude parte do comprador, que se compromete a retirar a mercadoria no próprio estabelecimento do vendedor – cláusula FOB (*Free on Board*) – informando a esse fornecedor que o destino final do produto será outra Unidade da Federação, de maneira que o ICMS destacado na nota fiscal seja inferior ao que deveria ser pago no caso de aplicação da alíquota interna do imposto.

Novamente, não raras vezes, a diferença do ICMS é exigida do vendedor, que, ao realizar a venda mediante a cláusula FOB, não se responsabiliza pelo transporte da mercadoria para o endereço informado pelo destinatário e, consequentemente, não pode ser pessoalmente responsabilizado se esse dado lhe foi informado de maneira falsa e, consequentemente, mediante conduta do comprador tipificada, inclusive, no Código Penal (artigo 299).

A pretensa responsabilidade do vendedor pelo cometimento de qualquer tipo de infração não é afastada pela cláusula de atribuição da responsabilidade pelo frete – o que iria contra o artigo 123 – mas, novamente, pela aplicação da regra do artigo 137, segundo a qual o agente é pessoalmente responsável pela infração cometida mediante ato tipificado como crime ou contravenção penal.

Antes de adentrar em pormenores a respeito das hipóteses de responsabilidade tributária, o Código Tributário Nacional regula, em seus artigos 124 a 127, os institutos da solidariedade, da capacidade tributária passiva e do domicílio tributário.

***Solidariedade***

Poderá haver relação de ***solidariedade*** entre os sujeitos passivos da relação tributária quando: (i) eles tiverem interesse comum na situação que constitua o fato gerador da obrigação principal; ou (ii) forem eles expressamente designados como solidários por lei.

A questão do interesse comum gera muita celeuma em relação aos tributos incidentes sobre negócios jurídicos bilaterais – venda de mercadorias (ICMS/IPI), prestação de serviços (ICMS ou ISS) etc –, sendo bastante comum a pretensão do Fisco em exigir solidariamente o pagamento do comprador da mercadoria ou do tomador do serviço, quando detecta a ausência ou insuficiência de recolhimento por parte do contribuinte.

Apesar da insistência das exigências fiscais nesse sentido, a pretensão costuma ser rechaçada pelos Tribunais, sob o entendimento de que o interesse comum a que se refere o artigo 124, inc. I, do Código Tributário Nacional, não diz respeito à celebração do próprio negócio jurídico sobre o qual recai a incidência do tributo, mas à realização do fato gerador do qual advém a obrigação tributária.

Aliás, o sinalagma é da essência dos negócios jurídicos bilaterais, nos quais os interesses das partes não são comuns, mas antagônicos, na medida em que, enquanto um contratante quer vender uma mercadoria, o outro quer comprá-la; enquanto o prestador do serviço quer prover essa atividade, o tomador quer ser provido.

Interesse comum poderá haver entre partes que estiverem do mesmo lado da relação que dá ensejo à ocorrência do fato gerador, tal como ocorreria no caso do agente, em relação à falta de pagamento do imposto pelo vendedor da mercadoria. Pelo intermediador ou corretor, pela ausência ou insuficiência de recolhimento do imposto relativo à transação intermediada; e assim por diante.

Prova de que a contraparte do negócio jurídico não possui interesse comum e, dessa forma, não responde solidariamente pelo tributo, na forma do artigo 124, inc. I, pode ser encontrada em disposições expressas nas quais, na forma do inciso II, se atribui responsabilidade solidária a tais indivíduos.

Exemplo disso pode ser extraído da legislação relativa ao ISS, que prevê a responsabilidade solidária do tomador do serviço, pelo simples fato de não exigir a emissão de nota fiscal por parte do prestador. Ora, se houvesse interesse comum entre tomador e prestador do serviço, essa norma de responsabilização seria inútil.

Exemplo similar pode ser mencionado quanto ao ICMS, quando o legislador exige que o comprador confira a correção dos dados informados na nota fiscal e, se for o caso, cobre do vendedor o complemento do imposto insuficientemente destacado no documento, sob pena de ser responsabilizado pela eventual falta de pagamento do tributo.

Novamente, trata-se de norma expressa de responsabilização solidária (artigo 124, inc. II), não podendo ser genericamente responsabilizado o comprador da mercadoria sob o manto da regra do "interesse comum", prevista no inc. I.

Havendo relação de solidariedade entre os sujeitos passivos, não se lhes aplicará o benefício de ordem, conforme artigo 124, parágrafo único, ou seja, não lhes será permitido exigir do Fisco que primeiro cobre o tributo de um dos sujeitos solidários, para somente depois demandar o outro. O cumprimento da obrigação poderá ser exigido concomitantemente de todos os sujeitos passivos solidários que integrem a relação.

Em razão da solidariedade, também se deve observar que, havendo o pagamento do tributo integralmente por parte de qualquer um dos obrigados, a extinção do crédito tributário aproveitará a todos os sujeitos passivos.

Se houver isenção ou remissão do crédito tributário, tal fato beneficiará a todos, salvo se a desoneração for concedida em caráter pessoal a um deles. Nessa situação, a obrigação tributária remanescerá em relação aos demais, mas apenas pelo saldo apurado proporcionalmente. Exemplo disso é a hipótese de um imóvel de copropriedade de diferentes pessoas físicas, localizado em Município que conceda isenção de IPTU para proprietários aposentados: o imposto proporcional à parcela do imóvel de propriedade das pessoas físicas aposentadas será desonerado; o restante do IPTU, porém, será devido.

No que se refere à cobrança do tributo devido, se houver qualquer ato que interrompa o curso do prazo prescricional, ainda que realizado apenas em face de um dos coobrigados solidários, a interrupção surtirá efeito para todos os demais. Esta regra é de especial relevância no caso da exigência de tributos, em caráter solidário, contra responsáveis por sucessão.

### *Capacidade tributária passiva*

No que diz respeito à ***capacidade tributária passiva***, o artigo 126, do Código Tributário Nacional, estipula que a sujeição passiva independe da capacidade civil das pessoas naturais e da regularidade da pessoa jurídica.

Assim sendo, ainda que a pessoa natural esteja sujeita a medidas que importem privação ou limitação ao exercício das suas atividades civis, comerciais ou profissionais, bem como restrições na administração direta ou indireta de seus bens ou negócios, isso não impedirá a sua qualificação como sujeito passivo da obrigação tributária, nem afastará a sua obrigação de pagar o tributo devido, em razão da ocorrência do fato gerador.

É justamente por isso que, no artigo 134, o Código atribui responsabilidade solidária, no caso da impossibilidade de se exigir o cumprimento da obrigação principal por parte do próprio contribuinte, às seguintes pessoas: **(i)** os pais, pelos tributos devidos pelos filhos menores; **(ii)** os tutores e curadores, pelos tributos devidos pelos tutelados ou curatelados; **(iii)** os administradores de bens de terceiros, pelos tributos devidos por estes; e **(iv)** o inventariante, no caso dos tributos devidos pelo espólio.

Em relação ao sujeito passivo pessoa jurídica, a sua capacidade tributária igualmente independe da regularidade ou não da sua constituição, bastando que se verifique a existência de uma unidade econômica e profissional que incorra no fato gerador da obrigação tributária.

Eis porque, novamente no artigo 134, é prevista a responsabilidade solidária, por exemplo, **(i)** do síndico e do comissário, pelos tributos devidos pela massa falida ou pelo concordatário, bem como **(ii)** dos sócios da sociedade de pessoas em fase de liquidação.

Ainda que não tenham personalidade jurídica própria, poderão ser definidas como sujeito passivo da obrigação tributária, as sociedades de fato, as sociedades em conta de participação, os fundos de investimento, os fundos de pensão, os consórcios de empresas, os condomínios, as filiais, sucursais, agências ou representações de pessoas jurídicas estrangeiras, o estabelecimento da pessoa jurídica e assim por diante.

Da mesma forma, mesmo que do ponto de vista do direito privado não se qualifiquem como pessoas jurídicas, em algumas situações a pessoa física poderá ser tratada como tal para fins de definição das suas obrigações tributárias principal e/ou acessórias, sem que isso represente afronta ao artigo 126, do Código Tributário Nacional, e desde que essa distinta qualificação jurídica dada pela legislação tributária não afete a outorga constitucional de competências, o que é vedado pelo artigo 110, como já vimos.

Isso ocorre, por exemplo, na legislação do imposto de renda, que qualifica como pessoa jurídica o empresário individual inscrito no Registro Público de Empresas Mercantis e a pessoa física que promove incorporação imobiliária ou loteamento de terrenos.

Definido o contribuinte ou responsável tributário, poderá ser necessário, seja para a definição do sujeito ativo da relação tributária, seja para a futura delimitação da competência jurisdicional para a solução de litígios relativos à matéria (vide capítulo específico sobre o tema), determinar o local onde ele se encontra domiciliado.

Para tanto, o artigo 127, do Código Tributário Nacional, determina que deve ser tomada por referência a definição de domicílio dada pela legislação aplicável, ou seja, é preciso verificar, de acordo com a relação examinada e o tributo envolvido, se há domicílio tributário indicado pela legislação própria ou, se não houver, qual a regra de direito privado a determinar o domicílio naquela determinada situação.

Tome-se por exemplo a questão relativa à cobrança do IPVA sobre veículos automotores que sejam objeto de contratos de arrendamento mercantil ou locação, nos quais o registro do veículo e o pagamento do imposto ocorrem, muitas vezes, em Unidade da Federação distinta daquela em que o automóvel, caminhão ou moto é efetivamente utilizado pelo locatário ou arrendatário.

De acordo com a legislação pertinente, como regra, o IPVA é devido pelo proprietário à Unidade da Federação do seu domicílio civil, o que, inclusive em razão da definição do artigo 120, do Código de Trânsito Brasileiro (Lei nº 9.503/97), corresponde ao local da sua sede, no caso de pessoa jurídica, ou de sua residência, quando pessoa física.

No Estado de São Paulo, a legislação local estipula que, quando se tratar de proprietário pessoa jurídica, que destine o veículo automotor a contratos de locação, considerar-se-á o seu domicílio localizado "no estabelecimento onde o veículo estiver disponível para entrega ao locatário na data da ocorrência do fato gerador, na hipótese de contrato de locação avulsa" (artigo 4º, § 1º, item 2, alínea "b", da Lei nº 13.296/2008).

Essa previsão, além de contrariar o artigo 127, do Código Tributário Nacional, cria conflito de competência com outras Unidades Federadas, podendo submeter o proprietário do veículo, que o aluga de forma avulsa a usuários no território Paulista, à dupla exigência do IPVA: uma vez pelo Estado do seu domicílio efetivo, e, outra, pelo Fisco Bandeirante.

Não havendo norma específica, o domicílio tributário do sujeito passivo será considerado como existente: **(i)** no caso das pessoas jurídicas de direito privado ou às firmas individuais, no lugar da sua sede ou, em relação aos atos ou fatos que derem origem à obrigação, no de cada um dos seus estabelecimentos; e **(ii)** quanto às pessoas jurídicas de direito público, em qualquer uma das suas repartições localizadas no território do ente tributante.

Quando nenhuma dessas regras for aplicável, o domicílio tributário do contribuinte ou do responsável estará configurado **(iii)** no local da situação do bem ou da ocorrência dos atos ou fatos que deram origem à obrigação.

Não raras vezes, o artigo 127, § 1º, é invocado para justificar a cobrança de tributos indevidos, em invasão de competência de outro ente tributante.

Isso ocorreu no caso da exigência do ISS sobre contratos de *leasing* (item 10.04, da lista anexa à Lei Complementar nº 116/2003), por parte de municípios em que alegadamente se localizariam os domicílios tributários das empresas de arrendamento mercantil, sob o argumento de que ali teriam ocorrido os atos ou fatos que dariam origem à obrigação tributária relativa ao imposto sobre serviços.

A discussão se encerrou, no âmbito do Superior Tribunal de Justiça, com a definição da tese de recurso repetitivo nº 355, segundo a qual: "o sujeito ativo da relação tributária, na vigência do DL 406/68, é o Município da sede do estabelecimento prestador (art. 12); a partir da LC 116/03, é aquele onde o serviço é efetivamente prestado, onde a relação é perfectibilizada, assim entendido o local onde se comprove haver unidade econômica ou profissional da instituição financeira com poderes decisórios suficientes à concessão e aprovação do financiamento – núcleo da operação de leasing financeiro e fato gerador do tributo".

Por fim, vale referir à regra do artigo 127, § 2º, segundo a qual a autoridade administrativa pode recusar o domicílio tributário eleito pelo contribuinte, quando essa eleição impossibilite ou dificulte a arrecadação ou a fiscalização do tributo, hipótese em que, novamente, será considerado como domicílio o local da situação do bem ou da ocorrência dos atos ou fatos que deram origem à obrigação.

A aplicação prática dessa norma pode ocorrer, por exemplo, na hipótese de, tal como permitido pela regulamentação federal a respeito do Cadastro Nacional da Pessoa Jurídica (CNPJ), a pessoa jurídica eleger como sua matriz, perante o CNPJ, um estabelecimento filial situado em local de difícil acesso por parte das autoridades fiscais.

Nesse caso, a indicação do local como estabelecimento matriz (domicílio eleito) poderá ser recusada, precisamente porque impossibilitaria ou dificultaria a arrecadação ou a fiscalização do tributo, tal como prevê o artigo 127, § 2º.

## Contribuinte de direito e contribuinte de fato

Embora o Código Tributário Nacional não traga essas definições de uma maneira direta, a doutrina e a jurisprudência conceituam o ***contribuinte de fato*** e o ***contribuinte de direito*** do tributo a partir da sua relação com a norma de incidência e com a assunção do encargo do tributo.

E isso a partir, especialmente, da norma do artigo 166 do Código, que, ao tratar da restituição dos tributos recolhidos indevidamente pelo contribuinte de direito, estabelece regra segundo a qual, quando ocorrer a transferência do encargo financeiro em razão da própria natureza do tributo, a sua restituição somente poderá ser requerida por aquele que prove haver assumido esse encargo. Ou, no caso de tê-lo transferido a terceiro, por aquele que demonstrar que foi por esse terceiro expressamente autorizado a receber a restituição.

O contribuinte de direito do tributo, à luz dessa regra e da própria definição do artigo 121, parágrafo único, inc. I, é aquele que tem relação pessoal e direta com a situação que constitua o fato gerador do tributo. Portanto, é aquele que, assim indicado pela lei, realiza o fato que dá ensejo à incidência tributária.

Todavia, no caso de tributos incidentes sobre negócios jurídicos ou transações bilaterais, o contribuinte de direito obrigatoriamente estará interagindo com um terceiro, para o qual, dada a natureza da incidência, o encargo do tributo será transferido.

É esse o caso dos impostos incidentes sobre operações envolvendo a circulação de mercadorias ou produtos industrializados, bem como sobre a prestação de serviços, em que o tributo (ICMS, IPI ou ISS) é destacado na nota fiscal emitida pelo contribuinte e, por sua própria dinâmica de incidência, é incluído no preço da mercadoria, do produto ou do serviço.

Embora o *contribuinte de direito* figure como sujeito passivo da relação jurídico-tributária de pagamento do ICMS, IPI ou ISS, quem efetivamente arca com o seu ônus na operação é o adquirente da mercadoria ou tomador do serviço – *contribuinte de fato* – na medida em que o encargo respectivo lhe é repassado no preço, dada a sistemática de incidência do tributo e do destaque do seu valor no documento fiscal.

Note-se que a questão do destaque do tributo no documento fiscal é essencial, na medida em que isso indica a transferência do respectivo encargo "pela própria natureza" do tributo, como se refere o artigo 166.

Não sendo essa a situação, é evidente que a transferência do encargo do tributo poderá eventualmente ocorrer, mas isso não derivará da "própria natureza" da incidência, mas sim da força de cada elo da relação econômica estabelecida.

Com efeito, conforme lição do economista Edwin Seligman (*The shifting and incidence of taxation*. New York: The Columbia University Press, 1910), a transferência econômica de qualquer tributo poderá ocorrer, mas dependerá do poder de mercado dos agentes econômicos e da elasticidade da oferta e da demanda do bem envolvido na transação.

Inevitavelmente, se o agente econômico tiver que recolher um tributo ao Estado, que não seja "por sua própria natureza" transferido a um terceiro (tal como o ICMS, o IPI e o ISS), ele obrigatoriamente tentará transferir o seu encargo: **(i)** para a frente, mediante aumento do preço cobrado por sua mercadoria ou serviço (*shifting forward*); **(ii)** para trás, pela redução dos seus custos junto aos seus próprios fornecedores (*shifting backwards*); **(iii)** para o seu próprio processo produtivo, revisando os custos a ele inerentes e otimizando processos que possam absorver o impacto do tributo devido (*transformation*); ou **(iv)** para o seu próprio bolso, impactando negativamente os resultados auferidos com a sua atividade econômica e, assim, reduzindo dividendos ou demandando mais capital dos sócios, no caso do contribuinte pessoa jurídica (*capitalization*).

**Responsabilidade tributária**

Além das hipóteses previstas no Código Tributário Nacional, o artigo 128 prescreve que a lei de cada ente tributante poderá atribuir, de modo expresso, a responsabilidade pelo crédito tributário a uma terceira pessoa, que não o próprio contribuinte, desde esteja ela vinculada ao fato gerador da respectiva obrigação.

A atribuição de responsabilidade poderá ocorrer em caráter *exclusivo*, afastando a responsabilidade do contribuinte, ou de forma *supletiva*, de sorte que a obrigação possa ser exigida também do sujeito passivo indireto.

Finalmente, a lei que atribua responsabilidade tributária poderá fazer isso em relação à totalidade ou apenas a parte da obrigação tributária.

Como já foi visto, o artigo 146, inc. III, alínea "a", da Constituição Federal, exige lei complementar apenas para a definição de contribuintes dos impostos nela previstos. Nada fala sobre a definição de ***responsáveis***; daí porque, em princípio, não haveria impedimento constitucional para a outorga de competência à lei ordinária de cada ente tributante para definir responsáveis pelo pagamento do tributo.

Não obstante, é de se questionar se as hipóteses de responsabilidade tributária exclusiva (isto é, com a eliminação da cobrança do imposto do contribuinte) poderiam ou não ser instituídas por lei ordinária. Afinal, esse caminho poderia ser utilizado pelo legislador ordinário a fim de que, de maneira indireta, pudesse contornar a reserva constitucional para a lei complementar definir o contribuinte do imposto e, em manobra fraudulenta, instituir a sujeição passiva direta por lei meramente ordinária.

O Código Tributário Nacional elege, de maneira geral, responsáveis tributários definidos nas modalidades de *responsabilidade por sucessão*, *responsabilidade de terceiros* e *responsabilidade por infrações*.

***Responsabilidade por sucessão***

A modalidade de responsabilidade do artigo 130 estabelece que, em relação aos impostos cujo fato gerador seja a propriedade, o domínio útil ou a posse de bens imóveis, bem como para taxas devidas pela prestação de serviços relativos a esses bens e, finalmente, quanto a contribuições de melhoria igualmente vinculadas a imóveis (naturalmente), a responsabilidade pelo seu pagamento subroga-se na pessoa do respectivo adquirente.

A responsabilidade do adquirente será afastada quando, do título de aquisição do bem imóvel, do seu domínio útil ou da sua posse, constar prova de quitação dos tributos por parte do titular original.

Como regra, não só nesse caso relacionado à aquisição de imóveis, mas também em todas as demais hipóteses de responsabilidade por sucessão, a sujeição passiva indireta aplica-se tanto a créditos tributários já constituídos, quanto àqueles em curso de constituição na data do evento dá azo à responsabilização do sucessor. Se o crédito tributário for constituído posteriormente, também haverá responsabilidade do sucessor, caso se trate de obrigação derivada de fato gerador ocorrido até o evento de sucessão.

Ao decidir, no tema de recurso repetitivo nº 209, que "o promitente vendedor é parte legítima para figurar no polo passivo da execução fiscal que busca a cobrança de ITR nas hipóteses em que não há registro imobiliário do ato translativo de propriedade", o Superior Tribunal de Justiça consignou corretamente, que "os impostos incidentes sobre o patrimônio (Imposto sobre a Propriedade Territorial Rural – ITR e Imposto sobre a Propriedade Predial e Territorial Urbana – IPTU) decorrem de relação jurídica tributária instaurada com a ocorrência de fato imponível encartado, exclusivamente, na titularidade de direito real, razão pela qual consubstanciam obrigações *propter rem*, impondo-se sua assunção a todos aqueles que sucederem ao titular do imóvel".

Ainda em relação aos tributos sobre a propriedade de bens imóveis, na hipótese de aquisição do bem em hasta pública, o parágrafo único, do artigo 130, limita a responsabilidade do adquirente, ao montante do preço pelo qual arremata o bem. Ou seja, se houver dívidas superiores ao valor da arrematação, a responsabilidade pelo seu pagamento remanescerá com o titular original do bem.

Discute-se se a mesma regra se aplicaria ou não à aquisição de bens móveis em hasta pública de veículos automotores, hipótese na qual não é incomum o adquirente vir a ser cobrado pelo pagamento de tributos e multas devidas pelo proprietário anterior.

No entender do Superior Tribunal de Justiça, a norma do artigo 130, parágrafo único, estende-se também a essas situações, condenando-se eventuais sanções políticas impostas pela legislação de trânsito para que o arrematante do bem quite tributos devidos pelo titular anterior, tais como a vedação à transferência do próprio veículo (Recurso Especial nº 954.176-SC. 2ª Turma, Rel. Min. Eliana Calmon, j. em 4.6.2009).

São também responsáveis, por sucessão: **(i)** o adquirente ou remitente, pelos tributos relativos aos bens adquiridos ou remidos; **(ii)** o sucessor a qualquer título e o cônjuge meeiro, pelos tributos devidos pelo de *cujus* até a data da partilha ou adjudicação, limitada esta responsabilidade ao montante do quinhão do legado ou da meação; e **(iii)** o espólio, pelos tributos devidos pelo *de cujus* até a data da abertura da sucessão.

As regras do artigo 131, incs. II e III, que tratam da sucessão *causa mortis*, são de grande relevância porque firmam a máxima de que, no sistema tributário brasileiro, os herdeiros ou legatários não herdam dívidas fiscais do *de cujus*. Se a pessoa física falecer deixando dívidas tributárias, a sua cobrança estará limitada ao patrimônio deixado pelo falecido até a data da abertura da sua sucessão. Ou seja, na pior das hipóteses, portanto, as dívidas fiscais consumirão a herança, o legado ou a meação.

Em relação à extinção da pessoa jurídica, o tema é tratado nos artigos 132 e 133, do Código Tributário, estabelecendo aquele primeiro dispositivo que, no caso de fusão, transformação ou incorporação, a pessoa jurídica que resultar dessa operação societária será responsável pelos tributos devidos na data da operação, pelas pessoas jurídicas de direito privado fusionadas, transformadas ou incorporadas.

A mesma regra é observada se, extinta a pessoa jurídica, a exploração da sua atividade for mantida por qualquer um dos seus sócios remanescentes ou pelo espólio do sócio remanescente, sob a mesma ou outra razão social ou sob firma individual. Portanto, independentemente da regularidade da sucessão empresarial, ela determinará a responsabilidade do sucessor pelos tributos devidos pela sociedade extinta.

Embora o artigo 132 não se refira à operação societária da cisão, a sua regra também se aplica a este caso, tendo em vista que a omissão deriva de a cisão ter sido criada apenas na lei das sociedades anônimas de 1976; posterior, portanto, ao próprio Código Tributário Nacional.

Em relação à extensão da regra de sucessão para o crédito tributário relativo a penalidades, o tema de recursos repetitivos nº 382, julgado pelo Superior Tribunal de Justiça, firmou entendimento de que "a responsabilidade tributária do sucessor abrange, além dos tributos devidos pelo sucedido, as multas moratórias ou punitivas, que, por representarem dívida de valor, acompanham o passivo do patrimônio adquirido pelo sucessor, desde que seu fato gerador tenha ocorrido até a data da sucessão".

Confirmou-se, nesse julgamento, os termos da súmula nº 554, do mesmo Tribunal, que já afirmava que "na hipótese de sucessao empresarial, a responsabilidade da sucessora abrange não apenas os tributos devidos pela sucedida, mas também as multas moratórias ou punitivas referentes a fatos geradores ocorridos até a data da sucessão".

Se a sucessão não se der em relação à pessoa jurídica como um todo, mas apenas em relação a um fundo de comércio ou estabelecimento comercial, industrial ou profissional, o adquirente do fundo ou estabelecimento responderá pelos tributos a ele relativos, se continuar a respectiva exploração, sob a mesma ou outra razão social ou sob firma ou nome individual.

Se o alienante do fundo de comércio ou estabelecimento cessar a exploração da respectiva atividade, o sucessor responderá *integralmente* pelas dívidas relativas a eventos ocorridos até a data da aquisição.

Mas, se o alienante prosseguir na exploração de atividade econômica, no mesmo ou em outro ramo, ou reiniciar atividade econômica em até seis meses, o adquirente do fundo de comércio ou estabelecimento responderá pelas dívidas apenas em caráter *subsidiário*. Portanto, somente se o devedor original não tiver condições de fazer frente aos débitos que lhe forem exigidos é que o responsável será chamado a responder.

Essas regras de responsabilidade por sucessão, constantes do artigo 133, do Código Tributário Nacional, não se aplicam nos casos de alienação judicial de fundo de comércio ou de estabelecimento comercial, industrial ou profissional, em processo de falência ou recuperação judicial, desde que o adquirente não seja: **(i)** sócio da sociedade falida ou em recuperação judicial, ou sociedade controlada pelo devedor falido ou em recuperação judicial; **(ii)** parente, em linha reta ou colateral até o quarto grau, consanguíneo ou afim, do devedor falido ou em recuperação judicial ou de qualquer de seus sócios; ou **(iii)** agente do falido ou do devedor em recuperação judicial, com o objetivo de fraudar a sucessão tributária.

Se for o caso de falência, sem a existência de tais relações entre o adquirente e o falido, o produto da alienação judicial deverá ser mantido à disposição do Juízo falimentar por um ano, durante o qual somente poderá ser utilizado para o pagamento de créditos extraconcursais ou de créditos que preferirem ao tributário[4].

***Responsabilidade de terceiros***

Passando às hipóteses de ***responsabilidade de terceiros***, o artigo 134 define como sujeitos passivos indiretos, devendo responder solidariamente com o contribuinte nos atos em que intervierem ou pelas omissões de que forem responsáveis: (i) os pais, pelos tributos devidos por seus filhos menores; (ii) os tutores e curadores, pelos tributos devidos por seus tutelados ou curatelados; (iii) os administradores de bens de terceiros, pelos tributos devidos por estes; (iv) o inventariante, pelos tributos devidos pelo espólio; (v) o síndico e o comissário, pelos tributos devidos pela massa falida ou pelo concordatário; (vi) os tabeliães, escrivães e demais serventuários de ofício, pelos tributos devidos sobre os atos praticados por eles, ou perante eles, em razão do seu ofício; e (vii) os sócios, no caso de liquidação de sociedade de pessoas.

As hipóteses **(i)** a **(v)** e **(vii)** estão claramente relacionadas à amplitude da definição de *capacidade tributária ativa* que, conforme artigo 126, do

[4] Sobre a preferência do crédito tributário no processo falimentar, vide tópico sobre ***exigibilidade, garantias e preferências do crédito tributário***, neste próprio Capítulo 5.

Código Tributário Nacional, independe da capacidade civil das pessoas naturais ou da regularidade da pessoa jurídica que realize o fato gerador da obrigação tributária. Dada a limitação da capacidade civil do contribuinte, obrigatoriamente aqueles responsáveis indicados pelo artigo 134 participarão, mediante intervenção ou omissão, nos atos que implicarão o fato gerador do tributo e, consequentemente, no nascimento da obrigação tributária.

Na hipótese **(vi)**, diferentemente, a responsabilidade tributária é atribuída em razão da função exercida pelos tabeliães, escrivães e demais serventuários de ofício, outorgando-lhes um ônus indireto de fiscalização da arrecadação dos tributos incidentes sobre os atos perante eles praticados. Portanto, lhes cabe verificar o pagamento do tributo sobre os registros e atos formais por eles realizados, nos termos da legislação pertinente aos registros públicos.

Essa responsabilidade, no entanto, restringe-se aos tributos que tenham esses mesmos atos como fato gerador. E só. Daí porque, eventual pretensão de responsabilização dos tabeliães, escrivães e serventuários pelo pagamento de outros tributos não encontra respaldo no Código Tributário e, como tal, deve ser rechaçada.

Esse é o caso, por exemplo, da pretensão de responsabilizá-los pelo pagamento de tributos de qualquer natureza, eventualmente pendentes em nome da pessoa jurídica que pretende alienar um imóvel, mas não consegue cumprir o requisito do artigo 47, inc. I, alínea "b", da Lei nº 8.212/1991, que para tanto exige a apresentação de certidão negativa de débitos fiscais.

Há precedentes do Supremo Tribunal Federal, nas Ações Diretas de Inconstitucionalidade nºs 173-6-DF e 394-1-DF (Pleno. Rel. Min. Joaquim Barbosa, j. em 25.9.2008), declarando inválida a exigência similar constante da Lei nº 7.711/88 (artigo 1º, incs. III e IV), bem como decisão do Tribunal de Justiça do Estado de São Paulo, na Arguição de Inconstitucionalidade nº 0139256-75.2011.8.26.0000 (Órgão Especial, Rel. Des. Armando Toledo), declarando inválido o próprio artigo 47, inc. I, alínea "d", da Lei nº 8.212/91, todas considerando que a exigência da certidão negativa representaria uma sanção política para a cobrança de tributos.

Além disso, no entender do mesmo Tribunal de Justiça, responsabilizar o tabelião por outros tributos devidos pelo contribuinte que pretende alienar um imóvel, violaria o artigo 128, do Código Tributário Nacional, na medida em que "os tabeliães e escreventes não concorrem, com seus atos, para elaboração ou formalização de fato gerador da contribuição ao INSS. Não há como a lei infraconstitucional criar vínculo solidário ou atrelamento do ato notarial à liquidação de dívidas referentes a tributos estranhos à transmissão imobiliária. O mesmo ocorre com os TRIBUTOS FEDERAIS, cuja certidão negativa também é exigida no ato da transmissão imobiliária" (Apelação nº 0009830-11.2012.8.26.0053. 12ª Câmara de Direito Público do Tribunal de Justiça de São Paulo, Rel. Des. Venicio Salles, j. em 28.11.2012).

Anote-se que, no caso das regras de responsabilidade do artigo 134, por não se estar tratando de qualquer tipo de atuação ilícita por parte das pessoas ali responsabilizadas, o parágrafo único estabelece que os responsáveis não poderão ser chamados a responder por penalidades relacionadas ao crédito tributário principal, salvo as sanções meramente moratórias.

Já quando agirem com excesso de poderes ou infração à lei, ao contrato social ou aos estatutos da pessoa jurídica devedora original, responderão pessoalmente – e na íntegra – pelo crédito tributário constituído contra o devedor principal.

Na forma do artigo 135, de mesmo modo deverão responder quando agirem com excesso de poderes ou infração à lei, ao contrato social ou aos estatutos da pessoa jurídica devedora original: **(i)** os mandatários, prepostos e empregados; e **(ii)** os diretores, gerentes ou representantes de pessoas jurídicas de direito privado.

Observe-se que não é o mero inadimplemento da obrigação tributária que configura a "infração à lei" referida como justificativa para que se exija o tributo do responsável.

Com efeito, conforme entendimento consolidado no âmbito do Superior Tribunal de Justiça: **(i)** "o inadimplemento da obrigação tributária pela sociedade não gera, por si só, a responsabilidade solidária do sócio-gerente" (súmula nº 430); e **(ii)** "a simples falta de pagamento do tributo não configura, por si só, nem em tese, circunstância que acarreta a responsabilidade subsidiária do sócio, prevista no art. 135 do CTN. É indispensável, para tanto, que tenha agido com excesso de poderes ou infração à lei, ao contrato social ou ao estatuto da empresa" (tema nº 97, aprovado no julgamento do Recurso Especial nº 1.101.728-SP. 1ª Seção. Rel. Min. Teori Zavascki, j. em 11.3.2008).

Também não se pode – embora se tente – exigir o crédito tributário, na condição de responsável, do diretor, gerente ou representante da pessoa jurídica que não tenha poder de gestão e que, por esse motivo, não possa ter realizado pessoalmente o ilícito que justificaria responder pela dívida da sociedade.

Daí porque, em razão da afronta ao artigo 135, foi considerado inválido o artigo 13, da Lei nº 8.620/93, que não exigia malfeito para que débitos com a seguridade social pudessem ser cobrados do titular da firma individual, do sócio de empresa por cota de responsabilidade limitada, de acionistas controladores, administradores, gerentes e diretores de pessoas jurídica (tema nº 13, aprovado no julgamento do Recurso Extraordinário nº 562.276-PR. Pleno, Rel. Min. Ellen Gracie, j. em 3.11.2010).

A modalidade mais recorrente de responsabilização dos sócios, diretores e representantes, pelos tributos devidos pela sociedade, ocorre quando há a sua participação na sua dissolução irregular, o que há muito é considerado como hipótese típica de aplicação do artigo 135 (tema nº 630, resultante do julgamento do Recurso Especial nº 1.371.128-RS. 1ª Seção, Rel. Min. Mauro Campbell Marques, j. em 10.9.2014).

Ademais: **(i)** no julgamento daquele mesmo tema nº 97, o Superior Tribunal de Justiça firmou o entendimento de que o redirecionamento da cobrança fiscal contra o sócio-gerente da empresa somente é cabível quando comprovado que ele agiu com excesso de poderes, cometeu infração à lei ou ao estatuto, ou na hipótese de dissolução irregular da sociedade; e **(ii)** a sua súmula nº 435 presume como dissolvida irregularmente a pessoa jurídica que deixar de funcionar no seu domicílio fiscal, sem comunicação aos órgãos competentes, legitimando o redirecionamento da execução fiscal contra o sócio-gerente.

Mais recentemente, o mesmo Tribunal ponderou que a mera não localização da empresa no endereço fiscal é apenas um indício da sua dissolução irregular. Dessa maneira, sem que haja outro elemento probatório, não há justificativa suficiente para o pronto redirecionamento da execução fiscal, o que dependerá da apuração das razões pelas quais a não localização ocorreu, bem como da comprovação de conduta ilícita por parte do sócio (Agravo Regimental no Recuso Especial nº 1.340.002-BA. 1ª Turma. Rel. Min. Napoleão Nunes Maia Filho, j. em 27.11.2018).

No caso de falência, embora a dissolução ocorra regularmente, não haverá impedimento para a aplicação do artigo 135 se for comprovado ato ilício praticado pelo sócio, diretor ou representante, ato ilícito esse que esteja ligado à falta de pagamento do tributo que se pretende exigir. Portanto, a falência regular não é incompatível com a responsabilização do sócio, em especial quando o seu nome já constar da certidão de dívida ativa (Superior Tribunal de Justiça. Recurso Especial nº 902.814-RS. 2ª Turma, Rel. Min. Castro Meira, j. em 19.11.2009).

Já o sócio que se retira regularmente da sociedade, este não deve ser responsabilizado por tributos por ela devidos, em especial quando a pessoa jurídica segue dando continuidade às suas atividades empresariais.

A responsabilização de terceiros, portanto, não pode ser requerida pela Fazenda Pública Fisco mediante "fórmulas estereotipadas".

Nesse sentido, ao menos no âmbito federal, a Secretaria da Receita Federal do Brasil evoluiu para instituir um procedimento administrativo próprio, na sua Instrução Normativa nº 1.862/2018, para a verificação *in concreto* da existência ou não de condições para aplicação das regras do artigo 135, do Código Tributário Nacional.

É fundamental que se respeitem não só as hipóteses de sujeição passiva indireta do Código Tributário Nacional, como também a questão do ônus da prova em matéria de atribuição de responsabilidade tributária, cabendo à Fazenda Pública, caso entenda necessário no curso da constituição ou da revisão do crédito tributário, demonstrar a existência de causa legítima para a aplicação de alguma das regras do artigo 135.

Feito isso e consolidado o débito na dívida ativa, daí sim será possível falar em inversão do ônus da prova, competindo ao responsável, então, demonstrar a aplicação descabida das normas do Código Tributário Nacional. É essa a orientação firmada pelo Superior Tribunal de Justiça, no tema nº 103 dos recursos especiais repetitivos: "se a execução foi ajuizada apenas contra a pessoa jurídica, mas o nome do sócio consta da CDA, a ele incumbe o ônus da prova de que não ficou caracterizada nenhuma das circunstâncias previstas no art. 135 do CTN, ou seja, não houve a prática de atos 'com excesso de poderes ou infração de lei, contrato social ou estatutos'".

***Responsabilidade por infrações***

O Código Tributário Nacional regula, ainda, a ***responsabilidade por infrações***, consignando de início que, salvo disposição de lei em contrário, a responsabilização do infrator à legislação tributária independe da intenção do agente ou do responsável e da efetividade, natureza e extensão dos efeitos do ato.

Embora o artigo 136 dê caráter objetivo à responsabilidade de terceiros pelo cometimento de infrações, é fundamental a sua leitura em conjunto com o artigo 137, no qual o Código lista as hipóteses de responsabilização pessoal do agente quanto às infrações conceituadas por lei como crimes ou contravenções (salvo quando praticadas no exercício regular da administração, mandado, função, cargo ou emprego, ou no cumprimento de ordem expressa emitida por quem de direito; ou quando o dolo específico do agente seja elemento da própria descrição da infração).

Responde pessoalmente o agente quando houver cometido infração que decorra direta e exclusivamente de dolo específico: **(i)** por parte daquelas pessoas referidas no artigo 134, contra aquelas por quem respondem; **(ii)** assim como por parte dos mandatários, prepostos ou empregados, contra seus mandantes, preponentes ou empregadores; e, finalmente, **(iii)** por parte dos diretores, gerentes ou representantes de pessoas jurídicas de direito privado, contra estas.

A aplicação integrada dos artigos 136 e 137, como já assinalado anteriormente, é de fundamental importância quando, em relação a tributos que incidem sobre operações ou transações bilaterais, há tentativas de se responsabilizar o contribuinte de fato, ao invés do contribuinte de direito, sendo que este teria cometido infração envolvendo dolo específico.

É esse o caso da exigência indireta do ICMS não recolhido pelo vendedor de uma mercadoria quando, em momento posterior, as autoridades fiscais estaduais apuram e declararam a inidoneidade do contribuinte, que simulou a existência do seu estabelecimento ou da própria pessoa jurídica.

Não raras vezes, como aqui mencionamos, ao invés de investigarem e punirem os reais responsáveis – pessoas físicas, mandatários, prepostos etc., que agiram com dolo específico e, em muitos casos, mediante o cometimento de crime (falsificação de documentos, falsidade ideológica e etc.) – as autoridades fiscais se voltam contra o comprador da mercadoria, impondo-lhe multas e glosando o crédito de ICMS que, legitimamente, escrituraram a partir do destaque do imposto na nota fiscal de aquisição.

Para essas hipóteses, tamanha a sua recorrência, o Superior Tribunal de Justiça editou a sua súmula nº 509, consignando que: "é lícito ao comerciante de boa-fé aproveitar os créditos de ICMS decorrentes de nota fiscal posteriormente declarada inidônea, quando demonstrada a veracidade da compra e venda".

Uma última regra de responsabilidade tributária, estipulada mais adiante pelo Código Tributário Nacional, no seu artigo 207, diz respeito à prática de atos que, como regra, demandem a comprovação de quitação de tributos por meio de certidão negativa, mas que, diante do risco de evitar a caducidade do direito, venham a ser praticados sem esse documento.

Nessas situações – que independem de disposição legal específica permissiva, bastando a norma geral do próprio artigo 207 – todos os participantes no ato praticado sem certidão responderão pelos tributos porventura devidos, adicionados de juros de mora e penalidades, exceto nos casos de penalidades relativas a infrações de responsabilidade pessoal do infrator.

### *Denúncia espontânea*

Tratando ainda da responsabilidade tributária, o artigo 138, do Código Tributário Nacional, exclui a possibilidade de punição pela infração cometida, se o agente realizar a sua ***denúncia espontânea*** à autoridade fiscal, confessando o ilícito antes de iniciado qualquer procedimento de fiscalização.

Conforme a redação do artigo 138, "se for o caso", a denúncia espontânea deverá ser acompanhada do pagamento do tributo devido e dos juros de mora, ou, ainda, do depósito da sua importância, quando for o caso do seu arbitramento pela autoridade administrativa ou se a determinação do seu montante depender de apuração.

A ressalva – "se for o caso" – é de grande importância dada a marcante divergência entre Fazenda Pública e sujeitos passivos – em especial na esfera federal – quanto à possibilidade de denúncia espontânea quando se trata de infrações relativas ao descumprimento de obrigações acessórias.

Na visão das autoridades federais, o artigo 138 permitiria afastar a penalização do sujeito passivo *exclusivamente* com relação ao descumprimento da obrigação principal, não podendo ser aplicado o mesmo benefício às obrigações acessórias, na medida em que a sua denúncia não poderia ser "acompanhada do pagamento do tributo".

Para os sujeitos passivos, de outro lado, advoga-se a tese de que a expressão "se for o caso" justifica precisamente o contrário, ou seja, que a punição será afastada em qualquer situação de denúncia espontânea. Mas, se for a hipótese de descumprimento de obrigação principal, haverá um requisito adicional à comunicação voluntária da infração à autoridade fiscal: será necessário também efetuar o pagamento do tributo e dos juros.

Embora essa leitura pareça a mais adequada, ela não é muito bem-sucedida no Superior Tribunal de Justiça, onde prevalece uma visão mais restritiva do artigo 138 (Recurso Especial nº 1.618.348-MG. 2ª Turma, Rel. Min. Herman Benjamin, j. em 20.9.2016).

Não obstante, a legislação de muitos Estados e municípios autoriza a aplicação ampla do artigo 138, sendo costumeiro encontrar previsão expressa para o afastamento de multas por descumprimento de obrigações acessórias, quando o sujeito passivo voluntariamente as confessa antes de iniciado qualquer procedimento de fiscalização.

Mais do que isso, principalmente nos Estados, também vêm se popularizando os chamados programas de conformidade fiscal – conjugados ou não com políticas de implementação de cadastros positivos de contribuintes – por meio dos quais, mesmo que já iniciado procedimento de fiscalização, é dada a oportunidade de autorregularização por parte do sujeito passivo auditado, sem a aplicação de multas ou outras sanções, em razão do seu histórico favorável de cumprimento de obrigações tributárias principais e acessórias.

Nesse sentido, vale a referência à Lei Complementar nº 1.320/2018, do Estado de São Paulo, que institui o Programa de Estímulo à Conformidade Tributária – "Nos Conformes".

Outra questão relevante a destacar é a obrigatoriedade, para que a denúncia espontânea possa surtir os seus efeitos, da comunicação formal da infração e da sua regularização à autoridade fiscal responsável.

Como regra, essa comunicação deve ser feita por escrito e em documento próprio para tanto, ressalvada a possibilidade excepcional, em relação a tributos para os quais exista outro meio de comunicação entre fisco e contribuintes, de que isso seja feito em forma eletrônica ou, ainda, por mecanismo mais "arcaico", como a anotação no livro modelo 6 (Registro de Utilização de Documentos Fiscais e Termos de Ocorrências), nos moldes do que prevê o artigo 76, inc. I, da Lei nº 4.502/64, aplicável ao IPI.

Finalmente, vale registrar que, conforme orientação firmada no tema nº 385, dos recursos especiais repetitivos do Superior Tribunal de Justiça (Recurso Especial nº 1.149.022-SP. 1ª Seção, Rel. Min. Luiz Fux, j. em 23.3.2010), na hipótese de tributos sujeitos ao lançamento por homologação, a denúncia espontânea apenas surtirá efeito se o contribuinte "após efetuar a declaração parcial do débito tributário (sujeito a lançamento por homologação) acompanhado do respectivo pagamento integral, retifica-a (antes de qualquer procedimento da Administração Tributária), noticiando a existência de diferença a maior, cuja quitação se dá concomitantemente".

E isso porque, como também firmado em outro julgamento repetitivo, que decidiu o tema nº 61, "não resta caracterizada a denúncia espontânea, com a consequente exclusão da multa moratória, nos casos de tributos declarados, porém pagos a destempo pelo contribuinte, ainda que o pagamento seja integral" (Recurso Especial nº 886.462-RS. 1ª Seção, Rel. Min. Teori Zavascki, j. em 28.10.2008).

Afinal, declarado o tributo devido, mediante lançamento por homologação, e não recolhido no prazo legal previsto para o seu vencimento, automaticamente estará autorizada a Fazenda Pública a proceder à inscrição em dívida ativa e à cobrança judicial do montante devido, com o acréscimo da penalidade derivada da mora indiscutivelmente configurada: "a falta de recolhimento, no devido prazo, do valor correspondente ao crédito tributário assim regularmente constituído acarreta, entre outras consequências, as de (a) autorizar a sua inscrição em dívida ativa, (b) fixar o termo *a quo* do prazo de prescrição para a sua cobrança, (c) inibir a expedição de certidão negativa do débito e (d) afastar a possibilidade de denúncia espontânea" (Agravo Regimental nos Embargos de Divergência no Recurso Especial nº 638.069-SC. 1ª Seção, Rel. Min. Teori Zavascki, j. em 25.5.2005; e súmula nº 436/STJ).

Outra questão relevante a ser mencionada é que, igualmente segundo o Superior Tribunal de Justiça, é inadmissível a denúncia espontânea em que o sujeito passivo não efetua o pagamento do tributo devido, mas apenas requer o seu parcelamento (tema nº 101, resultante do julgamento do Recurso Especial nº 1.102.577-DF. 1ª Seção, Rel. Min. Herman Benjamin, j. em 22.4.2009), entendimento esse que já era consolidado inclusive no extinto Tribunal Federal de Recursos, na sua súmula nº 208 ("a simples confissão da dívida, acompanhada do seu pedido de parcelamento, não configura denúncia espontânea").

Por fim, vem se consolidando a orientação de que a denúncia espontânea é incabível quando a extinção do débito confessado ocorre por meio de compensação. E isso porque, nesse caso específico, a extinção definitiva do crédito tributário ficaria pendente da homologação tácita ou expressa da compensação realizada (Agravo Interno nos Embargos de Declaração nos Embargos de Divergência em Recurso Especial nº 1.657.437-RS. 1ª Seção, Rel. Min. Gurgel de Faria, j. em 12.9.2018).

## Substituição tributária

Em princípio, a temática da ***substituição tributária*** deveria estar relacionada aos institutos da responsabilidade e da sujeição passiva direta, na medida em que se consideraria ordinariamente como substituto tributário aquele terceiro que, relacionado com o fato gerador de determinado tributo, é chamado pela lei a responder integralmente pelo seu pagamento no lugar do sujeito passivo direto.

Esse tipo de substituição é mais comum do que imaginamos e, normalmente, recai sobre a fonte responsável pela movimentação financeira sobre a qual o tributo recairá. Por exemplo: a substituição tributária da fonte de pagamento, a quem a legislação do imposto de renda atribui responsabilidade exclusiva pela retenção do tributo; a substituição tributária do tomador do serviço, retendo na fonte o ISS que seria normalmente devido pelo prestador; e assim por diante.

### *Substituição tributária concomitante ou lateral*

Considerando que, nessas situações, a responsabilidade pelo pagamento do tributo gira em torno de um único fato gerador ao qual se encontram vinculados o contribuinte e o responsável, é possível falar em substituição tributária *concomitante* ou *lateral*:

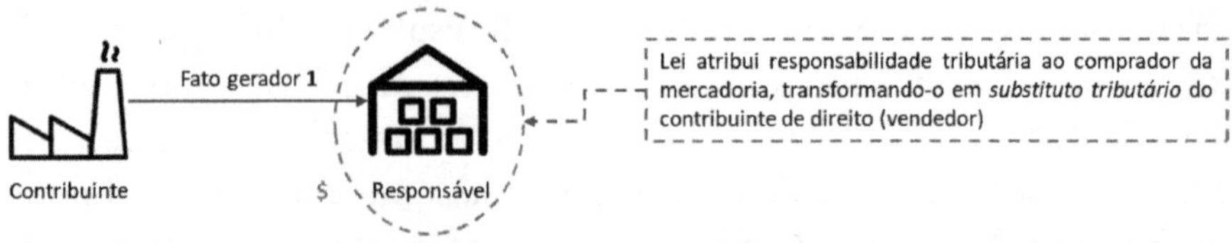


***Substituição tributária para trás***

Entretanto, o tema também se relaciona ao deslocamento da obrigação tributária no tempo, em especial quando se trata de tributo que incide sobre múltiplas etapas de uma mesma cadeia de produção ou circulação de riquezas.

Nesse sentido, a chamada *substituição tributária para trás* confunde-se com a figura do *diferimento* – mecanismo pelo qual o recolhimento do tributo é postergado para uma etapa posterior, em que se imagina que haverá uma nova operação que configurará o fato gerador do tributo e, sendo assim, permitirá capturar aquela riqueza cuja taxação foi postergada. Como ilustrado no infográfico abaixo:

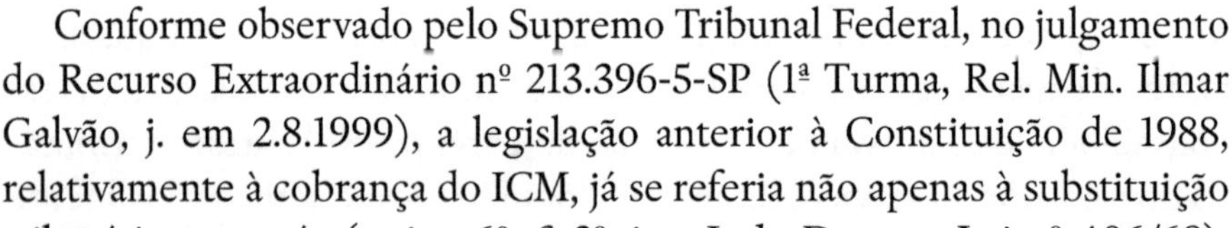


Conforme observado pelo Supremo Tribunal Federal, no julgamento do Recurso Extraordinário nº 213.396-5-SP (1ª Turma, Rel. Min. Ilmar Galvão, j. em 2.8.1999), a legislação anterior à Constituição de 1988, relativamente à cobrança do ICM, já se referia não apenas à substituição tributária para trás (artigo 6º, § 3º, inc. I, do Decreto-Lei nº 406/68), como também à possibilidade de ser atribuída responsabilidade tributária "ao produtor, industrial ou comerciante atacadista, quanto ao imposto devido pelo comerciante varejista" (artigo 6º, § 3º, inc. II) ou, ainda, "ao produtor ou industrial, quanto ao imposto devido pelo comerciante atacadista e pelo comerciante varejista".

Aliás, mesmo antes da própria existência do ICM, o Supremo Tribunal Federal entendia como válida a substituição tributária para a frente relativa ao extinto imposto de vendas e consignações, afirmando serem "constitucionais decretos expedidos pelo Poder Executivo do Estado da Paraíba, determinando a cobrança antecipada dêsse imposto, nas vendas à vista de cigarros e outros derivados de fumo". E justificava a exigência antecipada do imposto como meio "para tornar eficaz a cobrança do tributo e para evitar a evasão de renda na arrecadação do imposto de vendas e consignações" (Recurso Extraordinário nº 60.284-PB, Rel. Min. Luiz Gallotti, j. em 24.5.1967).

O Código Tributário Nacional também autorizava a modalidade de cobrança antecipada em relação ao ICM, estabelecendo, no seu artigo 58, § 2º, inc. II, que a lei poderia atribuir a condição de responsável, "ao industrial ou comerciante atacadista, quanto ao imposto devido por comerciante varejista".

Além disso, naquele precedente de 1999, notou-se que o artigo 34, § 9º, do Ato das Disposições Constitucionais Transitórias, referia-se igualmente à possibilidade de cobrança do ICMS sobre operações futuras e presumidas na cadeia de distribuição de energia elétrica.

Tanto isso é verdadeiro que o artigo 25, do Convênio ICM nº 66/1988, dispôs que a lei poderia atribuir a condição de substituto tributário ao "produtor, extrator, gerador, inclusive de energia, industrial, distribuidor, comerciante ou transportador, pelo pagamento do imposto devido nas operações subsequentes".

Em 1993, a Emenda Constitucional nº 3 incluiu o § 7º, no artigo 150 da Carta, assegurando que, quando a lei atribuir ao sujeito passivo a condição de responsável pelo pagamento do imposto relativo a fato gerador futuro, deverá obrigatoriamente assegurar "a imediata e preferencial restituição da quantia paga, caso não se realize o fato gerador presumido".

Desse modo, a regra de restituição é hoje considerada "remédio legal para ajustar a tributação, operada por presunção, ao fato gerador ocorrido, quando o valor deste seja inferior ao estimado" (Supremo Tribunal Federal, Ação direta de inconstitucionalidade nº 2.777-SP, Pleno, Rel. Min. Cezar Peluso, j. em 19.10.2016).

***Substituição tributária para frente***

Nesse contexto, o sistema tributário nacional já convivia com a figura da *substituição tributária para a frente*, segundo a qual há a cobrança do tributo sobre um fato gerador futuro que presumivelmente irá ocorrer, em especial (mas não limitado a) em uma mesma cadeia de produção ou circulação de riquezas. Portanto:

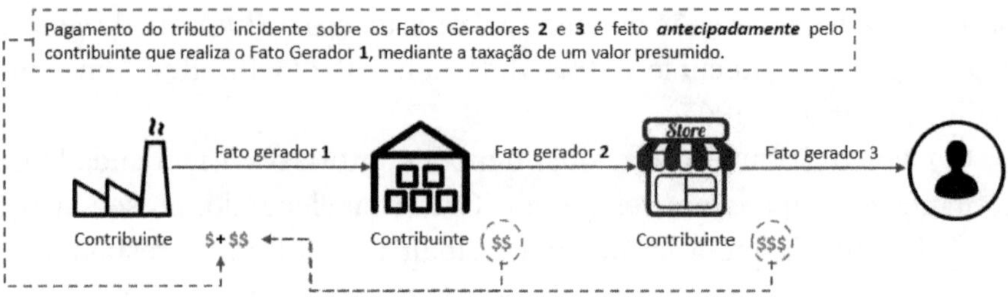


Em 1993, por meio da Emenda Constitucional nº 3, adicionou-se ao artigo 150, no seu § 7º, a regra segundo a qual "a lei poderá atribuir a sujeito passivo de obrigação tributária a condição de responsável pelo pagamento de imposto ou contribuição, cujo fato gerador deva ocorrer posteriormente, assegurada a imediata e preferencial restituição da quantia paga, caso não se realize o fato gerador presumido".

Portanto, conforme decidiu o Supremo Tribunal Federal: "a EC 3/1993, ao introduzir no art. 150 da CF/1988 o § 7º, aperfeiçoou o instituto, já previsto em nosso sistema jurídico-tributário, ao delinear a figura do fato gerador presumido e ao estabelecer a garantia de reembolso preferencial e imediato do tributo pago quando não verificado o mesmo fato a final" (Ação Direta de Inconstitucionalidade nº 1.851-4-AL. Pleno, Rel. Min. Ilmar Galvão, j. em 8.5.2002)

No que diz respeito ao reembolso preferencial e imediato do tributo pago antecipadamente, quando em momento posterior é verificada a não ocorrência do fato gerador presumido, conforme previsto no referido artigo 150, § 7º, da Constituição Federal, o Supremo Tribunal: **(i)** de início, no julgamento da própria Ação Direta de Inconstitucionalidade nº 1.851-4-AL, entendeu que ele somente seria autorizado quando o fato gerador presumido não ocorresse, sendo inexistente o direito ao ressarcimento parcial quando a base de cálculo utilizada na antecipação fosse superior à real; mas, **(ii)** posteriormente, ao decidir o Recurso Extraordinário nº 593.849-MG (Pleno, Rel. Min. Edson Fachin, j. em 19.10.2016), orientou que o ressarcimento sempre é cabível, firmando a tese de que "é devida a restituição da diferença do Imposto sobre Circulação de Mercadorias e Serviços – ICMS pago a mais no regime de substituição tributária para a frente se a base de cálculo efetiva da operação for superior à presumida".

Vale o alerta, feito pelo mesmo Tribunal, com relação à instituição de regras de substituição tributária por parte do legislador, não se podendo admitir "que a substituição tributária resulte em transgressão às normas de competência tributária e ao princípio da capacidade contributiva, ofendendo os direitos do contribuinte".

Ademais: **(i)** "há os limites à própria instituição do dever de colaboração que asseguram o terceiro substituto contra o arbítrio do legislador"; **(ii)** de forma que "essa colaboração deve guardar respeito aos princípios da razoabilidade e da proporcionalidade"; **(iii)** não se podendo "impor a alguém, a título de substituição tributária, deveres inviáveis, excessivamente onerosos, desnecessários ou ineficazes". Por último, **(iv)** "é justamente por isso que o art. 128 do CTN condiciona a atribuição de responsabilidade (em sentido amplo, abrangendo a substituição tributária) à presença do terceiro com o fato gerador da respectiva obrigação" (Recurso Extraordinário nº 603.191-MT. Pleno, Rel. Min. Ellen Gracie, j. em 1º.8.2011).

### Poderes da fiscalização

Nos tópicos anteriores, vimos que, ocorrido o fato gerador previsto na norma de incidência tributária, surgirá entre os sujeitos passivo e ativo uma relação obrigacional, segundo a qual aquele deve pagar uma prestação pecuniária a este. E este, por sua vez, tem o direito de exigir o cumprimento dessa obrigação e o pagamento da respectiva prestação.

A obrigação tributária, portanto, deve ser traduzida em um crédito tributário constituído mediante o lançamento, momento em que será apurada a ocorrência daquele fato gerador, determinada a matéria tributária, calculado o montante do tributo devido, identificado o sujeito passivo e, sendo o caso, proposta a aplicação de uma penalidade cabível.

Para esse mister, ainda que quase a totalidade dos atos inerentes possa ser confiada ao sujeito passivo – no caso dos tributos sujeitos a lançamento por homologação –, de nenhuma forma a atividade de fiscalização e arrecadação tributária, exercida pelo Poder Público, perde a sua importância. Pelo contrário. A Constituição Federal lhe dá atenção especial: **(i)** nomeando-a como atividade essencial ao funcionamento do Estado, **(ii)** reservando-a a "servidores de carreiras específicas"; e **(iii)** determinando que as administrações federal, estaduais, distrital e municipais lhe destinem recursos prioritários e atuem de forma integrada, compartilhando cadastros e informações fiscais, na forma da lei ou de convênios que venham a firmar (inciso XXII, artigo 37).

Ademais, o mesmo artigo 37, no seu inciso XVIII, afirma que **(iii)** a administração fazendária e seus servidores fiscais, dentro de suas áreas de competência e jurisdição, têm "precedência" sobre os demais setores administrativos.

Tamanho prestígio no texto constitucional talvez tenha por origem a cartilha de poderes de que dispõe a fiscalização para realizar o seu mister, constante do próprio Código Tributário Nacional, nos seus artigos 194 a 200.

Cada ente tributante tem competência para, na sua própria legislação e desde que respeitados os limites do Código (e da Constituição), estabelecer procedimentos relativos à fiscalização dos seus tributos, sendo que, conforme artigo 144, § 1º, novos critérios e procedimentos para a fiscalização do tributo poderão ser aplicados inclusive retroativamente, para a verificação da ocorrência do fato gerador e a realização do lançamento de ofício, sem que isso configure ofensa ao princípio da anterioridade tributária.

O poder para cada ente tributante legislar sobre esse tipo de matéria, segundo o artigo 194, do Código Tributário Nacional, guarda coerência com a regra do seu artigo 113, § 2º, que, como já vimos, permite que cada sujeito ativo também legisle a respeito das obrigações tributárias acessórias que, a seu ver, façam sentido em prol do interesse da arrecadação ou da fiscalização dos tributos de sua competência.

Para que tais obrigações acessórias surtam o seu efeito esperado e a fim de que a fiscalização tributária também possa realizar o seu mister, o artigo 194, parágrafo único, afirma que tanto as obrigações acessórias quanto a atividade fiscalizadora alcançam todas as pessoas naturais ou jurídicas, contribuintes ou não, inclusive as que gozem de imunidade tributária ou de isenção de caráter pessoal.

Em reforço a essa ideia, o artigo 175, parágrafo único, ao tratar das hipóteses de exclusão do crédito tributário (isenção e anistia), afirma que nenhuma delas dispensa o sujeito passivo do cumprimento das suas obrigações acessórias.

Vale observar que o poder de fiscalização somente pode ser exercido dentro dos limites territoriais de alcance da legislação do ente tributante.

Desse modo, enquanto as obrigações e a fiscalização federais são cogentes em todo o território nacional, as fiscalizações de Estados, Distrito Federal e Municípios alcançam somente a área dos seus respectivos territórios, as projeções aéreas e marítima de sua área continental, inclusive as partes da plataforma continental, do mar territorial e da zona econômica exclusiva, conforme já decidido pelo Supremo Tribunal Federal (Medida Cautelar em Ação Direta de Inconstitucionalidade nº 2.080-RJ. Pleno, Rel. Min. Sydney Sanches, j. em 6.2.2002).

Para que o poder de fiscalizar possa ser exercido além desses limites, faz-se necessária a celebração de convênios entre as autoridades envolvidas, conforme artigo 199, do Código Tributário Nacional.

No âmbito internacional, por conta da soberania que caracteriza a aplicação da lei nos limites territoriais de cada país, o poder de fiscalização poderá ser exercido mediante cooperação e troca de informações entre os países envolvidos, previstas em acordos firmados para esse fim.

Dada a relevância das obrigações acessórias para a atividade de fiscalização, lembre-se que também em relação a elas – ou, melhor dizendo, às normas que dispensam o seu cumprimento – o artigo 111, do Código Tributário Nacional, exige a interpretação "literal", tema esse de que já se tratou aqui.

O artigo 195, ainda a respeito do tema, prescreve que não são oponíveis à fiscalização tributária quaisquer disposições legais que pretendam excluir ou limitar o direito das autoridades fazendárias de examinar mercadorias, livros, arquivos, documentos, papéis e efeitos comerciais ou fiscais.

Portanto, poderão ser exigidos a apresentar esclarecimentos e informações de que sejam conhecedores, em relação ao sujeito passivo investigado: **(i)** os tabeliães, escrivães e demais serventuários de ofício; **(ii)** os bancos, casas bancárias, Caixas Econômicas e demais instituições financeiras; **(iii)** as empresas de administração de bens; **(iv)** os corretores, leiloeiros e despachantes oficiais; **(v)** os inventariantes; **(vi)** os síndicos, comissários e liquidatários; e **(vii)** quaisquer outras entidades ou pessoas que a lei designe, em razão de seu cargo, ofício, função, ministério, atividade ou profissão.

Entretanto, o artigo 197, parágrafo único, faz a correta e equilibrada ressalva no sentido de não estarem alcançados por essas obrigações, nem serem forçados a apresentar informações sobre o sujeito passivo, todos aqueles que, em relação a essas informações ou a esse sujeito, forem legalmente obrigados a manter segredo em razão de cargo, ofício, função, ministério, atividade ou profissão.

Do confronto entre as normas dos artigos 195 e 197, percebe-se que há de se balancear o poder de fiscalização com as garantias fundamentais previstas na Constituição, notadamente: **(i)** a inviolabilidade da intimidade, da vida privada, da honra e da imagem (artigo 5º, inc. X); **(ii)** a inviolabilidade da residência do indivíduo (inc. XI); **(iii)** o sigilo da correspondência, das comunicações telegráficas, de dados e das comunicações telefônicas (inc. XII); além **(iv)** do segredo necessariamente envolvido no exercício de determinadas profissões, como é o caso do advogado (artigos 7º, incs. II e XIX, e 34, inc. VII, da Lei nº 8.906/94), do médico (capítulo I, inc. XI, do Código de Ética Médica, aprovado pela Resolução CFM nº 1.931/09), do padre da Igreja Católica Apostólica Romana (Cânon 1388, do Código de Direito Canônico), dentre outros.

### *Sigilo bancário*

Uma das hipóteses em que esse equilíbrio se mostra sensível diz respeito ao sigilo bancário, que era regulado pelo artigo 38, da Lei nº 4.595/64, onde se exigia que as instituições financeiras conservassem em segredo as suas operações ativas e passivas e os serviços por elas prestados. Os seus §§ 5º e 6º dispunham, ainda, que os agentes fiscais somente poderiam examinar documentos, livros e registros de contas de depósitos, quando houvesse "processo" instaurado a respeito e o exame desses documentos fosse considerado indispensável.

No entender do Superior Tribunal de Justiça, a Lei nº 4.595/64 teria sido recepcionada com lei complementar em 1988, na medida em que estruturaria e regulamentaria o sistema financeiro nacional, matéria essa que, por força do artigo 192, da Constituição Federal, deveria ser tratada por aquela modalidade legislativa.

Quando a Lei nº 8.021/90 passou a prever, no seu artigo 8º, que a autoridade fiscal poderia solicitar diretamente às instituições financeiras as informações sobre operações realizadas pelo contribuinte, consolidou-se na jurisprudência daquela Corte que, de acordo com a Lei nº 4.595/64, esse tipo de solicitação demandaria processo judicial movido por parte do fisco e, pelo qual lograsse obter autorização do Poder Judiciário para superar o sigilo daquele artigo 38 (Recurso Especial nº 114.741-DF. 1ª Turma, Rel. Min. Milton Luiz Pereira, j. em 13.10.1998; Recurso Especial nº 115.063-DF. 1ª Turma, Rel. Min. Garcia Vieira, j. em 17.4.1998; Recurso Especial nº 152.455-SP. 2ª Turma, Rel. Min. Hélio Mosiman, j. em 20.11.1997; Recurso Especial nº 37.566-5-RS. 1ª Turma, Rel. Min. Demócrito Reinaldo, j. em 2.2.1994; e Recurso Ordinário em Mandado de Segurança nº 13.908-SC. 1ª Turma, Rel. Min. Francisco Falcão, j. em 4.3.2004).

Do ponto de vista formal, portanto, a flexibilização pretendida pela lei ordinária de 1990 não podia superar a maior proteção ao sigilo bancário que, no entender do Superior Tribunal de Justiça, se encontrava presente na lei materialmente complementar de 1964.

Diante dessa premissa, em 2001, o artigo 38, da Lei nº 4.595/64, foi revogado pela Lei Complementar nº 105, de cujo artigo 6º passou a constar que as autoridades e os agentes fiscais tributários, da União, dos Estados, do Distrito Federal e dos Municípios, poderiam examinar documentos, livros e registros de instituições financeiras, inclusive os referentes a contas de depósitos e aplicações financeiras, quando houvesse "procedimento administrativo" instaurado ou "procedimento fiscal em curso", e sempre que tais exames fossem considerados indispensáveis pela autoridade administrativa competente. Ficava assegurado, ainda, o sigilo do resultado desses exames, dessas informações e desses documentos.

Superada a questão formal, o tema chegou ao Plenário do Supremo Tribunal Federal, que, no Recurso Extraordinário nº 601.314-SP (Rel.

Min. Edson Fachin, j. em 24.2.2016), firmou duas teses em regime de repercussão geral (tema nº 225):

- a primeira, com relação à substância do artigo 6º, da Lei Complementar nº 105/2001, afirmando que ele "não ofende o direito ao sigilo bancário, pois realiza a igualdade em relação aos cidadãos, por meio do princípio da capacidade contributiva, bem como estabelece requisitos objetivos e o translado do dever de sigilo da esfera bancária para a fiscal"; e
- a segunda, ponderando que a aplicação desse regramento em relação a fatos geradores pretéritos "não atrai a aplicação do princípio da irretroatividade das leis tributárias, tendo em vista o caráter instrumental da norma, nos termos do artigo 144, §1º, do CTN".

Na esteira dessa segunda tese, o Superior Tribunal de Justiça também aprovou entendimento vinculante, no julgamento do seu Recurso Especial nº 1.134.665-SP (1ª Seção, Rel. Min. Luiz Fux, j. em 25.11.2009), no sentido de que (tese nº 275) "as leis tributárias procedimentais ou formais, conducentes à constituição do crédito tributário não alcançado pela decadência, são aplicáveis a fatos pretéritos, razão pela qual a Lei 8.021/90 e a Lei Complementar 105/2001, por envergarem essa natureza, legitimam a atuação fiscalizatória/investigativa da Administração Tributária, ainda que os fatos imponíveis a serem apurados lhes sejam anteriores".

Interessante observar que, apesar de a Lei Complementar nº 105/2001 ser aplicável não apenas às autoridades fiscais federais, mas também aos agentes fiscais de Estados, Distrito Federal e Municípios, o Supremo Tribunal Federal demonstrou nítida preocupação com essa abrangência e, ao tratar do exercício desse poder por esses outros entes federados, consignou que:

- tal como no caso da União, que editou regulamento para tratar da quebra do sigilo bancário (Decreto nº 3.724/2001) o mesmo precisaria ser feito por Estados, Distrito Federal e Municípios, para poderem aplicar o artigo 6º, da Lei Complementar nº 105/2001;
- o acesso de Estados, Distrito Federal e Municípios às informações bancárias do fiscalizado ficaria condicionado a uma relação de "per-

tinência temática", sendo preciso que o dado bancário tenha alguma relevância para o tributo que se pretende cobrar; e

- o decreto regulamentador estadual, distrital ou municipal, deve seguir os moldes do regulamento federal, definindo: **(i)** a sujeição do pedido de quebra do sigilo ao delegado ou à chefia do órgão de fiscalização, de modo a garantir uma segunda análise sobre a necessidade da informação bancária; **(ii)** a existência de sistemas adequados de segurança; **(iii)** o controle dos registros de acesso (para se poder responsabilizar quem pediu e quem acessou a informação bancária, no caso de eventual manipulação indevida); **(iv)** que haja a previsão de punições adequadas para quem viole o sigilo ou use abusivamente esse poder; e **(v)** que se assegurem ao contribuinte as mesmas garantias processuais preconizadas pela Lei Federal nº 9.784/99, que cuida, de maneira geral, do processo administrativo no âmbito da Administração Pública Federal.

Vale notar que, na mesma sessão em que julgou o Recurso Extraordinário nº 601.314-SP, o Supremo Tribunal também decidiu as Ações Diretas de Inconstitucionalidade nºs 2.386-DF, 2.390-DF, 2.397-DF e 2.859-DF, de relatoria do Ministro Dias Toffoli, todas elas ajuizadas contra a Lei Complementar nº 105/201.

Nesses julgamentos, foi destacada a importância dos compromissos internacionais que vêm sendo assumidos pelo Brasil no que diz respeito à transparência de informações e ao rigor no combate à manipulação internacional de lucros tributáveis (*Base Erosion and Profit Shifting* – BEPS), à prática de crimes não apenas contra a ordem tributária, mas também de ilícitos ligados à lavagem de dinheiro, à atuação de organizações criminosas e terroristas nacionais e internacionais.

Nesse contexto, vale o destaque à promulgação da Convenção Multilateral sobre Assistência Mútua Administrativa em Matéria Tributária, celebrada no âmbito da Organização para a Cooperação e o Desenvolvimento Econômico (OCDE), por meio do Decreto nº 8.842/2016, autorizando: **(i)** a troca de informações e a realização de fiscalizações tributárias simultâneas; **(ii)** a participação em fiscalizações tributárias realizadas em outros países; **(iii)** e possibilizando, a depender do caso, a prestação de assistência mútua para a recuperação de créditos tributários e multas administrativas, além da assistência à notificação de sujeitos passivos fiscalizados.

A aplicação dessa Convenção, conforme o referido decreto, limita-se ao Imposto sobre a Renda, à Contribuição Social sobre o Lucro Líquido, à contribuição ao PIS e ao PASEP, ao IPI e a qualquer outro tributo administrado pela Secretaria da Receita Federal do Brasil, com exceção de direitos aduaneiros, que eventualmente tenham como fatos geradores sucessões ou doações, propriedade imobiliária, consumo em geral, determinados bens e serviços (*excise taxes*), utilização ou propriedade de veículos a motor, utilização ou propriedade de bens móveis, e quaisquer outros tributos.

Como derivação prática, a Secretaria da Receita Federal do Brasil já implementou, por suas Instruções Normativas n^os^ 1.680/2016 e 1.681/2016, respectivamente:

- a obrigatoriedade de adoção, pelas pessoas jurídicas sujeitas à apresentação da e-Financeira (Instrução Normativa nº 1.571/2015), do Padrão de Declaração Comum (*Common Reporting Standard – CRS*) de identificação das suas contas financeiras, cujos dados poderão ser objeto de troca automática de informações com as fiscalizações tributárias de outros países; e
- a obrigatoriedade de entrega da chamada Declaração País-a-País (*Country-by-country Report*) por parte de pessoas jurídicas integrantes de grupos multinacionais, para fins de identificação dos rendimentos auferidos em cada jurisdição, dos tributos devidos e recolhidos e do detalhamento da sua estrutura operacional.

Destaque-se, ainda, a participação do Brasil – na condição de integrante do G20, mesmo não sendo um membro efetivo da OCDE – no projeto BEPS, por meio do qual se busca adotar medidas harmônicas, no âmbito internacional, para o combate à evasão e à elisão fiscal, mediante a transferência artificial de lucros para países com baixa ou nenhuma tributação.

Como resultado dessa participação, a Secretaria da Receita Federal do Brasil também implementou, por meio da sua Instrução Normativa nº 1.689/2017, procedimento de consulta específico sobre a intepretação e a aplicação da legislação tributária relativa a dois temas de alta relevância em termos de tributação internacional da renda: preços de transferência e estabelecimento permanente.

Nessa situação, a resposta à consulta do interessado será compartilhada com as administrações tributárias dos países com os quais o Brasil tenha acordo para troca de informações, e nos quais esteja domiciliado o controlador direto ou final da pessoa jurídica que a formulou, onde residam as partes relacionadas que transacionaram com o contribuinte con sulente ou, ainda, onde estejam situados a matriz e/ou o estabelecimento permanente a que se refere a consulta.

Também são dignos de menção os acordos bilaterais para troca de informações, dentre eles o celebrado com os Estados Unidos da América, para implementação do chamado FATCA (*Foreign Account Tax Compliance Act*), promulgado pelo Decreto nº 8.506/2015, prevendo o intercâmbio de informações sobre contas bancárias mantidas por residentes de um país em instituições financeiras de outro.

E, em adição a todos esses poderes, não podemos deixar de mencionar a possibilidade, conforme o artigo 200, do Código Tributário Nacional, de as autoridades fiscais requisitarem o auxílio de força policial, quando vítimas de embaraço ou desacato no exercício de suas funções, ou quando necessário à efetivação de medida prevista na legislação pertinente.

### *Sigilo fiscal*

Todo esse poder demanda, por parte dos agentes envolvidos na fiscalização, a observância do ***sigilo fiscal***, regulado no artigo 198, que proíbe a divulgação de informações obtidas pela Fazenda Pública e seus servidores a respeito da situação econômica ou financeira do sujeito passivo ou de terceiros fiscalizados, assim como sobre o estado e a natureza dos seus negócios ou atividades.

Além da responsabilidade funcional e da possibilidade de ser acionado por perdas e danos na esfera civil, o agente público que violar essa prescrição poderá incorrer no crime previsto no artigo 325, do Código Penal, que tipifica a conduta de violação de sigilo funcional, prevendo detenção de seis meses a dois anos ou multa.

Estão fora da zona da ilegalidade, no entanto: **(i)** o fornecimento de informações no âmbito de convênios ou acordos internos ou internacionais de troca de informações para a fiscalização da arrecadação dos tributos, previstos no já referido artigo 199; **(ii)** além do fornecimento de informações mediante requisição de autoridade judiciária ou de autoridade administrativa, no interesse da administração pública, desde que comprovada a instauração regular de processo administrativo para tanto.

Essa troca de informações no âmbito da administração pública, no entanto, deve ser feita mediante a entrega pessoal dos dados à autoridade solicitante, que deve emitir recibo, para formalizar a transferência e assegurar a preservação do sigilo.

O sigilo fiscal não alcança, ainda, a divulgação ao público de informações sobre **(i)** representações fiscais para fins penais, **(ii)** inscrições na Dívida Ativa e **(iii)** parcelamento ou moratória (artigo 198, § 3º, do Código Tributário Nacional).

Evidentemente, esse tipo de divulgação coloca pressão sobre o sujeito passivo considerado devedor, criando constrangimentos que poderão gerar contra ele prejuízos e danos dos mais variados, razão pela qual se deve tomar a devida cautela para que a faculdade do artigo 198, § 3º, não seja utilizada de modo abusivo.

Afinal, conforme artigo 316, § 1º, do Código Penal, configura crime de excesso de exação não apenas a exigência de tributo ou contribuição social que o agente público sabe ou deveria saber indevido, assim também o emprego, na sua cobrança, de meio vexatório ou gravoso que a lei não autoriza.

Desse modo, é questionável a licitude da divulgação ao público da existência de representações fiscais para fins penais, não obstante a aparente autorização do artigo 198, § 3º, inc. I, quando o suposto débito fiscal que dá sustento à representação ainda se encontrar em revisão na esfera administrativa ou com a sua exigibilidade suspensa, em especial mediante decisão judicial que ponha em dúvida a sua higidez.

O mesmo pode ocorrer em relação à divulgação da existência de representação fiscal para fins penais, quando o débito se encontrar suspenso em razão de parcelamento formulado pelo sujeito passivo e concedido pela autoridade fiscal. Se ocorrer essa hipótese, que se divulgue informação a respeito da existência do parcelamento em vigor (artigo 198, § 3º, inc. III), mas não sobre a representação para fins penais, na medida em que o parcelamento impediria a própria representação, conforme reconhece, no âmbito dos tributos federais, o artigo 83, da Lei nº 9.430/96.

Esse tema nos leva, isto posto, à questão da impossibilidade do uso de ***sanções políticas*** como forma de coagir o sujeito passivo ao pagamento do crédito fiscal exigido pelo Fisco.

Como já comentamos anteriormente, a jurisprudência do Supremo Tribunal Federal é bastante consolidada no sentido de que, ressalvadas raríssimas exceções, as tais sanções políticas não podem ser utilizadas como forma de coagir o sujeito passivo ao pagamento do tributo. Afinal, como regra, o Poder Público deve lançar mão dos mecanismos próprios para exigir o pagamento do crédito tributário, notadamente a sua inscrição em dívida ativa, a sua cobrança judicial mediante execução fiscal e, se ainda quiser, o protesto da certidão de dívida ativa, conforme autorizado no artigo 1º, parágrafo único, da Lei nº 9.492/97.

Como exemplo de sanções rechaçadas pelo Supremo Tribunal Federal, podem ser mencionadas: **(i)** a retenção de mercadorias (súmula nº 323 e Agravo Regimental no Recurso Extraordinário nº 633.239-RS. 2ª Turma, Rel. Min. Joaquim Barbosa, j. em 22.3.2011), a não ser quando necessário à própria verificação da correção do pagamento do tributo (Ação Direta de Inconstitucionalidade nº 395-SP. Pleno, Rel. Min. Cármen Lúcia, j. em 17.5.2007); **(ii)** a não concessão de autorização para emissão de documento fiscal (Recurso Extraordinário nº 413.782-SC. Pleno, Rel. Min. Marco Aurélio, j. em 17.3.2005; e Agravo Regimental no Recurso Extraordinário nº 917.191-SP. 1ª Turma, Rel. Min. Roberto Barroso, j. em 28.6.2016) ou o seu condicionamento à prestação de algum tipo de garantia (Recurso Extraordinário nº 565.048-RS. Pleno, Rel. Min. Marco Aurélio, j. em 29.5.2015); **(iii)** a interdição de estabelecimento (súmula nº 70); **(iv)** a proibição de aquisição de estampilhas, despacho aduaneiro de mercadorias e exercício de atividades profissionais (súmula nº 547); **(v)** a exigência de certidão negativa de débitos fiscais para o registro de atos societários perante junta comercial ou registro civil das pessoas jurídicas (Agravo Regimental no Recurso Extraordinário nº 709.744-SP. 1ª Turma, Rel. Min. Luiz Fux, j. em 19.5.2017); e, ainda, **(vi)** a já referida exigência de certidão negativa para a lavratura de atos registrais relativos a transações imobiliárias (Agravo Regimental no Recurso Extraordinário nº 1.014.148-SC. 1ª Turma, Rel. Min. Luiz Fux, j. em 12.5.2017).

De outro lado, chama a atenção a excepcional autorização do Supremo para a interdição de estabelecimentos fabricantes de cigarros (Recurso Extraordinário nº 550.769-RJ. Pleno, Rel. Min. Joaquim Barbosa, j. em 22.5.2013), entendendo como legítima a previsão constante do Decreto-Lei nº 1.593/77, sob o argumento de que não se caracterizaria a sanção política quando: **(i)** o valor dos créditos tributários em aberto for relevante; **(ii)** houver razoável e proporcional respeito ao devido processo legal no controle da aplicação da penalidade; e **(iii)** houver razoável e proporcional respeito ao devido processo legal no controle de validade do lançamento dos créditos tributários cujo não pagamento puder resultar na cassação do registro especial do fabricante.

Também é digno de registro o próprio protesto de certidões de dívida ativa, considerado constitucionalmente válido mesmo antes da alteração da Lei nº 9.492/97, pela Lei nº 12.767/2012 (Ação Direta de Inconstitucionalidade nº 5.135-DF. Pleno, Rel. Min. Roberto Barroso, j. em 9.11.2016).

A jurisprudência do Supremo não vê nenhum tipo de inconstitucionalidade na fiscalização mais rigorosa de contribuintes com histórico de descumprimento contumaz de suas obrigações tributárias, o que não violaria os princípios da isonomia, do livre exercício de atividade profissional, da livre iniciativa e da livre concorrência, nem obstaria o desempenho da livre atividade econômica (Agravo Regimental no Recurso Extraordinário nº 837.436-RS. 2ª Turma, Rel. Min. Dias Toffoli, j. em 15.3.2016).

Também há manifestações dos Tribunais Superiores autorizando a inscrição do nome do sujeito passivo devedor no chamado cadastro informativo de créditos não quitados do setor público federal (Cadin), instituído pela Lei nº 10.522/2002, que tem por efeitos práticos impossibilitar: **(i)** a realização de operações de crédito que envolvam a utilização de recursos públicos; **(ii)** a concessão de incentivos fiscais e financeiros; e **(iii)** a celebração de convênios, acordos, ajustes ou contratos que envolvam desembolso, a qualquer título, de recursos públicos, e respectivos aditamentos.

Sobre essa temática, as polêmicas registradas nos Tribunais Superiores dizem respeito: **(i)** à necessidade de notificação prévia ao devedor antes da sua inclusão no Cadin, nos termos do artigo 7º, da Lei nº10.522/2002 (Recurso Especial nº 1.238.650/MG. 1ª Turma, Rel. Min. Benedito Gonçalves, DJe de 29.6.2012); **(ii)** à dispensa dessa notificação, no caso de reativação da inscrição (Recurso Especial nº 1.470.539-PR. 2ª Turma, Rel. Min. Mauro Campbell Marques, j. em 11.11.2014); **(iii)** à possibilidade de inscrição no Cadin, mesmo quando o sujeito passivo ajuíza medida cautelar de antecipação de garantia de execução fiscal, salvo no caso de depósito em dinheiro (Recurso Especial nº 1.307.961-MT. 2ª Turma, Rel. Min. Mauro Campbell Marques, j. em 4.9.2012; Recurso Especial nº 1.232.447-SC. 2ª Turma, Rel. Min. Mauro Campbell Marques, j. em 22.2.2011; Embargos de Divergência no Recurso Especial nº 1.002.798-SP. 1ª Seção, Rel. Min. Eliana Calmon, j. em 12.8.2009; e Recurso Especial nº 633.805-RS. 1ª Turma. Rel. Min. Denise Arruda, j. em 3.2.2005); **(iv)** à possibilidade ou não de suspensão da inscrição no Cadin, apenas em razão da existência de discussão judicial a respeito do débito pendente (Recurso Especial nº 853.441-PE. 2ª Turma, Rel. Min. Humberto Martins, j. em 21.5.2009; Medida Cautelar na Ação Cautelar nº 1.620-SP. Pleno, Rel. Min. Joaquim Barbosa, j. em 25.6.2008; Medida Cautelar na Ação Cautelar nº 259. Pleno, Rel. Min. Marco Aurélio, DJ de 3.12.2004; Questão de Ordem na Ação Cautelar nº 266. Pleno, Rel. Min. Celso de Mello, DJ de 28.10.2004; e Agravo Regimental na Questão de Ordem na Ação Cautelar nº 1.033. Pleno, Rel. Min. Celso de Mello, DJ de 16.6.2006); **(v)** à impossibilidade de suspensão da inscrição no Cadin, em razão da suspensão da execução fiscal, para possibilitar a aferição da exatidão do pagamento do tributo alegado pelo sujeito passivo (Recurso Especial nº 980.732-SP. 1ª Turma. Rel. Min. Luiz Fux, j. em 2.12.2008); e **(vi)** à necessidade de suspensão da inscrição no Cadin, se houver incerteza quanto à liquidez e à certeza do débito inscrito em dívida ativa (Recurso Especial nº 979.617-SP. 2ª Turma. Rel. Min. Eliana Calmon, j. em 12.8.2008; e Recurso Especial nº 1.049.941-SP. 2ª Turma. Rel. Min. Carlos Fernando Mathias, j. em 3.6.2008).

Diante da ameaça de uso abusivo desses instrumentos de pressão sobre o sujeito passivo fiscalizado, muito se discute sobre a criação de medidas protetivas adicionais às do Código Tributário Nacional, mediante a instituição de um "estatuto de defesa" do contribuinte.

A exemplo do que ocorre em outros países – cite-se o caso da Espanha (seções 3 e 4, da *Ley General Tributaria* nº 58/2003) – há projetos (PLS 649/99, PLS 298/2011, PLS 319/2011, PLP 319/2011, PL 2577/2011, PLP 27 e 38/2007, PL 6439/2005 e PLP 231/2005) para se aprovar no Brasil um estatuto abrangente de normas sobre direitos e garantias aplicáveis à relação entre o contribuinte e a administração fazendária.

Apesar dessas tentativas frustradas no âmbito nacional, há casos bem-sucedidos em outras esferas da federação, como ocorre no Estado de São Paulo, onde a Lei Complementar Estadual nº 939/2003 instituiu um código de direitos, garantias e obrigações do contribuinte, firmando como objetivos: **(i)** promover o bom relacionamento entre o fisco e o contribuinte, baseado na cooperação, no respeito mútuo e na parceria, visando a fornecer ao Estado os recursos necessários ao cumprimento de suas atribuições; **(ii)** proteger o contribuinte contra o exercício abusivo do poder de fiscalizar, de lançar e de cobrar tributo instituído em lei; **(iii)** assegurar a ampla defesa dos direitos do contribuinte no âmbito do processo administrativo-fiscal em que tiver legítimo interesse; **(iv)** prevenir e reparar os danos decorrentes de abuso de poder por parte do Estado na fiscalização, no lançamento e na cobrança de tributos de sua competência; **(v)** assegurar a adequada e eficaz prestação de serviços gratuitos de orientação aos contribuintes; **(vi)** assegurar uma forma lícita de apuração, declaração e recolhimento de tributos previstos em lei, bem como a manutenção e apresentação de bens, mercadorias, livros, documentos, impressos, papéis, programas de computador ou arquivos eletrônicos a eles relativos; e **(vii)** assegurar o regular exercício da fiscalização.

A legislação paulista criou, inclusive, o Conselho Estadual de Defesa do Contribuinte – CODECON, órgão de composição paritária, integrado por representantes do Poder Público e de entidades empresariais e de classe, cujas atribuições incluem: **(i)** planejar, elaborar, propor, coordenar e executar a política estadual de proteção ao contribuinte, receber; **(ii)** analisar e dar seguimento a reclamações encaminhadas por contribuinte; **(iii)** receber, analisar e responder consultas ou sugestões encaminhadas por contribuinte; **(iv)** prestar orientação permanente ao contribuinte sobre os seus direitos e garantias; **(v)** informar, conscientizar e motivar o contribuinte, através dos meios de comunicação; e **(vi)** orientar sobre procedimentos para apuração de faltas contra o contribuinte.

Dentre as garantias asseguradas por esse tipo de legislação, muitas delas, como dito, são complementares ao Código Tributário Nacional, em especial ao seu artigo 196, que exige da autoridade administrativa que proceder ou presidir qualquer diligência de fiscalização, a obrigação de lavrar termos para que fique devidamente documentado o início do procedimento de fiscalização, fixando prazo para a sua conclusão.

Conforme o seu parágrafo único, o artigo 196 também demanda que, sempre que possível, esses termos sejam lavrados em livros fiscais de escrituração obrigatória por parte do contribuinte (dentre eles, volte-se a mencionar o livro modelo 6, existente justamente para o registro de utilização de documentos fiscais e termos de ocorrências).

Dada a legislação pertinente à Infraestrutura de Chaves Públicas Brasileira (ICP-Brasil), os procedimentos formais de comunicação e documentação dos atos praticados entre a administração fazendária e os contribuintes vêm evoluindo a largos passos para a total digitalização, sendo usual o emprego de meios informáticos para a troca de informações e, inclusive, para a formalização do início e do fim de fiscalizações.

Ainda assim, chame-se a atenção para a questão do prazo para a conclusão das auditorias fiscais, o que precisa ser estabelecido, conforme artigo 196, inclusive para que o contribuinte possa ver reaberta a possibilidade de autorregularização das suas faltas, mediante procedimento de denúncia espontânea, instituto esse já examinado.

Reforçando essa ideia é que, voltando a mencionar o código de direitos, garantias e obrigações do contribuinte paulista, o seu artigo 5º, inc. VII, prevê um prazo geral de 90 (noventa) dias para a conclusão de fiscalizações no Estado de São Paulo, o qual pode ser prorrogado por apenas mais 90 (noventa), desde que mediante requisição fundamentada por parte do auditor fiscal. Superado esse limite, considera-se como automaticamente reestabelecida a espontaneidade do contribuinte, podendo ele sanar a suas eventuais irregularidades sem a aplicação de multas, nos termos do artigo 138, do Código Tributário Nacional.

Lembre-se também da popularização dos já mencionados programas de conformidade fiscal – e dos cadastros positivos de contribuintes – que vêm sendo criados pelos entes tributantes, com o propósito de ampliar a oportunidade de autorregularização pelo sujeito passivo auditado, sem a aplicação de multas ou outras sanções, desde que o seu histórico de cumprimento de obrigações tributárias principais e acessórias seja favorável.

Além da possibilidade ampliada de autorregularização (em hipóteses que não estariam alcançadas pela denúncia espontânea, tal como regulada pelo artigo 138), há programas de conformidade fiscal que asseguram ainda outros benefícios.

Novamente no caso de São Paulo, a sua Lei Complementar nº 1.320/2018 garante ao contribuinte bem avaliado: **(i)** a possibilidade de autorização para a apropriação de crédito acumulado do ICMS mediante procedimento simplificado; **(ii)** o acesso a procedimento simplificado também para pedidos de restituição, transferência de créditos acumulados para interdependentes e restituição de ICMS; **(iii)** a possibilidade de pagamento de ICMS por antecipação ou importação mediante conta gráfica; e **(iv)** a renovação de regimes especiais mediante procedimento simplificado.

Do outro lado, os contribuintes que vierem a ser classificados como "devedores contumazes", poderão acabar sujeitos a procedimentos especiais e mais rigorosos de fiscalização, incluindo: **(i)** a obrigatoriedade de fornecimento periódico de informações ao Fisco; **(ii)** a alteração do período de apuração, do prazo e da forma de recolhimento do ICMS; **(iii)** o plantão permanente de agente fiscal para auditar a sua operação; e **(iv)** a centralização de apuração do imposto; dentre outras.

## Exigibilidade, garantias e preferências do crédito tributário

Uma vez constituído, o crédito passa a ser plenamente exigível do sujeito passivo, que, se não efetuar voluntariamente o seu pagamento, poderá ser forçado judicialmente a fazê-lo.

Para tanto, o sujeito ativo deverá inscrever o débito na dívida ativa (artigos 201 e 202, do Código Tributário Nacional) e emitir a chamada "certidão de dívida ativa" (CDA), que vale como título executivo extrajudicial que fundamentará o ajuizamento da ação própria para a sua cobrança (execução fiscal).

Além das garantias atribuídas pelo Código Tributário Nacional, o crédito tributário pode ser objeto de privilégios adicionais, previstos em legislação específica, como é o caso da já referida possibilidade de protesto da CDA, autorizada pelo artigo 1º, parágrafo único, da Lei nº 9.492/1997, além da inscrição do sujeito passivo no cadastro informativo de créditos não quitados com o setor público (Cadin). Vale mencionar, ainda, a decretação do arrolamento de bens do sujeito passivo, relativamente a tributos federais, e o procedimento cautelar fiscal, também chamado de medida cautelar fiscal.

A inscrição no Cadin, conforme mencionado acima, vem sendo aceita pelos Tribunais Superiores, que nela reconhecem um meio legítimo para forçar o sujeito passivo ao pagamento do débito tributário em aberto. Afinal, havendo o seu registro em tal cadastro, não poderá ele: **(i)** realizar operações de crédito que envolvam a utilização de recursos públicos; **(ii)** beneficiar-se de incentivos fiscais e financeiros; e **(iii)** celebrar de convênios, acordos, ajustes ou contratos que envolvam desembolso, a qualquer título, de recursos públicos, e respectivos aditamentos.

### *Arrolamento de bens*

O ***arrolamento de bens***, previsto nos artigos 64 a 65, da Lei nº 9.532/97, constitui um regime de controle sobre a transferência, a alienação e a oneração de bens do sujeito passivo, contra o qual penderem créditos tributários em montante superior a 30 % (trinta por cento) do seu patrimônio conhecido.

Verificada essa situação e decretado o arrolamento, o contribuinte estará obrigado a comunicar o órgão fazendário federal sempre que realizar qualquer um daqueles atos de transferência, alienação ou oneração dos seus bens, com o objetivo de assim impedir que ocorra a dilapidação ou o desvio do seu patrimônio, em prejuízo à satisfação do crédito tributário.

O arrolamento formaliza-se mediante registro junto ao órgão competente pelo registro ou controle dos bens de titularidade do sujeito passivo, tais como os ofícios de registros de imóveis, os departamentos de trânsito (veículos), as agências reguladoras e, residualmente, mediante a lavratura de termo em cartório de títulos e documentos.

### *Cautelar fiscal*

Realizado esse controle, o sujeito passivo poderá ser, ainda, objeto de procedimento ***cautelar fiscal***, caso se verifique o risco efetivo de dilapidação ou transferência do seu patrimônio, que possa levá-lo ao estado de insolvência e à impossibilidade de fazer frente aos seus débitos fiscais.

Para tanto, a Lei nº 8.397/92 prevê a possibilidade de a União, o Estado, o Distrito Federal ou o Município, ingressarem com ação judicial específica, cujo objetivo é promover a efetiva indisponibilidade dos bens do sujeito passivo, até o limite necessário à satisfação da sua obrigação tributária.

E isso quando forem verificadas as seguintes situações: **(i)** o sujeito passivo, sem domicílio certo, intenta ausentar-se ou alienar bens que possui ou deixa de pagar a obrigação no prazo fixado; **(ii)** o sujeito passivo, tendo domicílio certo, ausenta-se ou tenta se ausentar, visando a elidir o adimplemento da obrigação; **(iii)** o sujeito passivo, caindo em insolvência, aliena ou tenta alienar bens; **(iv)** o sujeito passivo contrai ou tenta contrair dívidas que comprometam a liquidez do seu patrimônio; **(v)** o sujeito passivo é notificado pela Fazenda Pública para proceder ao recolhimento do crédito fiscal, mas deixa de pagá-lo no prazo legal, salvo se suspensa sua exigibilidade, e põe ou tenta pôr os seus bens em nome de terceiros; **(vi)** o sujeito passivo possui débitos, inscritos ou não em Dívida Ativa, que somados ultrapassem 30% (trinta por cento) do seu patrimônio conhecido e, nesse contexto, realiza ato que possa comprometer o respectivo pagamento, em especial aliena bens ou direitos sem proceder à devida comunicação ao órgão da Fazenda Pública competente, quando exigível em virtude de arrolamento de bens; **(vii)** o sujeito passivo tem sua inscrição no cadastro de contribuintes declarada inapta, pelo órgão fazendário; ou, enfim, **(viii)** pratica outros atos que dificultem ou impeçam a satisfação do crédito.

Tudo isso busca dar efetividade à norma do artigo 184, do Código Tributário Nacional, segundo a qual a totalidade dos bens e das rendas do sujeito passivo, qualquer que seja a sua origem ou a sua natureza, responde pelo pagamento do crédito tributário. Respondem os bens ainda que gravados por ônus real ou cláusula de inalienabilidade ou impenhorabilidade, independentemente da sua data de constituição, excepcionados apenas as rendas e os bens que a lei declare absolutamente impenhoráveis.

Esse é o caso do chamado bem de família – regulado pela Lei nº 8.009/90 – que não responde por dívidas fiscais, exceto se relacionadas ao próprio IPTU, a taxas ou contribuições devidas em função do próprio imóvel.

Outras hipóteses de impenhorabilidade podem ser encontradas no artigo 833, do Código de Processo Civil, que relaciona itens como: **(i)** os vestuários e os pertences de uso pessoal do executado, salvo se de elevado valor; **(ii)** os vencimentos, os subsídios, os soldos, os salários, as remunerações, os proventos de aposentadoria, as pensões, os pecúlios e os montepios, bem como as quantias recebidas por liberalidade de terceiro e destinadas ao sustento do devedor e de sua família, os ganhos de trabalhador autônomo e os honorários de profissional liberal; **(iii)** os livros, as máquinas, as ferramentas, os utensílios, os instrumentos ou outros bens móveis necessários ou úteis ao exercício da profissão do executado; **(iv)** o seguro de vida; e **(v)** a quantia depositada em caderneta de poupança, até o limite de 40 (quarenta) salários-mínimos; dentre outros.

O artigo 185, do Código Tributário Nacional, presume fraudulenta a alienação ou oneração de bens ou rendas, ou o seu começo, pelo sujeito passivo que se encontrar em débito para com a Fazenda Pública, por crédito tributário regularmente inscrito em dívida ativa.

Destaque-se que, antes da redação dada a esse dispositivo, no ano de 2005, pela Lei Complementar nº 118, a presunção de alienação fraudulenta demandava que fosse o sujeito passivo "citado" da existência da execução fiscal antes do ato de dilapidação patrimonial, o que dava margem à evasão de devedores em relação às suas obrigações.

Com base na redação dada em 2005, segundo decidido pelo Superior Tribunal de Justiça (tema nº 290, aprovado no julgamento do Recurso Especial nº 1.141.990-PR. 1ª Seção, Rel. Min. Napoleão Nunes Maia Filho, j. em 10.11.2010): **(i)** a natureza jurídica tributária do crédito conduz a que a simples alienação ou oneração de bens ou rendas, ou seu começo, pelo sujeito passivo por quantia inscrita em dívida ativa, sem a reserva de meios para quitação do débito, gera presunção absoluta de fraude à execução; **(ii)** a alienação engendrada até 8.6.2005 exige que tenha havido prévia citação no processo judicial para caracterizar a fraude de execução; **(iii)** se o ato translativo for praticado a partir de 9.6.2005, data de início da vigência da Lei Complementar nº 118/2005, basta a efetivação da inscrição em dívida ativa para a configuração da figura da fraude; e **(iv)** a fraude de execução prevista no artigo 185, do Código Tributário Nacional, encerra presunção *jure et de jure*, independendo do intuito fraudulento ou não do sujeito passivo.

Não se aplica essa presunção, como ressalva o próprio artigo 185, parágrafo único, se o sujeito passivo, apesar do ato de alienação realizado já quando inscrito o débito em dívida ativa, houver reservado bens ou rendas suficientes no seu patrimônio para fazer frente ao pagamento total da dívida inscrita. Nessa situação, a presunção de fraude não se aplica.

### *Indisponibilidade de bens e direitos*

A Lei Complementar nº 118 também adicionou o artigo 185-A, ao Código Tributário Nacional, autorizando o juiz de direito a decretar a ***indisponibilidade de bens e direitos*** do devedor tributário, quando preenchidas as seguintes condições: (i) devidamente citado na ação de execução fiscal, o devedor não paga o débito, nem apresenta bens à penhora no prazo legal; e (ii) não são encontrados bens penhoráveis.

Caso decretada a indisponibilidade, compete ao juiz de direito comunicar a sua decisão, preferencialmente por meio eletrônico, aos órgãos e entidades que promovem registros de transferências de bens, especialmente ao registro público de imóveis e às autoridades supervisoras do mercado bancário e do mercado de capitais, a fim de que, no âmbito de suas competências, cumpram a sua decisão e impeçam a prática de atos de disponibilidade dos bens e direitos por parte do devedor atingido pela medida.

A indisponibilidade, no entanto, estará sempre limitada ao valor total exigível.

Como se vê, a medida inserida no artigo 185-A se difere do arrolamento administrativo de bens e da medida cautelar fiscal, na medida em que: **(i)** o arrolamento não impede que o devedor disponha dos bens e direitos de sua titularidade, exigindo-lhe apenas que comunique às autoridades fiscais qualquer ato de disposição; **(ii)** já a medida cautelar fiscal antecede à própria cobrança judicial da dívida, podendo ser requerida a qualquer momento, quando verificadas as hipóteses específicas tratadas na Lei nº 8.397/92, a evidenciar a grande probabilidade de dilapidação ou esvaziamento patrimonial do devedor.

### *Falência e recuperação judicial*

Além dessas garantias, o crédito tributário também goza de importantes preferências, que lhe são outorgadas nos artigos 186 a 193, do Código Tributário Nacional. A primeira delas é a preferência do crédito tributário "a qualquer outro, seja qual for sua natureza ou o tempo de sua constituição", ressalvados os créditos decorrentes da legislação do trabalho ou do acidente do trabalho.

O parágrafo único, do artigo 186, complementa que, no caso de falência: **(i)** o crédito tributário não prefere aos créditos extraconcursais ou às importâncias passíveis de restituição, nos termos da lei falimentar, nem aos créditos com garantia real, no limite do valor do bem gravado; **(ii)** a lei poderá estabelecer limites e condições para a preferência dos créditos decorrentes da legislação do trabalho; e **(iii)** a multa tributária preferirá apenas aos créditos subordinados.

Conjugando essas regras com aquelas extraídas da Lei nº 11.101/2005 (em especial artigos 83 e 84), temos que os créditos tributários se encontram em *terceiro lugar* na classificação dos créditos na falência, e que, antes deles, estão: **(i)** os créditos trabalhistas, limitados a 150 (cento e cinquenta) salários-mínimos por credor, e os decorrentes de acidentes de trabalho; e **(ii)** os créditos com garantia real, até o limite do valor do bem gravado.

Posteriormente ao crédito tributário, virão os créditos com algum privilégio especial outorgado por lei, os créditos com privilégios gerais e, finalmente, os chamados créditos quirografários. Nos últimos lugares da ordem de preferência no processo de falência, teremos as multas contratuais e as penas pecuniárias por infração às leis penais ou administrativas, inclusive as multas tributárias. E, derradeiramente, os créditos subordinados, incluindo-se aí os créditos dos sócios e dos administradores sem vínculo empregatício.

Conforme define a lei falimentar, consideram-se créditos extraconcursais e, por esse motivo, com preferência sobre todos os demais: **(i)** as remunerações devidas ao administrador judicial e seus auxiliares, e créditos derivados da legislação do trabalho ou decorrentes de acidentes de trabalho relativos a serviços prestados após a decretação da falência; **(ii)** as quantias fornecidas à massa pelos credores; **(iii)** as despesas com arrecadação, administração, realização do ativo e distribuição do seu produto, bem como as custas do processo de falência; **(iv)** as custas judiciais relativas às ações e execuções em que a massa falida tenha sido vencida; e **(v)** as obrigações resultantes de atos jurídicos válidos praticados durante a recuperação judicial ou após a decretação da falência, e tributos relativos a fatos geradores ocorridos após a decretação da falência. Essa última hipótese de preferência extraconcursal é assegurada também pelo artigo 188, do Código Tributário Nacional, na redação que lhe foi dada pela Lei Complementar nº 118/2005.

Dentre os próprios créditos tributários, portanto, aqueles referidos nos itens **(iv)** e **(v)** do parágrafo anterior preferem a todos os demais, porque a sua natureza é extraconcursal, ou seja, devem ser pagos antes de todos os demais que concorrerão entre si para a satisfação dos credores da pessoa jurídica falida.

Em suma:

| | |
|---|---|
| **Créditos tributários extraconcursais** | • as custas judiciais relativas às ações e execuções em que a massa falida tenha sido vencida<br>• os tributos relativos a fatos geradores ocorridos após a decretação da falência |
| **Créditos tributários concursais** | • estão em 3º lugar na ordem de preferência, após: **(i)** os créditos trabalhistas, limitados a 150 (cento e cinquenta) salários mínimos, e os decorrentes de acidente de trabalho; e **(ii)** os créditos com garantia real, até o limite do valor do bem gravado<br>• as multas tributárias estão em 7º lugar, devendo ser pagas no processo de falência somente após os créditos quirografários |

Apesar do seu posicionamento na ordem dos créditos exigidos em falência, a cobrança judicial da dívida fiscal é realizada autonomamente, por meio de execução fiscal, não necessitando ser feita em concurso de credores ou habilitação em processo de falência, recuperação judicial, inventário ou arrolamento, conforme prescreve o artigo 187, do Código Tributário Nacional.

Processualmente, no entanto, ainda que a execução fiscal possa ter a sua tramitação independente, é necessário que o produto obtido em tal processo de cobrança seja remetido ao Juízo da falência, a fim de que, ali, conforme a classificação dos créditos exigidos da massa falida, proceda-se à satisfação dos credores de acordo com a ordem de preferência legal, acima examinada.

Nesse sentido, o artigo 6º, § 7º, da Lei nº 11.101/2005, reforça que, mesmo diante da decretação da falência, as execuções fiscais manterão o seu curso, não devendo ser suspensas em razão do deferimento da recuperação judicial e, nos termos do artigo 187, do processo de falência. O artigo 188, §§ 1º e 2º, do Código Tributário Nacional, assegura ainda que, no caso de ser contestado o crédito tributário, as partes deverão resolver o tema no processo competente, cabendo apenas reservar na falência ou recuperação judicial valores suficientes para a extinção total do crédito exigido.

Não obstante a autonomia e independência das execuções fiscais, se houver concorrência entre créditos tributários de titularidade de diferentes entes públicos: **(i)** os de titularidade da União preferirão a todos os demais; **(ii)** em segundo lugar, os créditos de Estados, Distrito Federal e Territórios terão igual preferência, devendo ser eventualmente proporcionalizados *pro rata*; e por último, **(iii)** virão os créditos tributários municipais, igualmente rateados nas suas proporções. É o que determina o artigo 187, parágrafo único, do Código Tributário Nacional.

### *Inventário e partilha*

Em relação a processos de inventário ou arrolamento de bens, no caso de sucessão hereditária, os créditos tributários têm preferência sobre todos os demais, conforme artigo 189, do Código Tributário Nacional.

Embora a legislação brasileira assegure que é impossível herdar dívidas fiscais, é certo que não se poderá herdar qualquer bem ou direito se o *de cujus* for devedor tributário em montante superior ao patrimônio deixado ao final de sua vida.

Para se assegurar que a regra seja respeitada, nenhuma sentença de julgamento de partilha ou adjudicação será proferida sem prova de quitação de todos os tributos relativos aos bens do espólio ou às suas rendas, conforme exige o artigo 192.

### *Liquidação da pessoa jurídica*

No caso de liquidação judicial ou voluntária de pessoa jurídica, o artigo 190 determina que os créditos tributários serão pagos também preferencialmente a quaisquer outros, sejam esses créditos tributários vencidos ou vincendos. Para tanto, a formalização da extinção igualmente exigirá prova de quitação de todos os tributos, de acordo com o artigo 191.

Similarmente, a concessão de recuperação judicial dependerá da apresentação de prova de quitação de tributos, conforme artigo 191-A, de tal sorte que o equacionamento das dívidas fiscais da pessoa jurídica é pressuposto à aprovação de um plano judicial de recuperação, como reforçam os artigos 52 e 57, da Lei nº 11.101/2005.

De certa forma, essa regra balanceia a norma do artigo 155-A, § 3º, do mesmo Código Tributário Nacional, que, como veremos oportunamente, faz referência à possibilidade de lei específica dispor sobre as condições de parcelamento de débitos fiscais no contexto da recuperação judicial (o que, no âmbito da Fazenda Nacional, é regulado pelo artigo 10-A, da Lei nº 10.522/2002).

## Certidão negativa de débitos fiscais

Ao tratar ainda das preferências do crédito tributário, o artigo 193, do Código Tributário Nacional, estabelece que nenhum departamento da administração pública federal, estadual, distrital ou municipal, assim como nenhuma de suas autarquias, poderá celebrar contrato ou aceitar proposta em concorrência pública, sem que o contratante ou proponente faça prova da quitação de todos os tributos devidos à Fazenda Pública interessada, relativos à atividade objeto do contrato ou da concorrência.

Portanto, conforme artigos 191-A e 193, a comprovação de quitação de débitos tributários é condição necessária: **(i)** à concessão de recuperação judicial, como reforça o artigo 57, da Lei nº 11.101/2005; e **(ii)** à habilitação em processo licitatório e à contratação com a administração pública direta e indireta, como também afirmam os artigos 27, inc. IV, c/c artigo 29, incs. III e IV, da Lei nº 8.666/93.

Daí se percebe a importância prática, no sistema desenhado pelo Código Tributário Nacional, da chamada certidão negativa de débitos fiscais (CND), documento oficial para comprovação da tal quitação dos tributos devidos pelo sujeito passivo, segundo o artigo 205.

Esse documento deve ser emitido a requerimento do interessado, no prazo máximo de 10 (dez) dias, devendo conter informações necessárias à identificação da pessoa, do seu domicílio fiscal, do seu ramo de negócio ou atividade e do período abrangido pela comprovação da quitação do pagamento dos tributos pertinentes.

Conforme artigo 207, deverá ser dispensada a prova de quitação de tributos, mediante CND, quando se tratar da prática de ato indispensável para evitar a caducidade do direito. Nesse caso, como já vimos, todos os participantes no ato praticado sem certidão responderão não somente pelo tributo devido, como também por juros de mora e penalidades, exceto por penalidades relativas a infrações de responsabilidade pessoal do infrator.

A certidão negativa de débitos fiscais poderá ser sempre substituída pela chamada certidão positiva, com efeitos de negativa, referida no artigo 206, do Código Tributário Nacional, que será emitida quando constarem: **(i)** débitos não vencidos em nome do interessado; **(ii)** débitos em cobrança executiva garantida mediante penhora; ou, finalmente, **(iii)** débitos cuja exigibilidade esteja suspensa.

Daí a enorme relevância das causas de suspensão da exigibilidade do crédito tributário, previstas no artigo 151, do Código Tributário Nacional, cujos conteúdos e alcance passamos a examinar.

### Suspensão do crédito tributário

Uma vez constituído o crédito tributário, a sua exigibilidade poderá ser suspensa mediante a ocorrência dos seguintes eventos: **(i)** moratória; **(ii)** depósito do seu montante integral; **(iii)** apresentação de reclamação ou recurso, pelo sujeito passivo, nos termos das leis reguladoras do processo tributário administrativo; **(iv)** concessão de medida liminar em mandado de segurança; **(v)** concessão de medida liminar ou de tutela antecipada, em outras espécies de ação judicial; e **(vi)** parcelamento.

A primeira questão a analisar é o que significa ter a exigibilidade suspensa.

A exigibilidade do crédito tributário é uma qualidade necessária à sua cobrança judicial, mediante execução fiscal, o que deve ser antecedido por sua inscrição em dívida ativa, para a constituição do respectivo título executivo extrajudicial (CDA).

A CDA, como autoriza o artigo 1º, parágrafo único, da Lei nº 9.492/97, pode ser protestada. O sujeito passivo titular de débito em aberto com a Fazenda Pública, pode ter o seu nome inscrito no Cadin, o que lhe impedirá de realizar operações de crédito com recursos públicos, gozar de incentivos fiscais e financeiros, assim como celebrar convênios, acordos, ajustes ou contratos que envolvam desembolso, a qualquer título, de recursos públicos, e respectivos aditamentos.

E, uma vez exigível o crédito tributário, o sujeito passivo não conseguirá obter a sua CND, o que igualmente resultará em limitações às suas atividades da vida civil, dentre elas a participação em licitações e a contratação com o Poder Público.

Todas essas situações, portanto, em algum grau manifestam a exigibilidade do crédito tributário, sendo possível dizer que se traduzem em atos concretos de exercício dessa qualidade atribuída ao objeto da obrigação tributária.

Por isso é que, no julgamento do tema nº 271, o Superior Tribunal de Justiça (Recurso Especial nº 1.140.956-SP. 1ª Seção, Rel. Min. Luiz Fux, j. em 15.10.2009) decidiu que a suspensão da exigibilidade do crédito tributário impede não só o ajuizamento da execução fiscal (*exigibilidade-execução*), como também a lavratura do auto de infração (*exigibilidade-autuação*) e a inscrição em dívida ativa (*exigibilidade-inscrição*), na medida em que todos esses eventos materializam a exigência do crédito fiscal.

Em relação à execução fiscal, no julgamento do tema nº 365 (Recurso Especial nº 957.509-RS. 1ª Seção, Rel. Min. Luiz Fux, j. em 5.3.2010), o Superior Tribunal de Justiça afirmou também que "a suspensão da exigibilidade do crédito tributário, perfectibilizada após a propositura da ação, ostenta o condão somente de obstar o curso do feito executivo e não de extingui-lo".

Afirmar que a suspensão da exigibilidade alcançaria a própria possibilidade de lavratura do auto de infração, impedindo o lançamento de ofício, parece ser uma contradição em termos, portanto: **(i)** não poderá haver suspensão do que ainda sequer foi constituído; **(ii)** o lançamento do crédito tributário é pressuposto evidente à sua própria exigibilidade; e **(iii)** sem ele, não há crédito tributário, não há o que ser exigido e, portanto, não há exigibilidade a ser suspensa.

Vale também recapitular a forma como aquele mesmo Superior Tribunal de Justiça decide causas controvertidas relativas à inscrição do sujeito passivo no Cadin, tomando por referência a legislação de regência do cadastro federal de devedores inadimplentes (Lei nº 10.522/2002).

Atribuindo aparente prevalência ao artigo 7º, da Lei nº 10.522/2002, em comparação ao artigo 151, do Código Tributário Nacional, o Superior Tribunal de Justiça vem entendendo que não basta uma causa de suspensão da exigibilidade do crédito tributário para que, automaticamente, seja suspensa a inscrição do devedor no Cadin. Dever-se-ia também observar, cumulativamente, o que prescreve aquele artigo 7º, inc. I, que exigiria adicionalmente a existência de uma ação judicial promovida pelo devedor contra a cobrança que lhe é direcionada. De tal forma:

- não seria possível a exclusão do Cadin quando o sujeito passivo ajuizasse ação de antecipação de garantia da execução fiscal, nos termos do tema nº 237 (Recurso Especial nº 1.123.669-RS. 1ª Seção, Rel. Min. Luiz Fux, j. em 30.9.2009), se ainda não moveu ação contra o próprio mérito do crédito tributário contra si constituído (Recurso Especial nº 1.307.961-MT. 2ª Turma, Rel. Min. Mauro Campbell Marques, j. em 4.9.2012; Recurso Especial nº 1.232.447-SC. 2ª Turma, Rel. Min. Mauro Campbell Marques, j. em 22.2.2011; Embargos de Divergência no Recurso Especial nº 1.002.798-SP. 1ª Seção, Rel. Min. Eliana Calmon, j. em 12.8.2009; e Recurso Especial nº 633.805-RS. 1ª Turma. Rel. Min. Denise Arruda, j. em 3.2.2005);
- não seria possível a exclusão do Cadin quando há ação contra a dívida, movida pelo sujeito passivo, mas ainda não há causa de suspensão da exigibilidade do crédito tributário (Recurso Especial nº 853.441-PE. 2ª Turma, Rel. Min. Humberto Martins, j. em 21.5.2009); e
- também não caberia excluir o nome do Cadin quando a execução fiscal é suspensa para verificar a exatidão do pagamento do tributo ou para checar a liquidez e certeza do crédito tributário, se não houver causa de suspensão da exigibilidade nos termos do artigo 151 (Recurso Especial nº 979.617-SP. 2ª Turma. Rel. Min. Eliana Calmon, j. em 12.8.2008; e Recurso Especial nº 1.049.941-SP. 2ª Turma. Rel. Min. Carlos Fernando Mathias, j. em 3.6.2008).

Curiosamente, em situações nas quais o sujeito inscrito no Cadin é uma pessoa jurídica de direito público, o Supremo Tribunal Federal intervém e entende que as causas de suspensão previstas nos incisos I e

II, do artigo 7º, da Lei nº 10.522/2002 são independentes entre si, de tal sorte que, seja pelo simples fato de que o sujeito passivo moveu ação judicial contra o mérito da cobrança contra si dirigida, com o oferecimento de garantia idônea, seja pela existência de uma causa de suspensão da exigibilidade do crédito tributário, necessariamente o seu nome deve ser excluído do cadastro de devedores (Medida Cautelar na Ação Cautelar nº 1.620-SP. Pleno, Rel. Min. Joaquim Barbosa, j. em 25.6.2008; Medida Cautelar na Ação Cautelar nº 259. Pleno, Rel. Min. Marco Aurélio, DJ de 3.12.2004; Questão de Ordem na Ação Cautelar nº 266. Pleno, Rel. Min. Celso de Mello, DJ de 28.10.2004; e Agravo Regimental na Questão de Ordem na Ação Cautelar nº 1.033. Pleno, Rel. Min. Celso de Mello, DJ de 16.6.2006).

Com relação à suspensão da possibilidade de ajuizamento da execução fiscal para a cobrança do crédito tributário, a orientação do Superior Tribunal de Justiça (reforçada no tema nº 241, objeto do Recurso Especial nº 962.838-BA. 1ª Seção, Rel. Min. Luiz Fux, j. em 25.11.2009) acaba demandando que se encontre uma "saída" para que o direito de ação da Fazenda Pública não prescreva se a causa de suspensão da exigibilidade perdurar por prazo superior aos cinco anos indicados no artigo 174, do Código Tributário Nacional. Afinal, conforme se vê do parágrafo único desse artigo, ali são arroladas apenas causas de "interrupção" do prazo prescricional, sem qualquer menção à possibilidade da sua "suspensão".

Construiu-se então a ideia de que as causas de suspensão da exigibilidade do crédito tributário implicariam, automaticamente, suspensão também do prazo prescricional para a cobrança executiva por parte da Fazenda Pública, ainda que não haja previsão nesse sentido no artigo 174.

Os fundamentos para essa orientação, no entanto, oscilam a depender do tipo de causa de suspensão da exigibilidade do crédito tributário.

No caso de parcelamento requerido pelo sujeito passivo, por exemplo, o entendimento do Superior Tribunal de Justiça não é o de que o prazo prescricional se suspende, mas sim que se interrompe, por estar configurado ato inequívoco de reconhecimento do débito pelo sujeito passivo (Recursos Especiais nºs 1.658.517-PA e 1.641.011-PA. 1ª Seção, Rel. Min. Napoleão Nunes Maia Filho, j. em 18.8.2017; Recurso Especial nº 1.742.611-RJ. 2ª Turma, Rel. Min. Herman Benjamin, j. em 12.6.2018). O mesmo em relação a pedidos de compensação formulados pelo sujeito passivo (Recurso Especial nº 1.650.828-SP. 2ª Turma, Rel. Min. Herman Benjamin, j. em 9.3.2017).

Não obstante essas e outras polêmicas relativas ao alcance da exigibilidade do crédito tributário e dos efeitos da sua suspensão, examinem-se agora as hipóteses previstas no artigo 151, do Código Tributário Nacional.

### *Moratória*

A primeira delas é a ***moratória***, regulada nos artigos 152 a 155 do Código, a qual consiste na suspensão e postergação do prazo de pagamento do tributo.

Trata-se de ferramenta que vem sendo amplamente utilizada, por exemplo, em relação a tributos devidos por contribuintes localizados em áreas atingidas por catástrofes, a provocar uma indisponibilidade momentânea de caixa que lhes permita efetuar o pagamento do tributo devido.

A moratória, segundo o artigo 152, pode ser concedida em caráter geral ou individual. Nas duas situações, a sua concessão depende de lei, sendo que, em caráter individual, dependerá também de despacho fundamentado expedido pela autoridade administrativa competente. Pode circunscrever-se a uma determinada região do território nacional ou a determinadas categorias ou classes de sujeitos passivos. Deve haver previsão legal, ainda, para o seu prazo de duração, para as condições de concessão em caráter individual e, sendo o caso, para o detalhamento: **(i)** dos tributos aos quais se aplica; **(ii)** do número de prestações e respectivos vencimentos relacionados à postergação do vencimento do tributo; e, eventualmente, **(iii)** da necessidade ou não de prestação de garantias por parte do beneficiado.

Se nada estiver disposto na norma respectiva, entende-se que a moratória abrange os créditos tributários definitivamente constituídos até a data da lei ou do despacho que a conceder, ou cujo lançamento já se tenha iniciado. É o que comanda o artigo 154, do Código Tributário Nacional.

Embora esse mesmo dispositivo não dê maiores esclarecimentos a respeito, afirma que a moratória não aproveitará os casos de "dolo, fraude ou simulação do sujeito passivo ou do terceiro em benefício daquele". Não há clareza: dolo, fraude ou simulação, exatamente em relação a quê? Dolo, fraude ou simulação que tenham ensejado o lançamento de ofício do crédito tributário, nos termos do artigo 149, do Código Tributário Nacional? Dolo, fraude ou simulação do sujeito passivo para se colocar na situação geral ou individualmente descrita na norma de concessão da moratória?

A abertura da regra, conjugada à norma de interpretação estrita do artigo 111, inc. I, do Código Tributário Nacional, dá a entender que há amplitude na sua aplicação. Ou seja, havendo qualquer tipo de dolo, fraude ou simulação relacionado ao crédito tributário, ao sujeito passivo ou à situação prevista para a concessão da moratória, essa causa de suspensão da exigibilidade do crédito tributário não poderá ser aplicada.

O artigo 155, o Código Tributário Nacional, prescreve que a concessão da moratória em caráter individual não gera direito adquirido, devendo ser revogada de ofício sempre que comprovado que o beneficiário não satisfazia ou deixou de atender as condições ou não cumpria ou deixou de cumprir os requisitos para a concessão, cobrando-se o crédito acrescido de juros de mora.

Deverá ser imposta a penalidade cabível, no caso de dolo ou simulação do beneficiado ou de terceiro (o que reforça aquela ideia de aplicação ampla da regra do artigo 154, parágrafo único, acima referida). Se não houver nenhum desses vícios, a penalidade não deve ser aplicada.

É interessante observar, a despeito dos comentários anteriores sobre a jurisprudência do Superior Tribunal de Justiça sobre a suspensão da prescrição do crédito tributário, quando há causa de suspensão da sua exigibilidade, que o artigo 155, parágrafo único, do Código Tributário Nacional, institui regra particular sobre esse assunto, especificamente para o caso da moratória.

Com efeito, quando a concessão da moratória tiver sido afetada por dolo ou simulação por parte do beneficiado ou de terceiros em seu benefício, o tempo decorrido entre a concessão e a sua revogação não será contado para fins de prescrição do direito à cobrança do crédito fiscal pela Fazenda Pública.

Quando não tiver havido dolo ou simulação, mas se verificar que o beneficiado apenas não satisfazia ou deixou de satisfazer as condições ou não cumprira ou deixou de cumprir os requisitos para a concessão do favor, o prazo de prescrição não é suspenso, de tal sorte que a moratória somente poderá ser revogada enquanto não tiver ocorrido a prescrição.

### *Parcelamento*

No ano de 2001, por força da Lei Complementar nº 104, o ***parcelamento*** foi incluído no rol de causas suspensivas da exigibilidade do crédito tributário, muito embora já houvesse referência indireta a ele no artigo 153, inc. III, alínea "b", que, ao cuidar da moratória, referia-se à suspensão do crédito tributário no caso de pagamento em prestações.

Portanto, o parcelamento não deixava de ser uma modalidade da moratória, na medida em que já se permitia o pagamento do crédito tributário em datas de vencimento distintas da originalmente prevista, com a suspensão da exigibilidade do total.

O artigo 155-A, inserido no Código Tributário Nacional pela Lei Complementar nº 104/2001, exige que o parcelamento seja concedido por lei específica, que deverá estabelecer a forma e as condições para o pagamento do crédito tributário em prestações.

Em princípio – para diferenciá-lo de favores fiscais que podem ser a ele associados – o parcelamento não exclui a incidência de juros e multas que recaem sobre o crédito tributário. No entanto, a lei que o instituir pode dispor de forma distinta – como, de fato, ocorre com grande frequência –, reduzindo ou até mesmo eliminando a exigência de juros e multas, com o propósito de viabilizar a quitação parcelada do principal.

Nada impede, ademais, que a lei permita o parcelamento apenas de uma fração do crédito tributário total, autorizando a segregação, por exemplo, de principal, juros e multa. Pode-se, por hipótese, conceder o parcelamento do principal, condicionado ao pagamento à vista dos juros e das multas, e vice-e-versa, o que não é incomum de acontecer.

Dada a similitude entre as duas figuras, o artigo 155-A, no seu § 2º, determina que se aplicam ao parcelamento, subsidiariamente, todas as normas gerais relativas à moratória.

### *Depósito do montante integral*

Prosseguindo na análise das causas de suspensão da exigibilidade do crédito tributário, o artigo 151, inc. II, refere-se ao ***depósito do seu montante integral***, sem diferenciar as hipóteses de depósito administrativo ou judicial.

O depósito do montante integral do crédito tributário, como forma de suspender a sua exigibilidade, é reconhecido com um direito do sujeito passivo, independendo de qualquer tipo de autorização.

Tanto é assim que: **(i)** o simples depósito, automaticamente, implica suspensão da exigibilidade do crédito, desde que seja integral e em dinheiro (súmula nº 112/STJ); **(ii)** não está o sujeito passivo obrigado a realizar o depósito judicial do crédito tributário como requisito para o ajuizamento da respectiva ação anulatória, conforme consolidou a súmula nº 247, do extinto Tribunal Federal de Recursos; e **(iii)** também não está obrigado a realizar o depósito como requisito para admissibilidade de qualquer tipo de ação judicial que pretenda discutir o crédito tributário (súmula vinculante nº 28/STF) ou mesmo para a interposição de impugnação ou defesa administrativa com o mesmo objetivo (súmula vinculante nº 21/STF).

O Superior Tribunal de Justiça, ao julgar o caso que deu origem ao tema repetitivo nº 271 (Recurso Especial nº 1.140.956-SP. 1ª Seção, Rel. Min. Luiz Fux, j. em 15.10.2009), entendeu que o depósito integral do crédito tributário, quer no contexto de uma ação anulatória, quer no de uma ação declaratória ou em mandado de segurança, desde que ocorrido antes do ajuizamento da execução fiscal correspondente, tem o condão, como já vimos, de impedir **(i)** a lavratura do auto de infração, **(ii)** a inscrição em dívida ativa e **(iii)** o próprio ajuizamento da execução fiscal. Se posterior à execução, o depósito provocaria a extinção da própria execução fiscal.

Note-se que, como afirma a jurisprudência do mesmo Superior Tribunal de Justiça (tema nº 378, resultante do julgamento do Recurso Especial nº 1.156.668-DF. 1ª Seção, Rel. Min. Napoleão Nunes Maia Filho, j. em 11.3.2010), o efeito automático da suspensão da exigibilidade do crédito tributário só ocorrerá com o depósito integral em dinheiro. Qualquer outra garantia, ainda que a ele seja equiparada por outra lei (como ocorre com fiança bancária, nos artigos 9º, § 3º, e 15, inc. I, da Lei nº 6.830/80), não terá o mesmo efeito.

No entender da Corte Especial, algumas peculiaridades da fiança justificariam essa diferença, dentre elas a possibilidade de alegação do benefício de ordem e a desoneração do encargo assumido, mediante manifestação unilateral de vontade do fiador, nos termos dos artigos 827 e 835, do Código Civil.

De fato, na prática há diferenças entre o depósito em dinheiro, relativamente a crédito tributário discutido pelo sujeito passivo, e as outras garantias que poderiam ser apresentadas no contexto da execução fiscal ou mesmo antes da sua existência.

Afinal, desde a Lei nº 9.703/98, os depósitos judiciais e extrajudiciais, em dinheiro, de valores referentes a tributos e contribuições federais, inclusive seus acessórios, são imediatamente transferidos para a conta única do Tesouro Nacional, independentemente de qualquer formalidade.

Somente após o encerramento da lide, o seu valor deverá ser: **(i)** devolvido ao depositante, no prazo máximo de 24 horas, se a decisão final lhe for desfavorável (ou na proporção em que lhe for favorável); ou **(ii)** transformado em pagamento definitivo do débito, quando se tratar de decisão final favorável à Fazenda.

Fórmula similar foi instituída para os depósitos de tributos estaduais e municipais, pela Lei Complementar nº 151/2015, que revogou e substituiu as Leis nºs 10.819/2003 e 11.429/2006, que até então regulavam apenas a situação dos depósitos judiciais, sem tratar dos depósitos administrativos.

Com a nova disciplina, ficou mantida a transferência imediata de 70% (setenta por cento) do valor depositado à conta única do tesouro estadual, distrital ou municipal, mas o uso desses recursos passou a ser restrito ao pagamento: **(i)** de precatórios judiciais de qualquer natureza; **(ii)** de dívida pública fundada, caso a lei orçamentária do ente federativo preveja dotações suficientes para o pagamento da totalidade dos precatórios judiciais exigíveis no exercício e não remanesçam precatórios não pagos referentes aos exercícios anteriores; **(iii)** de despesas de capital, caso a lei orçamentária do ente federativo indique dotações suficientes para o pagamento da totalidade dos precatórios judiciais exigíveis no exercício, não remanesçam precatórios não pagos referentes aos exercícios anteriores e o ente federado não conte com compromissos classificados como dívida pública fundada; e **(iv)** de recomposição dos fluxos de pagamento e do equilíbrio atuarial dos fundos de previdência referentes aos regimes próprios de cada ente federado. Independentemente dessas regras, até 10% dos valores transferidos à conta única poderão ser utilizados para a constituição de Fundo Garantidor de Parcerias Público Privadas ou de outros mecanismos de garantia relacionados exclusivamente a investimentos em infraestrutura.

Em qualquer cenário, a aplicação da Lei Complementar nº 151/2015 condiciona-se a que o chefe do Poder Executivo interessado: **(i)** comprometa-se à manutenção de fundo de reserva na instituição financeira responsável pelo repasse ao tesouro; **(ii)** destine automaticamente ao fundo de reserva os 30% (trinta por cento) do valor dos depósitos, não transferidos à conta única; **(iii)** autorize a movimentação do fundo de reserva para atendimento daquelas despesas referidas acima; e **(iv)** recomponha o fundo de reserva, em até 48 horas, sempre que o seu saldo estiver abaixo do limite de 30%.

Alguns aspectos relativos a essa lei, em especial as regras de devolução dos depósitos quando o sujeito passivo sai vencedor na lide correspondente, encontram-se *sub judice* perante o Supremo Tribunal Federal, na ação direta de inconstitucionalidade nº 5.361-DF.

De qualquer forma, vale mencionar que, segundo o regime jurídico instituído por todas as leis mencionadas acima, o depósito judicial destinado a suspender a exigibilidade do crédito tributário somente pode ser levantado ou convertido definitivamente em renda, para pagamento do tributo devido, após o trânsito em julgado da respectiva decisão, tal como já era consagrado na jurisprudência do extinto Tribunal Federal de Recursos (súmula nº 18).

Por último, ainda na temática do depósito judicial, há uma única hipótese em que o próprio Código Tributário Nacional assegura que, mesmo se o depósito não for integral, a suspensão da exigibilidade é direito do sujeito passivo.

### *Consignação em pagamento*

Esse é o caso da ***ação consignatória em pagamento***, regulada no artigo 164, que garante ao sujeito passivo consignar em juízo o crédito tributário quando: (i) ocorrer recusa de recebimento ou subordinação do recebimento ao pagamento de outro tributo, de penalidade ou ao cumprimento de obrigação acessória; (ii) houver subordinação do recebimento ao cumprimento de exigências administrativas sem fundamento legal; ou, finalmente, (iii) for exigido, por mais de uma pessoa jurídica de direito público, tributo idêntico sobre o mesmo fato gerador.

Segundo artigo 164, § 1º, a consignação do crédito tributário compreenderá apenas o crédito que o consignante se propõe a pagar, o que significa dizer que haverá a possibilidade de esse montante ser inferior àquele que o ente tributante ou um dos entes tributantes está a exigir, especialmente no caso de cobrança de tributo idêntico, por mais de uma pessoa jurídica de direito público.

Assim, imagine-se a hipótese de sujeito passivo que prestou serviço no valor de R$ 100.000,00 (cem mil reais) e que, em razão das regras relativas à competência territorial para a cobrança do ISS, é concomitantemente exigido a recolher o ISS ao Município de São Paulo, a uma alíquota de 5%, ao Município de Salvador, a 3%, e, finalmente, ao Município de Santo André, pela alíquota mínima de 2%.

No total, o crédito tributário efetivamente exigido seria de R$ 10.000,00 (dez mil reais), correspondentes aos R$ 5.000,00 (cinco mil reais) demandados por São Paulo, R$ 3.000,00 (três mil reais) cobrados por Salvador e, por último, R$ 2.000,00 (dois mil reais) exigidos por Santo André.

Em teoria, portanto, a exigibilidade da totalidade do crédito tributário somente poderia ser suspensa, nos termos do artigo 151, inc. II, se o sujeito passivo desembolsasse e depositasse em juízo o total de R$ 10.000,00 (dez mil reais). Porém, esse sujeito passivo entende e defende, na sua ação consignatória, que o imposto é devido para o Município de Salvador, dispondo-se a recolher apenas R$ 3.000,00 (três mil reais) os cofres soteropolitanos.

Assim sendo, nos termos do artigo 164, § 1º, do Código Tributário Nacional, o depósito judicial do "crédito que o consignante se propõe a pagar" suspenderá a exigibilidade de todo o crédito exigido pelas diferentes pessoas jurídicas de direito público envolvidas.

A depender de como se resolver a lide judicial, o pagamento consignado em juízo será convertido em renda da pessoa jurídica julgada como credora efetiva ou, julgada improcedente a consignatória no todo ou em parte, poderá haver a necessidade de cobrança do crédito acrescido de juros de mora e penalidades cabíveis. É o que fala o § 2º, do artigo 164.

***Processo administrativo tributário***

Avançando no artigo 151, do Código Tributário Nacional, encontramos no seu inciso III, como causa de suspensão da exigibilidade do crédito tributário, "as ***reclamações e os recursos***, nos termos das leis reguladoras do ***processo tributário administrativo***".

Como vimos, o artigo 145 reconhece que o lançamento do crédito tributário pode ser modificado em razão de impugnação do sujeito passivo (inc. I), o que materializa a garantia constitucional do direito de petição, prevista no artigo 5º, inc. XXXIV, alínea "a", da Carta de 1988.

A formulação de defesa ou impugnação contra o lançamento, por parte do sujeito passivo, por se tratar de exercício do direito constitucional de petição, é assegurada independentemente do pagamento de taxas, como bem reconhece a jurisprudência do Supremo Tribunal Federal (Recurso Extraordinário nº 389.383-1-SP. Pleno, Min. Marco Aurélio, j. em 28.3.2007).

Exercido o direito de petição, o sujeito passivo também terá assegurados os direitos constitucionais ao devido processo legal (artigo 5º, inc. LIV), ao contraditório, à ampla defesa e ao duplo grau de jurisdição (inc. LV).

Eis a razão por que, enquanto não tiverem sido julgados a defesa oposta ao lançamento de ofício, nem o recurso do sujeito passivo à segunda instância administrativa, não se poderá considerar como definitivamente constituído o crédito tributário contestado, motivo pelo qual o Código Tributário Nacional assegura a suspensão da respectiva exigibilidade.

Também em razão da garantia constitucional à segunda instância administrativa, aquele mesmo precedente do Supremo Tribunal Federal afirma que exigir o pagamento de taxas ou a garantia total ou parcial do crédito tributário, como requisito de acesso à fase recursal de revisão do lançamento, é igualmente inconstitucional.

Por fim, os incs. IV e V, do artigo 151, referem-se à possibilidade de tutelas jurisdicionais provisórias – isto é, decisões judiciais não terminativas – suspenderem a exigibilidade do crédito tributário.

### *Liminar e outras tutelas judiciais*

Menciona como capazes de surtir esse efeito: a ***medida liminar em mandado de segurança*** e a ***liminar*** ou ***tutela antecipada***, concedida em qualquer outro tipo de ação judicial.

Vale chamar a atenção para o fato de que o Código de Processo Civil faz referência a outras modalidades de tutela judicial que, sob outras denominações criadas pelas normas processuais posteriores ao Código Tributário Nacional, também podem e devem surtir o mesmo efeito jurídico de suspender a exigibilidade do crédito tributário.

Dentre essas situações, vale comentar a existência não de uma tutela provisória, mas da própria decisão judicial definitiva favorável ao sujeito passivo (sentença ou acórdão), da qual não caiba recurso com efeito suspensivo por parte da Fazenda Pública.

Ocorrendo tal situação – embora não se trate de medida liminar, nem de tutela antecipada ou provisória – parece correto dizer que a exigibilidade do crédito tributário também fica suspensa, impedindo qualquer ato de cobrança por parte da Fazenda Pública, até que haja a confirmação ou cassação da decisão ao final da ação judicial.

Afinal, se tutelas meramente provisórias têm esse poder, o que se dirá da própria tutela de mérito deferida pelo Poder Judiciário, ainda que sujeita a revisão em outra instância, se o mediante contra ela interposto não for provido de efeito suspensivo.

### Extinção do crédito tributário

Constituído o crédito tributário, a relação entre Fisco e sujeito passivo estará, finalmente, concluída quando, por uma das causas previstas no artigo 156, do Código Tributário Nacional, ocorrer a extinção do crédito tributário.

### *Pagamento*

A primeira causa natural de extinção é o ***pagamento***, previsto no inciso I e ao qual o Código Tributário Nacional dedica os seus artigos 157 a 164, deixando para os artigos 165 a 169 a temática do pagamento indevido do tributo e do direito à repetição do respectivo indébito.

A primeira regra que o artigo 157 estabelece é que, no caso de imposição de penalidade pela falta de pagamento do crédito tributário, esse fato não ilidirá a cobrança do crédito principal. Isso significa, pois, que a sanção não substitui o cumprimento da obrigação principal, mas a ele se acresce.

No artigo 158, o Código Tributário Nacional esclarece que o pagamento do crédito tributário, quando parcial, não importa em presunção de pagamento das prestações em que se decomponha. Nesse ponto, o pagamento do crédito tributário em quotas periódicas diferencia-se do pagamento de créditos privados, para os quais o artigo 322, do Código Civil, cria presunção justamente em sentido contrário, estabelecendo que o pagamento da última quota implica, até prova em contrário, presunção de estarem solvidas as anteriores (Recurso Especial nº 776.570-RS. 1ª Turma, Rel. Min. Luiz Fux, j. em 13.2.2007). Quando o pagamento é total, isso não importa presunção de pagamento de outros créditos referentes ao mesmo ou a outros tributos.

Cumprindo a sua função de veicular normas gerais em matéria tributária, inclusive sobre o crédito tributário (artigo 146, inc. III, alínea "b", da Constituição), o Código Tributário Nacional firma as seguintes diretrizes que deverão ser observadas, se não houver disposição expressa em outro sentido na legislação do ente tributante competente: **(i)** o local em que deve ser feito o pagamento do crédito tributário é o da repartição competente (artigo 159); **(ii)** o prazo de vencimento é de 30 (trinta) dias depois da data em que se considerar o sujeito passivo notificado do lançamento (artigo 160); **(iii)** o crédito não integralmente pago no seu vencimento deve ser acrescido de juros de mora, além da imposição das penalidades cabíveis e da aplicação de medidas de garantia do seu pagamento (artigo 161, *caput*); e **(iv)** os juros de mora serão calculados à taxa de 1% (um por cento) ao mês (artigo 161, § 2º).

A respeito da fixação de taxa de juros distinta, há grande discussão sobre a possibilidade de Estados, Distrito Federal e Municípios estabelecerem taxa superior à praticada pela União. No entender do Supremo Tribunal Federal (Ação Direta de Inconstitucionalidade nº 442-SP. Pleno, Rel. Min. Eros Grau, j. em 14.4.2010; e Recurso Extraordinário nº 183.907-4-SP. Pleno, Rel. Min. Ilmar Galvão, j. em 29.3.2000), isso não é possível, em razão das regras constitucionais de competência para legislar sobre matéria financeira (artigo 24, inc. I) e monetária (artigo 22, inc. VI).

Disposição interessante consta do artigo 160, parágrafo único, do Código Tributário Nacional, no sentido de autorizar que a legislação conceda descontos pelo pagamento antecipado do crédito tributário, ou seja, antes do seu vencimento. Essa prática vem se tornando bastante comum em matéria de IPTU e IPVA, como forma de incentivar o respectivo pagamento e antecipar o fluxo de caixa desses impostos para os cofres de Municípios, Estados e Distrito Federal, no início de cada ano.

Também é importante destacar a regra consignada no artigo 161, § 2º, a prever que, enquanto pendente de análise e decisão, não pode haver cobrança de juros ou penalidades contra o sujeito passivo que formulou consulta sobre a interpretação da legislação tributária dentro do prazo legal para o pagamento do crédito tributário. Esse tema será oportunamente abordado, quando tratarmos da resolução de conflitos tributários.

Quanto às formas de pagamento do crédito tributário, o artigo 162 refere-se ao pagamento em moeda corrente, cheque ou vale postal; ou, ainda, em casos específicos previstos em lei, ao uso de estampilhas, papel selado ou processo mecânico. Esses métodos (selos e estampilhas) são utilizados ainda hoje, para o pagamento do IPI sobre certos tipos de produtos, como era o caso dos relógios (vide Instrução Normativa nº 1.539/2014, da Secretaria da Receita Federal do Brasil, revogada pela Instrução Normativa nº 1.883/2019).

Em relação a esses métodos: **(i)** o pagamento por cheque ou vale postal poderá ser condicionado a garantias estabelecidas em lei, mas desde que elas não façam esses meios de pagamento mais onerosos do que o pagamento em dinheiro ou os tornem impossíveis; **(ii)** o pagamento por meio de cheque somente se considera realizado quando a ordem de pagamento for devidamente compensada; e **(iii)** o crédito pago em estampilha (selo ou processo mecânico) é tido como extinto inclusive com a sua inutilização regular, sendo que a perda ou inutilização da estampilha ou o erro na sua utilização não dá direito à restituição, salvo quando tal erro puder ser imputado à autoridade administrativa.

O artigo 163, do Código Tributário Nacional, trata da *imputação do pagamento* realizado pelo sujeito passivo, quando em seu nome existam simultaneamente dois ou mais débitos vencidos com a mesma pessoa jurídica de direito público, relativos ao mesmo ou a diferentes tributos ou provenientes de penalidade ou juros de mora.

Nessa situação, a imputação será feita pela autoridade administrativa competente, que deverá alocar os recursos recebidos para a extinção total ou parcial dos créditos tributários existentes, de acordo com a seguinte ordem: **(i)** em primeiro lugar, o pagamento deve ser alocado aos débitos por obrigação própria do sujeito passivo, ou seja, em relação aos quais ele é contribuinte; **(ii)** apenas em segundo lugar, o pagamento deverá ser imputado a eventuais débitos para os quais o sujeito passivo figurar como responsável tributário; **(iii)** feito isso, deverá ser abatido primeiro das contribuições de melhoria, depois das taxas e, apenas por último, dos impostos[5]; **(iv)** após esse abatimento, a autoridade fazendária deve imputar o pagamento aos débitos pendentes na ordem crescente dos seus prazos de prescrição; e, **(v)** em último lugar, na ordem decrescente do montante de cada débito em aberto.

O Código Tributário Nacional parece silenciar a respeito do método de imputação a ser adotado com relação às parcelas que compõem o crédito tributário, isto é, principal, juros e multa, quando o pagamento realizado pelo sujeito passivo é parcial e incapaz de quitar a totalidade da dívida em aberto.

Dada tal omissão, o próprio Código Tributário Nacional traz a solução, no seu artigo 108, ao determinar o uso, sucessivamente, da analogia, dos princípios gerais de direito tributário, dos princípios gerais de direito público e da equidade, como mecanismos de preenchimento de lacunas na legislação tributária.

O Superior Tribunal de Justiça, na sua súmula nº 464, consolidou entendimento no sentido de que não se pode preencher essa lacuna com as regras de imputação de pagamento estipuladas no artigo 354 e seguintes, do Código Civil. Também não se pode aplicar essas regras no caso de imputação derivada de compensação parcial do crédito tributário (tema nº 381 – Recurso Especial nº 960.239-SC. 1ª Seção, Rel. Min. Luiz Fux, j. em 9.6.2010).

Assim, restaria a aplicação analógica das regras do artigo 167, do próprio Código Tributário Nacional, que tratam da restituição do tributo

[5] Interessante observar, aqui, que o Código Tributário Nacional não faz menção às contribuições sociais, o que pode gerar dúvidas bastante concretas sobre a alocação do pagamento, no caso de o sujeito passivo também ser devedor desse tipo de tributo.

recolhido indevidamente, afirmando que, nesse caso, deve haver, na mesma *proporção*, a restituição de juros de mora e penalidades pecuniárias.

Por analogia, cabe realizar a mesma *imputação proporcional* do pagamento parcial feito pelo devedor, de tal forma que o valor pago seja alocado para cada parcela do crédito tributário em aberto, na medida da sua representatividade em relação ao total, ou seja:

| ***Valor pago pelo devedor*** |
|---|
| ***R$ 10.000,00*** |

| ***Débito em aberto*** | | *Proporção de cada parcela* |
|---|---|---|
| Principal | R$ 9.000,00 | *52,32%* |
| Multa | R$ 6.750,00 | *39,24%* |
| Juros | R$ 1.452,60 | *8,44%* |
| **Total** | **R$ 17.202,60** | *100,00%* |

| ***Imputação proporcional*** | |
|---|---|
| Principal | R$ 5.231,77 |
| Multa | R$ 3.923,83 |
| Juros | R$ 844,41 |
| **Total** | **R$ 10.000,00** |

| ***Saldo em aberto*** | |
|---|---|
| Principal | R$ 3.768,23 |
| Multa | R$ 2.826,17 |
| Juros | R$ 608,19 |
| **Total** | **R$ 7.202,60** |

O mesmo critério de imputação pode ser extraído, também, da interpretação histórica do Código Tributário Nacional, a revelar a exclusão proposital de dispositivo que constava do respectivo anteprojeto, no qual se propunha a adoção das mesmas regras do Direito Civil para a imputação de pagamentos tributários.

Na justificativa apresentada para tal exclusão, manifestou-se que o crédito tributário, ainda que integrado por componentes como principal, juros e penalidades, representaria um "todo único" derivado da obrigação tributária. Por essa razão, na ausência de uma norma explícita, justificar-se-ia a distribuição do pagamento parcial realizado pelo devedor mediante o seu rateio entre todos aqueles componentes, de maneira proporcional, o que é muito bem explicado e analisado no Parecer PGFN/CAT nº 74/2012.

***Compensação***

Examine-se agora a figura da ***compensação***, referida pelo Código Tributário Nacional como segunda causa de extinção do crédito tributária (artigo 156, inc. II).

Embora seja um meio conhecido no direito privado para a extinção de obrigações, quando duas pessoas forem, ao mesmo tempo, credora e devedora uma da outra, a possibilidade de utilização da compensação em matéria tributária depende de lei específica prevendo as condições e as garantias necessárias para que indébitos tributários sejam compensados com créditos líquidos e certos, vencidos ou vincendos, do sujeito passivo para com a Fazenda Pública competente. Isso significa que o uso da compensação como meio de extinção do crédito tributário, conforme artigo 170, do Código Tributário Nacional, não é autoaplicável, dependendo da legislação de cada ente tributante regulando os seus termos e as suas condições. Da mesma forma, não pode o sujeito passivo utilizar a norma de um ente tributante para realizar compensação e débitos e créditos com outra pessoa jurídica de direito público.

Vale lembrar que, no âmbito federal, durante longo tempo simplesmente não havia permissão para a compensação, até que, de 10.12.1991 a 27.12.1996, a Lei nº 8.383/91, veio autorizar a compensação de créditos e débitos relacionados a "tributos de mesma espécie". De 27.12.1996 a 30.12.2002, a possibilidade de compensação foi ampliada, permitindo o encontro de contas entre tributos federais de diferentes espécies, mas condicionado sempre à prévia autorização por parte da administração fazendária. E, finalmente, desde 30.12.2002, com a alteração do artigo 74, da Lei nº 9.430/96, pela Lei nº 10.637/2002, a compensação passou a poder ser feita pelo sujeito passivo por sua conta e risco, ficando sujeita à posterior homologação ou não pela autoridade fiscal federal.

Apesar dessa maior abertura, a Lei nº 9.430/96, no seu artigo 74, relaciona hipóteses de débitos ou créditos que, em razão da sua natureza ou de circunstâncias ligadas à sua apuração, simplesmente não podem ser compensados administrativamente.

Voltando ao Código Tributário Nacional, o seu artigo 170, parágrafo único, estabelece que, sendo vincendo o crédito a ser compensado, a legislação específica sobre compensação deverá determinar um método para a apuração do montante devido, não podendo estabelecer uma redução do seu montante superior a 1% ao mês, entre o momento em que ocorrer a compensação e a data de vencimento.

Além disso, outra norma geral que o Código Tributário Nacional estabelece, para ser observada por todos os sujeitos passivos, é que não pode ser feita a compensação com crédito tributário que advenha de contestação judicial promovida pelo sujeito passivo, enquanto não houver transitado em julgado a respectiva decisão final.

Portanto, conforme o artigo 170-A, só é possível compensar o indébito tributário se tiver sido ele reconhecido como existente, em definitivo, por decisão judicial transitada em julgado.

Por conta disso, a compensação de créditos tributários não pode ser deferida em ação cautelar ou por medida liminar cautelar ou antecipatória, conforme consolidou o Superior Tribunal de Justiça, na sua súmula nº 212. Ademais, mesmo no caso da reconhecida inconstitucionalidade do tributo indevidamente recolhido, há de se aguardar o trânsito em julgado, conforme tema nº 346 (Recurso Especial nº 1.167.039-DF. 1ª Seção, Rel. Min. Luiz Fux, j. em 17.12.2009).

Essa limitação foi introduzida no Código pela Lei Complementar nº 104/2001, de tal forma que, por ocasião da sua vigência, muito se discutiu sobre a sua aplicação ou não a compensações em curso, o que levou o Superior Tribunal de Justiça a entender que a vedação não se aplicaria a ações judiciais propostas antes da vigência do artigo 170-A. Assim, declarou que a lei que regula a compensação tributária é a vigente à data do encontro de contas entre os recíprocos débito e crédito da Fazenda e do contribuinte (tema nº 345, resultante do julgamento do Recurso Especial nº 1.164.452-MG. 1ª Seção, Rel. Min. Teori Zavascki, j. em 25.8.2010).

Em conexão com esse tema, encontramos na Constituição Federal algumas regras relevantes a respeito da extinção do crédito tributário, que aqui merecem ser esmiuçadas. As primeiras delas constam dos regramentos da não cumulatividade do ICMS (artigo 155, § 2º, inc. I) e do IPI (artigo 153, § 3º, inc. II), nos quais se busca neutralizar o efeito cascata da incidência desses impostos mediante a autorização para que o sujeito passivo *compense* o que for devido em operações ou prestações anteriores, com o imposto cobrado sobre as suas próprias transações.

Tanto num caso, quando no outro, o fato gerador ocorre com a realização da operação tributada, tal como descrita na Constituição e na legislação de regência. Com a ocorrência do fato gerador e o fenômeno da incidência, surge a obrigação de quantificar o ICMS e/ou o IPI respectivo, calculado normalmente mediante a aplicação de uma alíquota sobre determinada base de cálculo.

Com isso, surge o crédito tributário (débito do ICMS e/ou do IPI), o qual deverá ser extinto pelo sujeito passivo mediante pagamento ou, se tiver realizado operações ou prestações anteriores tributadas, através do uso dos créditos daí advindos para *compensação* do débito fiscal.

Não se trata, porém, de compensação advinda de um indébito tributário, tal como aquela referida no artigo 170, do Código Tributário Nacional, mas de compensação estruturada no texto constitucional como técnica para implementar o regime não cumulativo para aqueles dois impostos.

No caso da contribuição ao PIS e da Cofins, embora a Constituição não tenha fixado a técnica de não-cumulatividade a ser utilizada, a legislação ordinária de regência instituiu um sistema de "dedução" de débitos e créditos, distinto, como regra, da mecânica da compensação prevista para aqueles dois impostos.

Interessante observar ainda, nos artigos 78 e 97, do Ato das Disposições Constitucionais Transitórias, a menção feita ao "poder liberatório" dos precatórios em atraso, atribuindo-lhes com isso a capacidade de serem utilizados para o *pagamento* de tributos às respectivas pessoas jurídicas de direito público em mora.

Com efeito, muito embora possa parecer um tipo de compensação, essa utilização de precatórios em atraso acaba se apresentando como uma verdadeira modalidade adicional de *pagamento* do crédito tributário do devedor interessado, acrescendo-se aos já examinados pagamentos em moeda corrente, cheque, vale postal, estampilha, papel selado ou processo mecânico.

Afinal, além do uso da expressão "poder liberatório para o pagamento de tributos", os precatórios que a Constituição autoriza serem usados para esse fim não precisam ter origem tributária, isto é, não necessitam estar relacionados a um indébito tributário a recuperar por parte do contribuinte, podendo derivar de qualquer outro crédito seu contra a pessoa jurídica de direito público devedora.

***Transação***

Retornando ao artigo 156, do Código Tributário Nacional, o seu inc. III trata da extinção do crédito tributário por meio da ***transação***, modalidade essa que, conforme artigo 171, poderá ser instituída por lei, fixando condições para que os sujeitos ativo e passivo da obrigação tributária, mediante concessões mútuas, realizem acordo para dar fim a um determinado litígio e, consequentemente, promovam a extinção do crédito tributário. Ao firmar tais condições, a lei deve também indicar a autoridade competente para celebrar a transação em cada caso concreto.

Algumas Unidades da Federação têm lançado mão desse mecanismo de extinção do crédito tributário, valendo mencionar como exemplo a Lei nº 5.966/2015, do Município do Rio de Janeiro, por meio da qual a transação foi regulada para promover a "terminação total ou parcial de litígio, para extinção de crédito tributário".

Mais recentemente, no âmbito federal, a Medida Provisória nº 899/2019 estabeleceu requisitos e condições para que a União e os seus devedores realizem transação resolutiva dos seus litígios tributários, abrangendo a possibilidade de proposta individual de transação ou a transação por adesão na cobrança da dívida ativa e nos demais casos objeto de contencioso judicial ou administrativo tributário.

Segundo as diretrizes, a transação envolvendo débitos inscritos em dívida ativa demandará, como contrapartida pelo devedor, a assunção dos seguintes compromissos: não utilizar a transação de forma abusiva, com a finalidade de limitar, falsear ou prejudicar de qualquer forma a livre concorrência ou a livre iniciativa econômica; não utilizar pessoa natural ou jurídica interposta para ocultar ou dissimular a origem ou a destinação de bens, de direitos e de valores, seus reais interesses ou a identidade dos beneficiários de seus atos, em prejuízo da Fazenda Pública federal; não alienar nem onerar bens ou direitos sem a devida comunicação ao órgão da Fazenda Pública competente, quando exigível em decorrência de lei; e renunciar a quaisquer alegações de direito, atuais ou futuras, sobre as quais se fundem ações judiciais, incluídas as coletivas, ou recursos que tenham por objeto os créditos incluídos na transação, por meio de requerimento de extinção do respectivo processo com resolução de mérito.

Atendidos esses compromissos, a transação poderá contemplar: a concessão de descontos em relação a créditos tributários que sejam classificados como irrecuperáveis ou de difícil recuperação, desde que inexistam indícios de esvaziamento patrimonial fraudulento; o estabelecimento de prazos e formas de pagamento diferenciados, incluído o diferimento e a moratória; e o oferecimento, a substituição ou a alienação de garantias e de constrições.

No caso de adesão de créditos tributários em geral, objeto de discussão em processo judicial ou administrativo, a Procuradoria-Geral da Fazenda Nacional, com autorização do Ministro da Economia, poderá divulgar na imprensa oficial propostas de transação por adesão, mediante edital que especifique, de maneira objetiva, as hipóteses fáticas e jurídicas aplicáveis e as condições para a adesão.

### *Remissão*

Em sentido similar, a lei poderá permitir à autoridade administrativa simplesmente a conceder ***remissão***, ou seja, a perdoar o débito fiscal do sujeito passivo, total ou parcialmente, respeitados os seguintes parâmetros, conforme artigo 172, do Código Tributário Nacional: **(i)** a situação econômica do sujeito passivo; **(ii)** o erro ou a ignorância escusável do sujeito passivo, quanto à matéria de fato; **(iii)** a diminuta importância do crédito tributário; **(iv)** considerações de equidade, em relação às características pessoas ou materiais do caso; e **(v)** as condições peculiares da região do território da entidade tributante. Observados esses critérios, o crédito tributário será extinto, total ou parcialmente, na forma do artigo 156, inc. IV, do Código Tributário Nacional.

### *Conversão de depósito em renda*

Prosseguindo, o inciso VI, do artigo 156, refere-se à extinção do crédito tributário mediante ***conversão de depósito em renda***, o que, como já tratamos, ocorre sempre que, nos termos da Lei nº 9.703/98 (no caso de depósitos relativos a tributos federais) ou da Lei Complementar nº 151/2015, houver o encerramento definitivo da lide tributária, administrativa ou judicial, em desfavor do sujeito passivo.

### *Consignação em pagamento*

Em relação a outra hipótese anteriormente já referida, o Código Tributário Nacional, no seu artigo 156, inc. VIII, afirma que o crédito tributário é extinto no caso da ***consignação em pagamento***, quando igualmente encerrada a lide com solução do impasse que justifica esse tipo de ação6.

***Decisão irreformável ou transitada em julgado***

Na hipótese de encerramento de uma lide sobre a certeza e liquidez do crédito tributário, isso também será causa de extinção, conforme artigo 156, incs. IX e X, se a ***decisão administrativa irreformável*** ou a ***decisão judicial transitada em julgado*** assim declarar extinto total ou parcialmente o crédito exigido do sujeito passivo.

***Dação em pagamento***

Em 2001, o Código Tributário Nacional foi modificado pela Lei Complementar nº 104/2001, incluindo no artigo 156 (inciso XI) a hipótese de extinção do crédito tributário pela ***dação em pagamento em bens imóveis***, sempre que assim regulado em lei da pessoa jurídica de direito público competente. Ou seja, trata-se de norma de eficácia limitada, cuja aplicação depende de lei editada por cada ente tributante, dispondo sobre o uso desse mecanismo de extinção (Recurso Especial nº 884.272-RJ. 1ª Turma, Rel. Min. Teori Zavascki, j. em 6.3.2007).

No âmbito federal, a Lei nº 13.259/2016 regula a dação em pagamento, limitando a sua aplicação a créditos tributários inscritos em dívida ativa, desde que devidamente precedida de avaliação do bem e que abranja a totalidade do crédito.

Nas esferas estaduais e municipais, além de a dação em pagamento depender igualmente de lei específica que a regulamente, tal norma poderá fazê-lo de forma limitada, restringindo-a a determinados tipos de créditos ou determinadas espécies de tributos.

[6] Relembrando, quando **(i)** ocorrer recusa de recebimento ou subordinação do recebimento ao pagamento de outro tributo, de penalidade ou ao cumprimento de obrigação acessória, **(ii)** houver subordinação do recebimento ao cumprimento de exigências administrativas sem fundamento legal, ou, finalmente, **(iii)** for exigido, por mais de uma pessoa jurídica de direito público, tributo idêntico sobre o mesmo fato gerador.

### *Homologação do pagamento antecipado*

Por fim, antes de avançarmos para a prescrição e a decadência, que são igualmente causa de extinção do crédito tributário, vale mencionar que, como uma categoria distinta do simples pagamento (inc. I), o artigo 156 indica, no seu inc. VII, o ***pagamento antecipado e a homologação do pagamento***.

Essa norma se completa com a regra do artigo 150, § 1º, segundo o qual o pagamento antecipado dos tributos sujeitos a lançamento por homologação extingue o crédito tributário correspondente, mas sob condição resolutória da ulterior homologação do lançamento.

Como já vimos, essa modalidade de constituição do crédito tributário envolve a antecipação do pagamento do tributo devido pelo sujeito passivo, sem o prévio exame da autoridade administrativa, aperfeiçoando-se o lançamento pelo ato em que a autoridade, tomando conhecimento da atividade exercida pelo sujeito passivo, a homologa expressa ou tacitamente.

Nesses casos, o sujeito passivo não apenas fornece informações necessárias à constituição do crédito tributário, como também quantifica o valor a recolher ao erário e realiza o seu pagamento (chamado de "antecipado"), de acordo com a data de vencimento estipulada na legislação aplicável.

Diante dessa mecânica é que o artigo 156, no seu inc. VII, estabelece que, para os tributos sujeitos ao lançamento por homologação, o seu pagamento antecipação não extingue desde logo o crédito tributário. É necessário ainda um segundo evento, notadamente a homologação (expressa ou tácita) do lançamento e do pagamento, o que irá finalmente reconhecer que o valor antecipado pelo sujeito passivo efetivamente correspondente ao crédito tributário devido ao erário.

Assim ocorrendo, estarão homologados o lançamento e o pagamento, extinguindo-se no mesmo instante o crédito tributário, nos termos do artigo 156, inc. VII.

### Decadência e prescrição

A extinção do crédito tributário pela homologação do pagamento chama a atenção para a sua grande proximidade com a ***decadência***, que também se encontra prevista no artigo 156, do Código Tributário Nacional, mais especificamente no seu inc. V, juntamente com a prescrição.

***Decadência***

A decadência corresponde à perda do direito do ente tributante para proceder ao lançamento do crédito tributário, em razão do decurso do tempo.

No caso de tributos que não estejam sujeitos ao lançamento por homologação, a decadência opera-se segundo o artigo 173, do Código Tributário Nacional, que estipula um prazo de 5 (cinco) anos para que a Fazenda Pública constitua o crédito tributário que considera lhe ser devido. Tal prazo tem a sua contagem iniciada: **(i)** como regra, do primeiro dia do exercício seguinte àquele em que o lançamento poderia ter sido efetuado; ou **(ii)** na data em que se tornar definitiva a decisão que houver anulado, por vício formal, o lançamento anteriormente feito.

Na hipótese de a fiscalização iniciar qualquer medida preparatória relativa ao lançamento, antes do primeiro dia do exercício seguinte àquele em que o lançamento poderia ser efetuado, esse início de atuação estatal *antecipará* a contagem do prazo decadencial, conforme artigo 173, parágrafo único, que prevê o curso da decadência a partir da notificação, ao sujeito passivo, de qualquer medida preparatória indispensável ao lançamento.

Tomando como exemplo um tributo hipotético qualquer, que seja lançado de ofício ou por declaração e cujo fato gerador ocorra no dia 1º de janeiro do ano de 201X, teremos que, se não houver qualquer medida fiscalizatória no próprio curso de 201X, o início do prazo de decadência para extinção do direito ao lançamento ocorrerá em 1º de janeiro de 201X+1. Consequentemente, a decadência ocorrerá em 1º de janeiro de 201X+1+5.

De outro modo, se o sujeito passivo receber uma notificação de início de fiscalização em 2 de fevereiro de 201X, decadência se operará em 2 de fevereiro de 201X+5, conforme artigo 173, parágrafo único, do Código Tributário Nacional (Superior Tribunal de Justiça, Recurso Especial nº 766.050-PR. 1ª Seção, Rel. Min. Luiz Fux, j. em 28.11.2007). Nos termos de julgados posteriores do mesmo Superior Tribunal de Justiça: "a norma do art. 173, parágrafo único, do Código Tributário Nacional incide para antecipar o início do prazo de decadência a que a Fazenda Pública está sujeita para fazer o lançamento fiscal, não para dilatá-lo – até porque, iniciado, o prazo de decadência não se suspende nem se interrompe" (Embargos de Divergência no Recurso Especial nº 1.143.534-PR. 1ª Seção, Rel. Min. Ari Pargendler, j. em 13.3.2013).

Por falar em notificação, um dos exemplos de aplicação do artigo 173, inc. II, extraídos igualmente da jurisprudência do Superior Tribunal de Justiça (Recurso Especial nº 1.174.144-CE. 2ª Turma, Rel. Min. Castro Meira, j. em 27.4.2010), é aquele em que o lançamento anteriormente realizado pela Fazenda Pública é anulado por um *erro formal* na notificação expedida ao sujeito passivo.

No caso analisado pelo Tribunal, a notificação do lançamento foi enviada a endereço errado, sendo que o sujeito passivo alterou os seus dados cadastrais junto ao ente tributante somente em data posterior.

Uma vez anulada judicialmente a cobrança do crédito tributário – na medida em que o sujeito passivo sequer teve conhecimento do lançamento e, por esse motivo, não pôde exercer o seu direito de defesa contra a cobrança na esfera administrativa – o Superior Tribunal de Justiça assegurou o prazo de 5 (cinco) anos, contados da anulação, para que a Fazenda Pública pudesse realizar novo lançamento do crédito que se lhe considerasse devido, nos termos do artigo 173, inc. II.

São outros exemplos de vício formal que, implicando a anulação do lançamento anterior, permitiriam a contagem do prazo decadencial segundo o inc. II: **(i)** a ausência de identificação da autoridade administrativa responsável pelo lançamento (Agravo Regimental no Recurso Especial nº 1.398.155-RN. 1ª Turma, Rel. Min. Benedito Gonçalves, j. em 22.9.2015; e Recurso Especial nº 690.382-PE. 2ª Turma, Rel. Min. Mauro Campbell Marques, j. em 20.10.2009); e **(ii)** a inscrição em dívida ativa de crédito tributário cuja compensação foi rejeitada pelo Fisco, sem abertura de prazo para o sujeito passivo impugnar a negativa (Agravo Regimental no Recurso Especial nº 1.221.146-SC. 2ª Turma, Rel. Min. Humberto Martins, j. em 3.9.2013).

De outro lado, não configuram vício formal e, por isso, não reabrem o prazo decadencial: **(i)** a anulação do lançamento do IPTU mediante aplicação irregular de alíquotas progressivas (Agravo Regimental no Agravo em Recurso Especial nº 296.869-SP. 1ª Turma, Rel. Min. Benedito Gonçalves, j. em 1.10.2013; Agravo Regimental no Agravo em Recurso Especial nº 14.815-SP. 2ª Turma, Rel. Min. Humberto Martins, j. em 14.2.2012; e Agravo Regimental no Recurso Especial nº 1.050.432-SP. 2ª Turma, Rel. Min. Castro Meira, j. em 18.5.2010); e **(ii)** a majoração ilegal do valor venal do imóvel (Recurso Especial nº 964.018-PR. 2ª Turma, Rel. Min. Humberto Martins, j. em 6.11.2007).

No caso dos tributos sujeitos a lançamento por homologação, a grande controvérsia reside em determinar quando estarão eles sujeitos à contagem do prazo decadencial de acordo com o disposto no artigo 150, § 4º, e quando estarão sujeitos ao artigo 173, ambos do Código Tributário Nacional.

Uma hipótese de submissão ao artigo 173 – a nosso ver, a única – está claramente prevista na parte final do § 4º, do artigo 150, que exclui da contagem do prazo decadencial ali regrado os casos de dolo, fraude ou simulação.

Nessa situação, quando o sujeito passivo realiza o lançamento com dolo, fraude ou simulação, fica afastada a contagem do prazo decadência de cinco anos a partir do fato gerador do tributo, passando a ser contato a partir do 1º de janeiro do exercício seguinte àquele em que o lançamento poderia ter sido efetuado, nos termos do artigo 173, inc. I.

Não obstante o § 4º não inclua a "omissão" dentre as hipóteses de transferência da regra de decadência, do artigo 150 para o artigo 173, a jurisprudência consolidada do Superior Tribunal de Justiça entende que a hipótese também se submete ao regime regulado por esse segundo dispositivo.

Com efeito, a súmula nº 555, do Superior Tribunal de Justiça, afirma que, "quando não houver declaração do débito, o prazo decadencial quinquenal para o Fisco constituir o crédito tributário conta-se exclusivamente na forma do art. 173, I, do CTN, nos casos em que a legislação atribui ao sujeito passivo o dever de antecipar o pagamento sem prévio exame da autoridade administrativa".

Na mesma direção é a tese firmada no tema nº 163, nos termos de que "o prazo decadencial quinquenal para o Fisco constituir o crédito tributário (lançamento de ofício) conta-se do primeiro dia do exercício seguinte àquele em que o lançamento poderia ter sido efetuado, nos casos em que a lei não prevê o pagamento antecipado da exação ou quando, a despeito da previsão legal, o mesmo não ocorre, sem a constatação de dolo, fraude ou simulação do contribuinte, inexistindo declaração prévia do débito" (Recurso Especial nº 973.733-SC. 1ª Seção, Rel. Min. Luiz Fux, j. em 12.8.2009).

No entender do Superior Tribunal de Justiça, a regra do artigo 173, inc. I, é aplicável na hipótese de omissão do sujeito passivo porque, diante da ausência de declaração e pagamento antecipado do tributo devido, não haveria o que homologar, expressa ou tacitamente, no prazo disciplinado pelo artigo 150, § 4º.

Nessa matéria, o Tribunal Superior adotou como corretas as regras relativas à decadência aplicáveis aos tributos sujeitos a lançamento por homologação, extraídas da doutrina de Eurico Marcos Diniz de Santi, em sua obra *Decadência e Prescrição no Direito Tributário* (3ª ed., Max Limonad, São Paulo, 2004).

Um importante aspecto a ser considerado, ainda em termos de aplicação do artigo 173, diz respeito à diferenciação de qual seria o "primeiro dia do exercício seguinte àquele em que o lançamento poderia ser feito", na hipótese de tributos cujo fato gerador ocorre no dia 31 de dezembro de cada ano, como é o caso do imposto de renda.

Em tal situação, o Superior Tribunal de Justiça entende que, ocorrendo o fato gerador no dia 31 de dezembro do ano 20X0, o lançamento somente poderia ser realizado no curso do exercício de 20X1. Dessa forma, o primeiro dia do exercício seguinte àquele em que o lançamento poderia ser efetuado é 1º de janeiro de 20X2. Consequentemente, a decadência operará os seus efeitos em 1º de janeiro de 20X7 (Agravo Regimental no Agravo em Recurso Especial nº 252.942-PE. 2ª Turma, Rel. Min. Herman Benjamin, j. em 6.6.2013).

Ainda em relação à decadência, vale mencionar a tese firmada pelo Superior Tribunal de Justiça no seu tema repetitivo nº 604 (Recurso Especial nº 1.355.947-SP. 1ª Seção, Rel. Min. Mauro Campbell Marques, j. em 12.6.2013), no sentido de que "a decadência, consoante a letra do art. 156, V, do CTN, é forma de extinção do crédito tributário. Sendo assim, uma vez extinto o direito, não pode ser reavivado por qualquer sistemática de lançamento ou auto-lançamento, seja ela via documento de confissão de dívida, declaração de débitos, parcelamento ou de outra espécie qualquer (DCTF, GIA, DCOMP, GFIP, etc.)".

***Prescrição***

Há de se ter atenção ao momento em que se abandona a contagem do prazo decadencial e, diante da situação concreta, passa-se a falar em ***prescrição***. Essa é a hipótese que ocorre quando o sujeito passivo declara determinado crédito tributário, mas não procede ao seu pagamento antecipado.

O Superior Tribunal de Justiça considera ser aí desnecessária qualquer providência por parte da Fazenda Pública, podendo ela proceder diretamente à cobrança judicial da dívida definitivamente constituída pelo sujeito passivo (súmula nº 436). Com efeito, no entendimento da Corte Especial: "a falta de recolhimento, no devido prazo, do valor correspondente ao crédito tributário assim regularmente constituído acarreta, entre outras consequências, as de (a) autorizar a sua inscrição em dívida ativa, (b) fixar o termo a quo do prazo de prescrição para a sua cobrança, (c) inibir a expedição de certidão negativa do débito e (d) afastar a possibilidade de denúncia espontânea" (Agravo Regimental nos Embargos de Divergência no Recurso Especial nº 638.069-SC. 1ª Seção, Rel. Min. Teori Zavascki, j. em 25.5.2005).

Portanto, passa a ser contado o prazo de prescrição para o ajuizamento da respectiva execução fiscal, não havendo mais de se falar em decadência relativamente ao crédito tributário lançado e não pago pelo sujeito passivo.

Como regra, então, "reconhecida a regular constituição do crédito tributário, não há mais que falar em prazo decadencial, mas sim em prescricional, cuja contagem deve se iniciar no dia seguinte à data do vencimento para o pagamento da exação, porquanto antes desse momento o crédito não é exigível do contribuinte" (tema nº 903, aprovado no julgamento do Recuso Especial nº 1.320.825-RJ. 1ª Seção, Rel. Min. Gurgel de Faria, j em 10.8.2016).

Outra manifestação vinculante do Superior Tribunal de Justiça, que também destaca o início do prazo prescricional, pode ser encontrada no já referido tema nº 980, fixando que: "(i) O termo inicial do prazo prescricional da cobrança judicial do Imposto Predial e Territorial Urbano – IPTU inicia-se no dia seguinte à data estipulada para o vencimento da exação; (ii) o parcelamento de ofício da dívida tributária não configura causa interruptiva da contagem da prescrição, uma vez que o contribuinte não anuiu".

Com o transcurso do tempo, portanto, poderá perecer o direito da Fazenda Pública a exigir forçadamente o pagamento do tributo, mediante o ajuizamento de execução fiscal, o que se rege pelo artigo 174, do Código Tributário Nacional, segundo o qual o prazo de cinco anos da prescrição é contato da data da constituição definitiva do crédito tributário, interrompendo-se apenas: **(i)** pelo despacho do juiz que ordenar a citação em execução fiscal; **(ii)** pelo protesto judicial; **(iii)** por qualquer ato judicial que constitua em mora o devedor; ou **(iv)** por qualquer ato inequívoco ainda que extrajudicial, que importe em reconhecimento do débito pelo devedor.

A respeito da data de início da contagem do prazo prescricional, também chama a atenção a jurisprudência do Superior Tribunal de Justiça em torno do redirecionamento de execuções fiscais contra terceiros considerados responsáveis, em especial na hipótese do artigo 135, em relação às sociedades dissolvidas irregularmente.

Desde 2010, o Superior Tribunal de Justiça chamou para si decidir, em caráter vinculante, no Recurso Especial nº 1.201.993-SP, se naquela situação o prazo prescricional teria início **(i)** no momento em que a Fazenda Pública tem ciência da dissolução irregular da sociedade ou **(ii)** com o próprio ato de dissolução irregular.

Por ocasião do julgamento do Recurso Especial nº 1.201.993-SP (1ª Seção, Rel. Min. Herman Benjamin, j. em 8.5.2019), porém, fixou-se o entendimento de que: **(i)** caso a dissolução irregular tenha ocorrido antes da citação do devedor na execução fiscal, o prazo de prescricional de 5 (cinco) anos para o redirecionamento contra os sócios é contado a partir da citação; já se **(ii)** a dissolução for posterior à citação positiva do devedor, o prazo prescricional se iniciará a partir da data da prática do ato inequívoco de dissolução irregular.

Em relação às causas de interrupção da prescrição, quando qualquer uma delas se verificar, voltarão a correr na íntegra os 5 (cinco) anos previstos no artigo 174. Dessa maneira, se a execução fiscal tiver sido ajuizada dentro do prazo quinquenal e houver o despacho do juiz determinando a citação do executado, reiniciará a contagem da prescrição (hipótese conhecida como ***prescrição intercorrente***).

O protesto judicial, previsto no artigo 174, parágrafo único, inc. II, é procedimento de jurisdição voluntária que interrompe a prescrição e se encontra regulado pelo artigo 726, § 2º, do Código de Processo Civil, sendo instrumento para se manifestar formalmente uma vontade a outrem, por intermédio de um processo judicial.

Não se confunda essa hipótese com o protesto extrajudicial da certidão de dívida ativa, previsto no parágrafo único, artigo 1º, da Lei nº 9.492/97, o qual apenas corresponde ao "ato formal e solene pelo qual se prova a inadimplência e o descumprimento de obrigação originada em títulos e outros documentos de dívida", não representando evento capaz de interromper o curso da prescrição. E isso porque, seja na hipótese do inciso II, seja na do inciso III, o artigo 174 cuida sempre da interrupção da prescrição "por qualquer ato ***judicial*** que constitua em mora o devedor" (g.n.), o que não ocorre no caso do protesto de CDA.

O Código Tributário Nacional prescreve que interrompe a prescrição, ainda, "qualquer ato inequívoco ainda que extrajudicial, que importe em reconhecimento do débito pelo devedor". Nessa modalidade, podemos encaixar diversas situações em que o próprio devedor, explícita ou implicitamente, reconhece a existência do débito, tais como a solicitação de um parcelamento, o requerimento de adesão a um determinado programa de moratória ou remissão parcial, e assim por diante.

Por último, vale comentar que não se aplicam à temática tributária: **(i)** a regra de recontagem do prazo prescricional pela metade, prevista no artigo 9º, do Decreto nº 20.910/1932 (Agravo Regimental no Recurso Especial nº 885.720-MG. 2ª Turma, Rel. Min. Herman Benjamin, j. em 19.2.2009); nem **(ii)** a regra de suspensão da prescrição em razão da inscrição do débito em dívida ativa, prevista no artigo 2º, § 3º, da Lei nº 6.830/80 (Embargos de Divergência no Recurso Especial nº 981.480-SP. 1ª Seção, Rel. Min. Benedito Gonçalves, j. em 12.8.2009).

## Exclusão do crédito tributário

Avançando pelas normas gerais do sistema tributário brasileiro, encontramos, no artigo 175, do Código Tributário Nacional, duas hipóteses denominadas como causa de exclusão do crédito tributário, notadamente a ***isenção*** e a ***anistia***.

***Isenção e anistia***

Chama a atenção a inserção da figura da anistia em local distinto da remissão, que, como já vimos, é uma das causas de *extinção* do crédito. Afinal, tanto num caso, quanto no outro, há uma renúncia da Fazenda Pública em exigir o pagamento de um determinado crédito tributário, com a diferença de que, no caso da anistia, o crédito tributário deriva de penalidade por infração à legislação tributária.

A *extinção* do crédito tributário traz sempre a ideia de algo que existe em um primeiro momento (o crédito tributário), mas que é eliminado em um instante posterior, por um determinado motivo previsto na lei.

Dessa maneira, seja no caso da remissão, seja no da anistia, estaríamos falando exatamente disso: da eliminação de um crédito tributário preexistente, que se opera em razão de um fato externo e posterior. Daí porque, tanto num caso, quanto noutro, teríamos uma exoneração tributária similar, de "fora para dentro" (exógena).

Tanto parece ser assim que, de acordo com a definição do artigo 180, do Código Tributário Nacional, a anistia pode abranger exclusivamente as infrações à legislação tributária cometidas *antes* da vigência da lei que a conceder. E não pode ser concedida: **(i)** relativamente a atos qualificados como crimes ou contravenções, nem aos atos que, mesmo assim não enquadrados, sejam praticados com dolo, fraude ou simulação; e **(ii)** tampouco às infrações resultantes de conluio entre duas ou mais pessoas naturais ou jurídicas.

A expressão *exclusão*, diferentemente, dá a ideia de colocar algo de lado, de afastar de um determinado universo um objeto que, em princípio, lhe pertenceria.

Há mais coerência no uso dessa expressão com relação à isenção, na medida em que esse fenômeno, de fato, exclui da incidência tributária algo que, em princípio, estaria dentro desse universo.

Tal exclusão é feita, então, a partir de um determinado elemento que compõe o fato isento, o qual é eleito pela norma isentiva, para excluir aquele fato do campo da incidência do tributo ao qual normalmente pertenceria.

Esse é motivo pelo qual se pode dizer que a isenção é uma modalidade de exoneração tributária "de dentro para fora" (endógena).

Embora a isenção e a anistia estejam ambas referidas como causas de exclusão do crédito tributário, no mesmo artigo 175, do Código Tributário Nacional, o que realmente as une é a regra comum, do parágrafo único, de que tanto uma, quanto a outra, não dispensam o cumprimento das obrigações acessórias dependentes ou consequentes da obrigação principal cujo crédito é excluído.

As duas causas de exclusão também podem ser criadas em caráter geral ou específico, sendo que, no caso da anistia, o artigo 181 autoriza a sua discriminação limitando-se: **(i)** a infrações relacionadas a um determinado tributo; **(ii)** a infrações punidas com penalidades pecuniárias até um determinado valor, conjugadas ou não com penalidades de outra natureza; **(iii)** a determinada região do território da entidade tributante, em função de condições a ela peculiares; ou **(iv)** à condição de que o tributo atrelado à penalidade seja pago dentro de determinado prazo.

Assim como a remissão, não é incomum encontrar-se a concessão de anistias na hipótese **(iii)** referida no parágrafo anterior, quando ocorrem desastres naturais ou situações de calamidade em uma determinada região do país. Nesses casos, a Fazenda Pública acaba por vezes editando normas de perdão tanto ao crédito tributário principal (remissão), quanto também da cobrança de quaisquer penalidades por infração à legislação tributária (anistia).

Quando concedidas em caráter específico, tanto a anistia, quanto a isenção, dependem de despacho de autoridade competente, exarado à luz de requerimento em que o interessado faça prova do preenchimento de todas as condições e dos requisitos para a fruição do benefício (artigos 179 e 182, do Código Tributário Nacional).

Se o tributo ao qual se aplicar a isenção específica for lançado por período certo de tempo (por exemplo, IPTU lançado anualmente), o despacho de efetivação da isenção deverá ser renovado com igual periodicidade e sempre antes de expirado cada período. Por isso: **(i)** são automaticamente cessados os efeitos da isenção a partir do primeiro dia do período para o qual o interessado deixar de promover a continuidade do reconhecimento a isenção; e **(ii)** o despacho de efetivação de isenção para um período não gerará qualquer tipo de direito adquirido para fatos geradores posteriores. Tudo isto conforme §§ 1º e 2º, do artigo 182.

Em relação à isenção específica, haverá que se atentar sempre se o legislador, ao eleger um fator de discriminação para isentar um determinado evento ou uma determinada pessoa, em detrimento de todos os demais, está ou não agindo em conformidade com o princípio da isonomia tributária e com os demais princípios que regulam o sistema tributário nacional.

Como já se viu, seria flagrantemente inconstitucional instituir isenções específicas em razão de origem, raça, sexo, cor ou idade do sujeito passivo, por exemplo, pois qualquer tipo de discriminação com base nesses critérios é proibida pelo artigo 5º, *caput*, inc. I, e artigo 7º, incs. XXX e XXXI, da Constituição. Não se poderiam criar isenções em razão de ocupação profissional ou função exercida pelo sujeito passivo, nem em função da denominação jurídica de rendimentos, títulos ou direitos, porque assim também é vedado pelo artigo 150, inc. II.

Outras discriminações não autorizadas pela Constituição: **(i)** concessão de privilégios pela União a Estados, ao Distrito Federal ou a Municípios, salvo para promover o equilíbrio do desenvolvimento socioeconômico entre as diferentes regiões do país (artigo 151, inc. I); **(ii)** discriminação tributária por parte dos Estados, Distrito Federal e Municípios, em relação a bens e serviços em função da sua procedência ou destino (artigo 152); e **(iii)** privilégios tributários para empresas públicas e sociedades de economia mista, em detrimento do setor privado (artigo 173, inc. II e § 2º).

De outro lado, a isenção poderá ser concedida em caráter discriminatório, conforme artigo 176, parágrafo único, do Código Tributário Nacional, em relação a determinada região do território do ente tributante, em função de condições a ela peculiares (e para promover o equilíbrio do desenvolvimento socioeconômico entre as diferentes regiões do país, conforme o artigo 151, inc. I, acima mencionado).

Poderá também ser limitada a determinado universo de sujeitos passivos ou fatos geradores de acordo com a capacidade contributiva ou em razão de outros fatores explicitamente referidos na Constituição, tais como:

- dar tratamento tributário adequado ao ato cooperativo praticado pelas sociedades cooperativas (artigo 146, inc. III, alínea "c"), em prol do apoio e estímulo ao cooperativismo e outras formas de associativismo (artigos 174, §§ 2º a 4º, e 187, inc. VI);

- dar tratamento tributário diferenciado e favorecido para microempresas e empresas de pequeno porte (artigos 146, inc. III, alínea "d") em cumprimento à determinação do artigo 170, inc. VI, e como forma de promover a livre-concorrência (artigo 170, inc. IV), reduzindo para esses agentes econômicos a barreira natural à entrada representada pelas elevadas e complexas obrigações tributárias existentes (artigo 179);
- estabelecer critérios especiais de tributação para prevenir desequilíbrios da concorrência (artigo 146-A), visando à proteção do princípio da livre concorrência (artigos 170, inc. IV, e 173, § 4º);
- beneficiar atividades econômicas em razão da utilização intensiva de mão de obra, do porte da empresa ou da condição estrutural do mercado de trabalho (artigo 195, § 9º), em prol da valorização do trabalho humano (artigo 170, caput), no caso das contribuições sociais (artigo 149);
- incentivar a aquisição de bens de capital pelo contribuinte do imposto (artigo 153, § 3º, inc. VI);
- promover a função social da propriedade rural e urbana (artigo 170, inc. III) e o uso adequado do imóvel ao planejamento urbano (artigo 182, caput);
- valorizar o trabalho e a livre iniciativa (artigos 1º, inc. IV, 170, caput), buscando o pleno emprego (artigo 170, inc. VIII);
- adequar a tributação de veículos automotores em função do seu tipo e da sua utilização (artigo 155, § 6º, inc. II), inclusive para adequar a tributação a aspectos de preservação do meio ambiente (artigo 225, inc. V), à ordenação do transporte terrestre (artigo 178), à promoção da educação no ensino fundamental (artigo 208, inc. VII) ou à promoção do adequado acesso das pessoas portadoras de deficiência ao transporte coletivo (artigos 227, § 2º, e 244);
- tratar diferenciadamente produtos e serviços, bem como os seus processos de elaboração e prestação, de acordo com o impacto ambiental por eles gerados, como forma de promoção da defesa ambiental (artigo 170, inc. VI) e de controle da produção, comercialização e emprego de técnicas, métodos e substâncias que com-

portem risco para a vida, para a qualidade de vida e para o meio ambiente (artigo 225, inc. V); e, ainda

- desonerar (artigos 153, § 3º, inc. I, 155, § 2º, inc. III, e 82, do Ato das Disposições Constitucionais Transitórias) produtos, mercadorias e serviços mais essenciais e menos supérfluos.

A anistia, quando concedida em caráter específico, mediante despacho da autoridade administrativa competente, também não gerará direito adquirido ao sujeito passivo, segundo o parágrafo único, do artigo 182, tal como se dá com a isenção. E assim ocorre também com a moratória, como já vimos, se for verificado que o beneficiado não satisfazia ou deixou de satisfazer as condições ou não cumpria ou deixou de cumprir os requisitos para o perdão legal das penalidades ao cometimento de infração à legislação tributária.

Na prática, em matéria de ICMS, os Estados e o Distrito Federal buscam a celebração de convênios no âmbito do Conselho Nacional de Política Fazendária (Confaz) para poderem conceder anistias. E isso em face da regra do artigo 155, § 2º, inc. XII, alínea "g", da Constituição, que exige esse tipo de deliberação conjunta para a concessão de "isenções, incentivos e benefícios fiscais" relativos ao imposto estadual.

Observe-se, no entanto, que essa norma não se refere explicitamente à figura da anistia, tal como o faz o artigo 150, § 6º, da Constituição, que submete a concessão do perdão ao princípio da estrita legalidade. A Lei Complementar nº 24/1975, quando faz referência aos tais "incentivos e benefícios fiscais" que dependem de convênio, igualmente não se refere à figura da anistia.

E faz sentido que assim o seja, na medida em que, diferentemente da remissão, essa figura de exclusão limita-se às infrações à legislação tributária, fato esse (a infração) que obrigatoriamente antecede à norma de anistia, como já examinamos.

Sob esse ponto de vista e no que se refere ao fenômeno da guerra fiscal que o artigo 155, § 2º, inc. XII, alínea "g", se propõe a combater, não há qualquer sentido em limitar a possibilidade de perdão ao sujeito passivo infrator da legislação do ICMS, pois esse evento obrigatoriamente ocorrerá após esse mesmo sujeito passivo já ter estabelecido as suas atividades em determinada Unidade da Federação e, no exercício dessas mesmas atividades, ter cometido infração à legislação tributária do Estado ou Distrito Federal.

Apesar disso, há pelo menos uma manifestação genérica do Supremo Tribunal Federal (Ação Direta de Inconstitucionalidade nº 2.345-SC. Pleno, Rel. Min. Cezar Peluso, j. em 30.6.2011) exigindo, também para as anistias em matéria de ICMS, que se observem as regras do artigo 155, § 2º, inc. XII, alínea "g", e da Lei Complementar nº 24/1975, celebrando-se convênio no âmbito do Confaz.

Em relação ao ISS, o artigo 88, inc. III, do Ato das Disposições Constitucionais Transitórias, dispunha que, até o advento de lei complementar sobre o tema, não poderia haver a "concessão de isenções, incentivos e benefícios fiscais, que resulte, direta ou indiretamente, na redução da alíquota mínima" de 2% (dois por cento) estabelecida no inciso I do mesmo dispositivo.

Com o advento da Lei Complementar nº 157/2016, foi acrescido o artigo 8º-A, na Lei Complementar nº 116/2003, informando que o ISS "não será objeto de concessão de isenções, incentivos ou benefícios tributários ou financeiros, inclusive de redução de base de cálculo ou de crédito presumido ou outorgado, ou sob qualquer outra forma que resulte, direta ou indiretamente, em carga tributária menor que a decorrente da aplicação da alíquota mínima" de 2º, prevista no *caput* do mesmo artigo.

Da mesma maneira como em relação ao ICMS, também aqui não há referência à exclusão do crédito tributário do ISS por anistia, de tal sorte que a sua concessão não resulta na nulidade dos §§ 1º e 2º, do referido artigo 8º-A, tampouco em ato de improbidade administrativa, conforme artigo 10-A, da Lei nº 8.429/92.

Apesar disso, o artigo 165, § 6º, da Constituição, estabelece que, em qualquer hipótese, o projeto de lei orçamentária deve ser acompanhado de demonstrativo regionalizado do efeito, sobre receitas e despesas, de quaisquer tipos de desonerações, inclusive anistias tributárias. E essa regra é repetida no artigo 14, da Lei Complementar nº 101/2002, com ressalva dos débitos cujo montante seja inferior aos respectivos custos de cobrança.

Sendo tudo isso observado, a concessão da anistia será perfeitamente válida.

No caso da isenção, entretanto, todas as limitações acima, relativas ao ICMS e ao ISS, são plenamente aplicáveis, sendo raras as hipóteses em que se poderia defender que a norma isentiva não seria um possível instrumento de guerra fiscal (Medida Cautelar na Ação Direta de Inconstitucionalidade nº 1.978- SP. Pleno, Rel. Min. Nelson Jobim, j. em 13.5.1999) e que, dessa maneira, não precisaria se submeter à sistemática do artigo 155, § 2º, inc. XII, alínea "g", e à disciplina da Lei Complementar nº 24/1975.

Tal como na anistia, o artigo 150, § 6º, da Constituição, também exige lei em sentido estrito para a concessão de isenção, podendo-se a respeito disso destacar algumas polêmicas havidas nos Tribunais Superiores, notadamente:

- o legislador pode delegar ao Poder Executivo criar isenções? Não, segundo decidido na Medida Cautelar na Ação Direta de Inconstitucionalidade nº 1296-7-PE (Pleno, Rel. Min. Celso de Mello, j. em 14.6.1995);
- a isenção pode ser instituída por Resolução Legislativa? Não, como se decidiu nos Embargos de Divergência no Recuso Especial nº 723.575-MG (1ª Seção, Rel. Min. Teori Zavascki, j. em 26.11.2008) e no Recurso Especial nº 736.200-MG (1ª Turma, Rel. Min. Denise Arruda, j. em 9.12.2008), superando o entendimento havido nos Embargos de Declaração, nos Embargos de Declaração no Agravo Regimental no Agravo de Instrumento nº 565.121-MG (1ª Turma, Rel. Min. José Delgado, j. em 17.3.2005);
- a isenção pode ser instituída por decreto? Não, segundo julgado no Recurso Especial nº 556.287-RN (2ª Turma, Rel. Min. Eliana Calmon, j. em 4.11.2004); e, finalmente
- se a isenção é dada por lei complementar, pode ser revogada por lei ordinária? Essa foi a discussão havida em torno da isenção da Cofins para as sociedades de profissionais (artigo 6º, inc. II, da Lei Complementar nº 70/1991, revogado pelo artigo 59, da Lei nº 9430/96), sendo que: **(i)** o Superior Tribunal de Justiça inicialmente entendeu que não seria possível a revogação, por violação à hierarquia das leis (súmula nº 276); mas **(ii)** depois cancelou a sua súmula (Ação Rescisória nº 3761-PR. 1ª Seção, Rel. Min. Eliana Calmon, j.

em 12.11.2008) e se dobrou à jurisprudência do Supremo Tribunal Federal; que **(iii)** considerou possível a revogação, porque a matéria não estava constitucionalmente reservada à lei complementar (Recurso Extraordinário nº 419.629-8-DF. Pleno, Rel. Min. Sepúlveda Pertence, j. em 23.5.2006).

Retornando ao Código Tributário Nacional, a lei que institui a isenção pode fixar *condições* e *requisitos* ou *prazo* de duração da exclusão do crédito tributário. Na primeira hipótese, quando impõe condições ou requisitos, fala-se em isenção *com encargo*; quando impõe prazos determinados, fala-se em isenção *a termo*.

Quando a isenção cumular *encargo* e *termo*, isto é, quando se tratar de isenção sujeita a condição ou requisitos e também a um determinado prazo de duração, não poderá ser ela revogada ou modificada, havendo de se respeitar o direito adquirido do sujeito passivo à fruição do favor fiscal correspondente. Nesse sentido, valem as referências à súmula nº 544, do Supremo Tribunal Federal, e ao Recurso Especial nº 960.777-RS (2ª Turma, Rel. Min. Ministro Herman Benjamin, j. em 11.9.2007).

Quando se tratar de isenção relativa a impostos sobre o patrimônio ou a renda, a sua revogação somente entrará em vigor no primeiro dia do exercício seguinte àquele em que for publicada a lei correspondente, conforme artigo 104, inc. III, do Código Tributário Nacional.

Em todas as demais situações, a revogação da isenção surtirá efeitos imediatos, sem que haja qualquer tipo de afronta aos princípios constitucionais da anterioridade, uma vez que, por se tratar de hipótese de mera exclusão do crédito tributário, não haverá nenhuma novidade com relação à existência da norma de incidência, que está sendo conscientemente bloqueada por uma regra temporária de conhecimento do sujeito passivo (Supremo Tribunal Federal: Recurso Ordinário em Mandado de Segurança nº 14.473-SP. Pleno, Rel. Min. Hermes Lima, j. em 30.8.1965; Recurso Extraordinário nº 97.455-5-RS. 2ª Turma, Rel. Min. Moreira Alves, j. em 10.12.1982; e Ação Direta de Inconstitucionalidade nº 286-4-RO. Pleno, Rel. Min. Maurício Corrêa, j. em 22.5.2002).

A isenção somente poderá alcançar tributos a ela anteriores, jamais podendo ser estendida a novos tributos instituídos posteriormente à sua publicação (Recurso Especial nº 1.060.145-PE. 1ª Turma, Rel. Min. Francisco Falcão, j. em 4.9.2008), nem tampouco, segundo o artigo 177, do Código Tributário Nacional, às taxas e às contribuições de melhoria.

Por fim, vale mencionar outras duas regras relevantes relativas à isenção e que se encontram dispersas no Código Tributário Nacional.

A primeira, prevista no artigo 125, inc. II, estabelece que, no caso de solidariedade entre os sujeitos passivos, a isenção exonera todos os coobrigados, salvo se outorgada a apenas um deles, em caráter pessoal, subsistindo a solidariedade em relação aos demais e pelo saldo.

Assim, conforme exemplo já referido anteriormente: **(i)** no caso de imóvel com valor venal de R$ 1.000.000,00 (um milhão de reais) que é copropriedade de quatro pessoas, sendo uma delas aposentada e, por esse motivo, isenta; **(ii)** se a alíquota de IPTU for de 1%, o imposto devido seria de R$ 10.000,00; mas **(iii)** em razão da isenção outorgada em caráter pessoal a um dos coproprietários, os demais serão devedores solidários do saldo de R$ 7.500,00.

A segunda regra é encontrada no artigo 111, do Código Tributário Nacional, também já mencionado em razão de determinar que a lei que concede isenção deva ser interpretada "literalmente". No entender do Superior Tribunal de Justiça, isso não quer dizer que apenas o método literal de interpretação possa ser utilizado para extrair o conteúdo da norma isentiva. Pelo contrário, todos os métodos hermenêuticos podem e devem ser empregados, ficando vedada apenas a integração da norma isentiva pela *analogia* (Recurso Especial nº 1.100.210-RS. 1ª Turma, Rel. Min. Francisco Falcão, j. em 22.5.2007; Recurso Especial nº 79.145-MG. 1ª Turma, Rel. Min. Milton Luiz Pereira, j. em 18.4.1996; e Recurso Especial nº 567.873-MG. 1ª Turma, Rel. Min. Luiz Fux, j. em 10.2.2004).

Vale ainda referir, antes da conclusão deste tópico, a autorização que era dada pela Constituição de 1967, às chamadas *isenções heterônomas* (Agravo Regimental no Agravo de Instrumento nº 210.358-9-RS. 1ª Turma, Rel. Min. Sepúlveda Pertence, j. em 6.12.2005), permitindo, no seu artigo 19, § 2º, que "a União, mediante lei complementar e atendendo a relevante interêsse social ou econômico nacional, poderá conceder isenções de impostos estaduais e municipais".

No contexto da Constituição atual isso não é mais possível, pois passou a constar expressamente do artigo 151, inc. III, ser vedado à União "instituir isenções de tributos da competência dos Estados, do Distrito Federal ou dos Municípios".

Ainda assim, deve-se respeitar que o Presidente da República, na condição de representante do Estado Brasileiro (Recurso Extraordinário nº 229.096-0-RS. Pleno, Rel. Min. Cármen Lúcia, j. em 16.8.2007), tem o poder de firmar acordos e tratados internacionais (artigo 84, inc. VIII) que, indiretamente, são capazes de interferir em políticas fiscais de todos os entes da Federação, incluindo os Estados, Distrito Federal e Municípios. Afinal, conforme artigos 21, inc. I, e 22, inc. VIII, da Constituição, compete à União manter relações com Estados estrangeiros e participar de organizações internacionais, bem como legislar sobre comércio exterior e interestadual.

Dessa forma, a principal interferência que tais acordos e tratados acabam por criar diz respeito à regra de não discriminação tributária e ao princípio da nação mais favorecida, que poderão estar neles contidos.

Segundo essa primeira regra, um produto ou serviço proveniente de um país signatário do acordo comercial deve ter o mesmo tratamento tributário aplicável ao produto similar nacional (vide artigo III, do Acordo Geral sobre Tarifas Aduaneiras e Comércio de 1947 – GATT; artigo 7º, do Tratado de Assunção; e artigo 46, do Tratado de Montevidéu; como exemplos).

De acordo aquele princípio, qualquer vantagem, favor, imunidade ou privilégio concedido a um produto originado ou destinado a qualquer outro país, deve ser imediata e incondicionalmente estendido ao produto similar, originado ou destinado de país signatário do acordo comercial prevendo esse tipo de cláusula (artigo I, do GATT).

Com base nisso, a jurisprudência dos Tribunais Superiores já editou três súmulas consagrando o respeito a tais acordos internacionais, sem que isso represente autorização à concessão de *isenções heterônomas*. Trata-se apenas da extensão, ao produto de origem importada, da mesma isenção fiscal instituída pela legislação interna para o produto nacional idêntico ou similar

Nesse sentido, vale citar: **(i)** a súmula nº 575, do Supremo Tribunal Federal, entendendo que à mercadoria importada de país signatário do GATT ou membro da ALALC, estende-se a isenção do imposto de circulação de mercadorias concedida a similar nacional; **(ii)** a súmula nº 20, do Superior Tribunal de Justiça, concluindo que a mercadoria importada de país signatário do GATT é isenta do ICM, quando contemplado com esse favor o similar nacional; e **(iii)** a súmula nº 71, do Superior Tribunal de Justiça, afirmando que o bacalhau importado de país signatário do GATT é isento do ICMS (o que deixou de ter efeito a partir de 30.4.1999, quando expirou a isenção prevista no Convênio ICMS nº 60/1991, conforme Recurso Especial nº 871.760-BA. 1ª Seção, Rel. Min. Luiz Fux, j. em 11.3.2009).

A questão encontra-se tão consolidada que, inclusive no âmbito da administração fazendária, não gera mais tanta controvérsia, havendo julgados administrativos (Tribunal de Impostos e Taxas do Estado de São Paulo. DRTC-II-340192/06. 1ª Câmara Julgadora, j. em 24.9.2009) e soluções de consulta da Secretaria da Fazenda do Estado de São Paulo (Respostas às Consultas nºs 207/09, 279/09 e 360/09), por exemplo, reconhecendo a extensão da isenção de ICMS para mercadorias "de origem nacional", destinadas à Zona Franca de Manaus, também para produtos do Mercosul e de países signatários do GATT.

## Categorias especiais da técnica de tributação

A expressão que dá nome a este tópico foi cunhada pelo Professor Ruy Barbosa Nogueira, na sua clássica "apostila" de Direito Tributário (*Curso de direito tributário*. 12ª edição. São Paulo: Saraiva, 1994), na qual sob esse título foi reservado todo um capítulo para definir e distinguir os institutos jurídicos que estão à disposição do Estado para desonerar atos, fatos ou pessoas do pagamento de tributos.

Desde então, já era claro perceber, a partir da didática representação gráfica usada por Ruy Barbosa em sala de aula – e repetida posteriormente por tantos alunos e professores – que cada "categoria técnica" teria a capacidade de afetar o fenômeno da tributação de uma maneira própria. Relembremos:

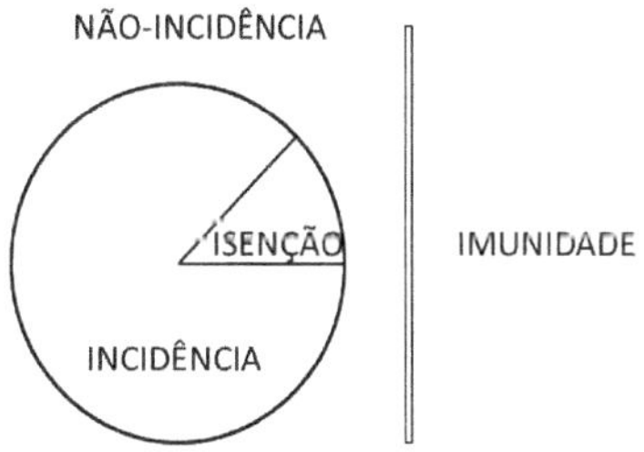


Incidência – *é o fato de a* situação *previamente descrita na lei ser realizada e incidir no tributo, dar nascimento à obrigação tributária*
*(...)*

Não incidência – é o inverso, isto é, o fato de a situação ter ficado fora dos limites do campo tributário, ou melhor, a não-ocorrência do fato gerador, porque a lei não descreve a hipótese de incidência.
Isenção – é a dispensa do pagamento do tributo devido, feita por disposição expressa da lei e por isso mesmo excepcionada da tributação.
*(...)*

Imunidade – *... forma qualificada ou especial de não-incidência, por supressão, na Constituição, da competência impositiva ou do poder de tributar...*

A partir desse resumo, percebe-se que as "categoriais técnicas" devem ser vistas cada qual de acordo com o regime jurídico que regula a sua utilização, segundo é dado pela Constituição Federal e pelas normas gerais de direito tributário, veiculadas especialmente pelo Código Tributário Nacional.

***Não incidência***

Sendo a ***não incidência*** o reverso da incidência, a desoneração por ela provocada submete-se ao mesmo rigor do princípio da legalidade tributária que condiciona a cobrança do tributo. Dessa forma, a eliminação da não--incidência não pode ocorrer senão por lei em sentido estrito, lei essa que então promoverá a instituição do tributo sobre dado fato até então não onerado.

Submete-se também ao princípio da isonomia tributária, que impede que situações equivalentes recebam tratamento tributário desigual, o que ocorreria no caso de estar uma dessas situações sujeita à incidência e a outra, equivalente, no campo da não-incidência.

Isso não quer dizer que não possa haver discriminações na lei instituidora do tributo – e, negativamente, instituidora das hipóteses de não incidência. As discriminações serão aceitas, como já vimos em outros momentos, se **(i)** tiverem por objetivo concretizar algum valor constitucionalmente reconhecido e legítimo a justificá-las e **(ii)** forem razoáveis e proporcionais para o atingimento desse objetivo.

O princípio da igualdade parece justificar, por exemplo, a consolidada jurisprudência dos Tribunais Superiores no sentido de ser taxativa a lista de serviços sujeitos ao ISS, permitindo, no entanto, a aplicação extensiva de cada item para fins de exigir a cobrança do tributo.

Afinal, aceitar que a simples mudança de nomenclatura de um serviço pudesse determinar a incidência ou não-incidência do ISS seria o mesmo que admitir que, para situações semelhantes, houvesse tratamento tributário desigual (vide o julgamento do tema nº 132, do Superior Tribunal de Justiça, ocorrido no Recurso Especial nº 1.111.234-PR. 1ª Seção, Rel. Min. Eliana Calmon, j. em 23.9.2009) em contrariedade à norma do artigo 150, inc. II, da Constituição.

Diferentemente da incidência, porém, a não incidência não precisa observar qualquer tipo de anterioridade quanto à sua instituição. Isso significa dizer: retirado determinado fato do campo de incidência do tributo, o efeito da desoneração é imediato.

De outra sorte, embora não haja restrição constitucional explícita à aplicação retroativa de uma norma de não incidência, essa "categoria técnica" de tributação efetivamente atingirá fatos passados se, nos termos do que indiretamente cuida o artigo 106, do Código Tributário Nacional, for veiculada mediante lei expressamente interpretativa.

Se não for o caso, a desoneração retroativa terá a natureza de extinção do crédito tributário por remissão, não se apagando o fato de haver ocorrido a incidência tributária em momento pretérito.

### *Imunidade*

Apesar de ser referida como uma não incidência ou isenção "qualificada", a ***imunidade***, como já vimos, não guarda tantas semelhanças com as demais categorias da técnica da tributação.

Em razão de estar incorporada ao próprio texto constitucional, a imunidade não pode ser desafiada por lei instituidora de tributo, tampouco revogada por norma posterior editada pelo próprio Constituinte Derivado, uma vez que faria parte do rol de direitos e garantias do indivíduo, protegidos pela petrificação do artigo 62, § 4º, inc. IV.

Esse foi o entendimento do Supremo Tribunal Federal, no Recurso Extraordinário nº 636.941-RS (Pleno, Rel. Min. Luiz Fux, j. em 13.2.2014), quando afirmou que "a isenção prevista na Constituição Federal (art. 195, § 7º) tem o conteúdo de regra de supressão de competência tributária, encerrando verdadeira imunidade" e que "as imunidades têm o teor de cláusulas pétreas".

***Isenção***

A ***isenção***, como vimos igualmente, é tida pelo Código Tributário Nacional como uma hipótese de "exclusão" do crédito tributário, o que dá a impressão de que, muito embora ocorra na realidade o fato descrito na norma de incidência, excepcionalmente não haverá (deve ser excluído) o nascimento da obrigação tributária naquela determinada situação.

Além dessas figuras abordadas por Ruy Barbosa Nogueira, cabe também diferenciar outros mecanismos que, muito embora possam também envolver a desoneração fiscal, com aquelas não se confundem, sujeitando-se a regimes jurídicos próprios.

***Alíquota zero, redução de base de cálculo e redução de alíquota***

Em primeiro lugar, encontramos as figuras da ***alíquota zero***, da ***redução de base de cálculo*** e da pura e simples ***redução de alíquota*** de um tributo, situações essas que, embora possam provocar redução ou anulação do crédito tributário a pagar, juridicamente se encontram no campo da incidência. Ou seja:

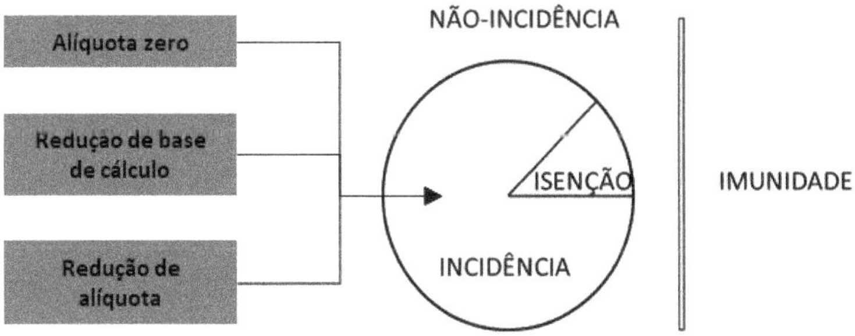

Como as três hipóteses acima alteram as variáveis quantitativas da norma de incidência do tributo, a sua veiculação deve se dar obrigatoriamente por meio de lei em sentido estrito (ressalvados apenas os casos em que a própria Constituição autoriza a alteração de alíquotas por meio de decreto, notadamente II, IE, IOF e IPI).

Consequentemente, a revogação ou alteração das normas de alíquota zero, redução de base de cálculo ou redução de alíquota, deve respeitar os princípios da anterioridade anual e nonagesimal, exceção feita aos casos em que o contrário é, novamente, permitido pelo artigo 150, § 3º, da Constituição, de maneira expressa.

### *N/T e o falso N/T*

Outra figura a ser comentada é a chamada anotação ***N/T***, utilizada na tabela de incidência do IPI (TIPI), para indicar produtos que estão fora do alcance desse imposto federal, em princípio porque não resultariam de processo de industrialização. Exemplo claro disso são: **(i)** os bens indicados no capítulo 1 da TIPI, que cuida de "animais vivos"; **(ii)** alguns daqueles que constam do capítulo 3, relativo a "peixes e crustáceos, moluscos e outros invertebrados aquáticos"; e **(iii)** aqueles do capítulo 6, que reúne "plantas vivas e produtos da floricultura".

Se examinarmos muitos dos produtos do capítulo 31, entretanto, onde estão listados os "adubos (fertilizantes)", encontraremos ali a mesma anotação N/T, para os bens que indubitavelmente resultam de atividades industriais – por muitas vezes complexas –, envolvendo manufatura química ou mecânica para a concepção da fórmula ou forma final do produto.

Em alguns dessas situações, se retornarmos à base legal da TIPI e da regulamentação do próprio imposto, encontraremos produtos que são tratados legalmente como isentos, conforme tabela original anexa à Lei nº 4.502/64, e integrada pelo Decreto-Lei nº 34/66. Ou seja, produtos reconhecidos como industrializados, mas cujo pagamento de IPI é dispensado por disposição legal expressa.

Nesse sentido, pode-se denominar essa situação de ***falso N/T***, pois, embora a regulamentação posterior do imposto tenha empregado a anotação N/T, do ponto de vista legal o produto está sujeito a uma norma de isenção. Ou seja:

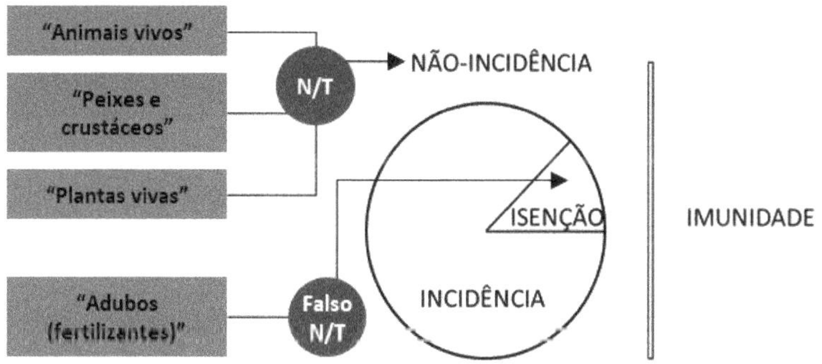


***Diferimento e suspensão***

Lembre-se, ainda, da aparente desoneração provocada pelo ***diferimento*** do pagamento do tributo, o que, como vimos, equivale à chamada *substituição tributária para trás*: mecanismo pelo qual o recolhimento do tributo é postergado para uma etapa posterior, em que se imagina que haverá uma nova operação a qual configurará o fato gerador do tributo e, sendo assim, permitirá capturar aquela riqueza cuja taxação foi postergada:

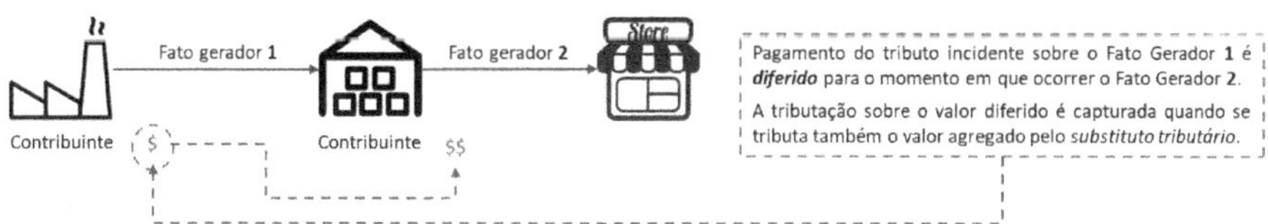


Há também a mera ***suspensão*** do pagamento do tributo, muitas vezes concedida, também nos casos incidentes em cadeia, quando a lógica da operação indica que não convém exigir o pagamento do tributo em um determinado momento, porque haverá uma melhor ocasião para tanto, no interesse da arrecadação, em algum instante posterior. Por exemplo:

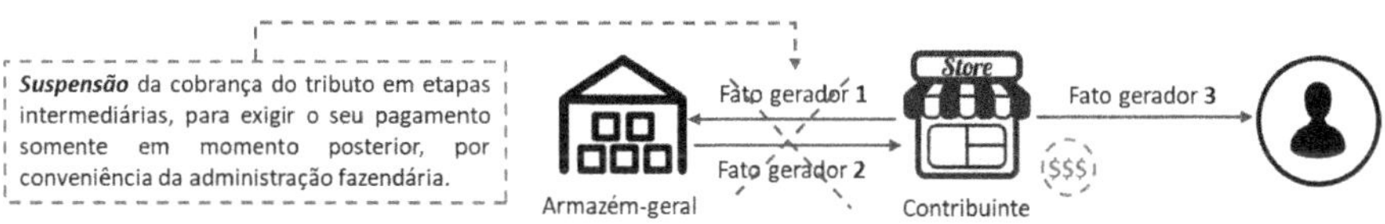

***Competência residual da União***

Outra figura a comentar aqui – e sobre a qual já se tratou ao falar das competências tributárias – é a *competência residual da União*, prevista no artigo 154, inc. I, que lhe permite instituir, "mediante lei complementar, impostos não previstos no artigo anterior, desde que sejam não-cumulativos e não tenham fato gerador ou base de cálculo próprios dos discriminados nesta Constituição".

É importante não perder de vista que paira essa competência residual sobre todo o sistema tributário nacional, a qual poderá ser exercida pela União para preencher os espaços vazios onde não haja incidência dos impostos discriminados no artigo 153 da Constituição, nem se encontrem fatos geradores ou bases de cálculo passíveis de serem atingidos pelos demais impostos.

Representando graficamente essa competência residual e já levando em consideração as zonas de intersecção existentes entre os impostos discriminados na Carta de 1988, vale relembrar a seguinte imagem:

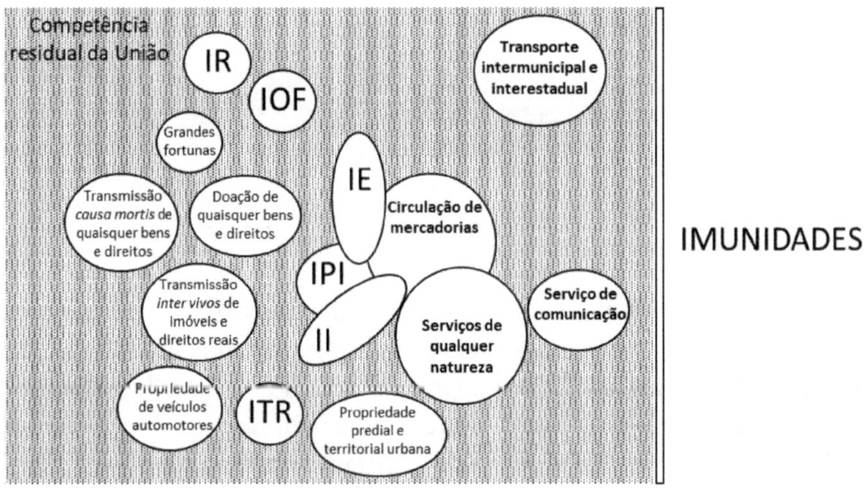


Diante desse quadro, chama a atenção o fato de que grandes polêmicas relativas à incidência ou não do ICMS ou do ISS foram tratadas, na doutrina e na jurisprudência, sem que houvesse uma discussão a respeito dos limites do alcance desses tributos, frente aos limites impostos pela competência residual reservada à União.

Especialmente em matéria de ISS, não é incomum a manifestação, inclusive por parte de Ministros da nossa Corte Suprema, esticando a incidência do imposto municipal simplesmente diante da sensação de que, não o fazendo, determinado fato restaria não tributado em absoluto (Recurso Extraordinário nº 592.905-SC. Pleno, Rel. Min. Eros Grau, j. em 2.12.2009; e Recurso Extraordinário nº 651.703-PR. Pleno, Rel. Min. Luiz Fux, j. em 29.9.2016). Ou seja, parecem desconsiderar a competência residual da União e transformar o ISS, no caso, em imposto sobre serviços de qualquer natureza e sobre "fatos de qualquer outra natureza, não inseridos no campo de incidência de outros impostos da Constituição".

A incompatibilidade do raciocínio com o artigo 154, inc. I, nos parece gritante e digna de crítica.

***Categorias técnicas e não cumulatividade do ICMS e do IPI***

A diferenciação das *categorias técnicas* é especialmente relevante em matéria de ICMS e IPI, tributos esses em relação aos quais, em razão das suas regras constitucionais de não-cumulatividade, a desoneração de operações anteriores e posteriores faz surgir uma série de polêmicas e julgamentos confusos por parte dos Tribunais Superiores.

Em matéria de ICMS, muito se discutiu a respeito da obrigação ou não de estorno parcial de créditos do imposto quando a operação ou prestação posterior realizada pelo sujeito passivo é beneficiada com redução de base de cálculo, hipótese que a jurisprudência do Supremo Tribunal Federal acabou por equiparar a uma isenção parcial (vide Recurso Extraordinário nº 161.031-0-MG. Pleno, Rel. Min. Marco Aurélio, j. em 24.3.1997; e, posteriormente, a posição firmada no Recurso Extraordinário nº 174.478-2-SP. Pleno, Rel. Min. Cezar Peluso, j. em 17.3.2005, reafirmada no julgamento da Ação Direta de Inconstitucionalidade nº 2.320-9-SC. Pleno, Rel. Min. Eros Grau, j. em 15.2.2006).

Segundo com o comando do artigo 155, § 2º, inc. II, alínea "b", da Constituição Federal, a isenção ou não-incidência do ICMS acarretará a anulação do crédito relativo às operações anteriores, quando beneficiar a operação ou prestação realizada pelo próprio contribuinte.

A partir do precedente sobre a redução de base de cálculo, também houve decisões a respeito do impacto: **(i)** de reduções de alíquota (Agravo Regimental no Recurso Extraordinário nº 334.819-SP. 1ª Turma,

Rel. Min. Sepúlveda Pertence, j. em 14.2.2006; Agravo Regimental no Recurso Extraordinário nº 488.147-1-RS. 2ª Turma, Rel. Min. Eros Grau, j. em 6.3.2007; Agravo Regimental no Recurso Extraordinário nº 441.881-9-MG. 1ª Turma, Rel. Min. Sepúlveda Pertence, j. em 25.4.2006; e Agravo Regimental no Agravo de Instrumento nº 439.784-1-SP. 1ª Turma, Rel. Min. Sepúlveda Pertence, j. em 5.9.2006); e, até mesmo, **(ii)** do preço praticado pelo contribuinte (quando inferior ao custo) (Referendo em Medida Cautelar em Ação Cautelar nº 2.295-9-RJ. 2ª Turma, Rel. Min. Joaquim Barbosa, j. em 9.6.2009; e Questão de Ordem em Ação Cautelar nº 2.096-4-RJ. 2ª Turma, Rel. Min. Joaquim Barbosa, j. em 5.8.2008); ambos sendo considerados causas que justificariam a norma de estorno do artigo 155.

Tudo isso sem que a maioria dos Ministros se atentasse ao correto alerta do Min. Marco Aurélio, no julgamento do Recurso Extraordinário nº 174.478-2-SP, no sentido de que "o Direito é ciência e, como tal, os institutos, as expressões e os vocábulos têm sentido próprio".

Já em relação ao IPI, a grande polêmica que se instaurou foi a possibilidade ou não de creditamento imposto em relação a entradas de produtos ou matérias-primas isentas, sujeitas à alíquota de 0% ou gravadas com a anotação N/T.

A discussão colocava em comparação as regras de não cumulatividade do ICMS *versus* as do IPI, tributo esse para o qual a Constituição é silente com relação ao impacto da isenção e não incidência, diferentemente do que faz quanto ao imposto estadual, para o qual afirma que aquelas desonerações: **(i)** não implicarão crédito para compensação com o montante devido nas operações ou prestações seguintes; e **(ii)** acarretarão a anulação do crédito relativo às operações anteriores;

Quando inexistiam essas restrições explícitas, no texto constitucional de 1969, o Supremo Tribunal Federal entendia que, no caso de uma importação isenta do ICM, para que isenção não se transformasse em diferimento do imposto, era necessária a concessão de um crédito correspondente ao imposto exonerado.

Contra essa orientação, promulgou-se a Emenda Constitucional nº 23/83 (Emenda Passos Porto) que passou a vedar expressamente o crédito, seja na hipótese de isenção, seja na de não incidência.

Como não havia regra similar para o IPI, na Constituição de 1988, o Supremo Tribunal Federal autorizou o crédito do imposto federal sobre insumos *isentos* (Recurso Extraordinário nº 212.484-2-RS. Pleno, Rel. Min. Nelson Jobim, j. em 5.3.1998), sendo que, no ano seguinte, foram editadas a Lei nº 9.779/99 e a Instrução Normativa nº 33/99, da Secretaria da Receita Federal do Brasil, que levaram em consideração a manutenção do crédito do imposto quando a saída de um produto industrializado fosse isenta, imune ou sujeita à alíquota de 0%.

Posteriormente, o Supremo estendeu o entendimento do Recurso Extraordinário nº 212.484-2-RS para figura da *alíquota 0%* (Recursos Extraordinários nºs 350.446-1-RS, 353.668-PR e 357.277-RS. Pleno, Rel. Min. Nelson Jobim, j. em 18.12.2002), afirmando que, "na prática", alíquota 0% e isenção seriam "a mesma coisa" e reconhecendo o crédito do IPI calculado com base na alíquota da saída / operação posterior.

Em 2006, a Secretaria da Receita Federal do Brasil editou o Ato Declaratório Interpretativo nº 5/2006, externando que a manutenção do crédito de IPI regrada pela Lei nº 9.779/99 não se aplicaria nos casos de fabricação de produto N/T, imunes (exceto ao caso da imunidade das exportações, face ao artigo 5º, do Decreto-Lei nº 491/69), nem de produtos excluídos do conceito de industrialização.

A Procuradoria da Fazenda Nacional opôs embargos de declaração naqueles Recursos Extraordinários nºs 350.446-1-RS, 353.668-PR e 357.277-RS, invocando a Lei nº 9.779/99 e o seu Parecer PGFN nº 405/2003, no qual defendeu que "alíquota zero e isenção são institutos distintos, podendo ter efeitos tributários próprios, de conformidade com a lei de regência (primado do princípio da legalidade). No dizer do STF, tais institutos 'não se confundem, possuindo características que os diferenciam', razão pela qual tem negado o direito de crédito presumido na aquisição de insumos tributados à alíquota zero, tanto nas operações de importação, quando nas operações internas... os produtos 'NT' (não tributados), que estao fora do campo de incidência do IPI, não se submetem ao exame do crédito presumido".

No julgamento dos embargos, o Min. Nelson Jobim reconheceu que aquelas decisões anteriores, proferidas nos Recursos Extraordinários nºs 350.446-1-RS, 353.668-PR e 357.277-RS, não se aplicariam aos produtos N/T. Pouco depois, o Plenário do Supremo Tribunal Federal reviu a sua posição e, no julgamento dos Recursos Extraordinários nºs 370.682-9-SC e 353.657-5-PR (Pleno, Rel. Min. Gilmar Mendes, j. em 25.6.2007), afirmou que **(i)** insumo isento daria direito a crédito de IPI, mas **(ii)** insumos tributados por alíquota 0% e N/T, não.

Mais adiante, a 2ª Turma rejeitou o direito de crédito também para os insumos isentos (Agravos Regimentais nos Recursos Extraordinários nºs 372.005-8-PR, 444.267-1-RJ e 566.904-1-SC. Rel. Min. Gilmar Mendes, j. em 29.4.2008, 18.12.2007 e 18.2.2008, respectivamente), estendendo o conteúdo dos Recursos Extraordinários nºs 370.682-9-SC e 353.657-5-PR para além do que havia sido ali decidido.

Em 2009, o Supremo Tribunal Federal negou pedido de contribuinte que adquiria insumos tributados a várias alíquotas (de 5% a 15%) e que queria se creditar pelo percentual de tributação do produto final (20%), tentando também equiparar a diferença de alíquotas de entrada e saída a uma espécie de isenção parcial, com absoluto desprezo às distinções entre as "categorias técnicas" aqui vistas (Agravo Regimental no Recurso Extraordinário nº 430.720-1-RJ. 2ª Turma, Rel. Min. Cezar Peluso, j. em 3.2.2009).

Pouco depois, já sob o rito da repercussão geral (tema nº 49), o Plenário decidiu que, antes da Lei nº 9779/99, não haveria em absoluto direito ao crédito de insumos tributados utilizados na fabricação de produtos isentos ou 0% (Recursos Extraordinários nºs 562.980-5-SC, 460.785-9-RS e 475.551-PR. Rel. Min. Marco Aurélio, j. em 6.5.2009).

No julgamento do Recurso Extraordinário nº 566.819-RS (Pleno. Rel. Min. Marco Aurélio, j. em 29.12.2010), disse que não há direito a crédito na aquisição de insumos desonerados de IPI, seja em razão de isenção, seja por força de alíquota 0% ou não tributação. Afirmou que não haveria justificativa para se admitir o creditamento no caso de isenção, mas não para o aceitar nas hipóteses de alíquota 0% e N/T. E, finalmente, afastou também o creditamento no caso de alíquota de IPI na entrada inferior à alíquota da saída.

Como se vê, todo o imbróglio acima se deveu, em grande parte, à falta de prestígio às distinções entre as "categorias especiais da técnica da tributação", examinadas neste tópico, a partir do momento em que o Supremo Tribunal Federal passou a tratar todos os institutos da mesma forma, sob a justificativa de que "na prática" tudo seria "a mesma coisa", quando, na verdade, novamente citando o Min. Marco Aurélio, "o Direito é ciência e, como tal, os institutos, as expressões e os vocábulos têm sentido próprio".

Por último, tratando de outro tema relativo ao ICMS, vale também mencionar o entendimento do Supremo Tribunal Federal de que, mesmo uma norma de não incidência teria a sua instituição limitada pela regra do artigo 155, § 2º, inc. XII, alínea "g", da Constituição Federal, que exige a celebração de convênio entre as Unidades Federadas como condição à concessão de benefícios fiscais relativos ao imposto estadual.

Disse o Supremo, por ocasião da concessão de liminar na Ação Direta de Inconstitucionalidade nº 930-3-MA (Pleno. Rel. Min. Celso de Mello, j. em 25.11.1993), que "o Estado-membro sofre importantes restrições de índole constitucional no que concerne ao regramento peculiar ao ICMS, especialmente no que concerne ao uso das técnicas de exoneração tributária". Com base nesse fundamento, considerou inconstitucional certa lei Maranhense que instituía hipótese de não-incidência do ICMS sobre serviços de transmissão, retransmissão, geração de som e imagens através de serviços de rádio e televisão.

Novamente, nota-se a confusão entre os diferentes fenômenos de desoneração examinados neste tópico, o que foi aparentemente contornado pelo Supremo Tribunal Federal sob a justificativa de que a possibilidade de instituição de não-incidência do ICMS seria limitada também pela regra de distribuição de 25% da arrecadação do imposto para os Municípios, conforme previsto no artigo 158, inc. IV, da Constituição, regra essa reveladora da adoção de um "federalismo cooperativo", que impediria o Estado de indiretamente reduzir as receitas municipais, mediante a desoneração de um fato potencialmente tributável. Vale a leitura e a reflexão em torno dessas decisões e da sua coerência ou não frente aos institutos ora examinados.

### Indébito tributário

Na hipótese de o sujeito passivo realizar o pagamento indevido de um tributo, terá ele direito, independentemente de prévio protesto, à restituição do valor correspondente, seja qual tiver sido a modalidade do recolhimento, exceção feita apenas ao caso de perda ou destruição de estampilha.

***Prescrição***

Esse direito é assegurado pelo artigo 165, do Código Tributário Nacional, para as hipóteses em que ocorre: **(i)** a cobrança ou o pagamento espontâneo de tributo indevido ou a maior que o devido em face da legislação tributária aplicável, ou da natureza ou das circunstâncias materiais do fato gerador efetivamente ocorrido; **(ii)** o erro na identificação do sujeito passivo, na determinação da alíquota aplicável, no cálculo do montante do débito ou na elaboração ou na conferência de qualquer documento relativo ao pagamento; ou **(iii)** a reforma, anulação, revogação ou rescisão de decisão que determine o pagamento do tributo.

A restituição pode ser pleiteada pelo sujeito passivo nos 5 (cinco) anos contados: *(a)* da data da extinção do crédito tributário, naquelas hipóteses **(i)** e **(ii)** referidas no parágrafo anterior; ou *(b)* no caso mencionado no item **(iii)**, da data em que se tornar definitiva a decisão administrativa ou que passar em julgado a decisão judicial que tenha reformado, anulado, revogado ou rescindido a decisão condenatória ao pagamento do tributo.

Em se tratando de tributo sujeito a lançamento por homologação, a Lei Complementar nº 118/2005 esclarece, no seu artigo 3º, que o prazo prescricional de 5 (cinco) anos é contado da data em que é realizado o seu pagamento antecipado. E não de quando ocorre a sua homologação expressa ou tácita.

Afastou-se, com essa norma, a tese de que o prazo prescricional para a repetição do indébito tributário poderia chegar a até 10 (dez) anos, resultantes do somatório dos 5 (cinco) anos para a homologação do pagamento (artigo 150, § 4º) e dos 5 (cinco) anos do artigo 168, inc. I, do Código Tributário Nacional.

No entender do Superior Tribunal de Justiça, a mudança foi válida apenas para pagamentos indevidos efetuados a partir da entrada em vigor da Lei Complementar nº 118/2005 (temas nºs 137 e 138, resultantes do julgamento dos Recursos Especiais nºs 1.269.570-MG. 1ª Seção, Rel. Min. Mauro Campbell Marques, j. em 23.5.2012; e 1.002.932-SP. 1ª Seção, Rel. Min. Luiz Fux, j. em 25.11.2009; valendo também a referência ao Recurso Especial nº 1.112.524-DF. Corte Especial, Rel. Min. Luiz Fux, j. em 1.9.2010).

Quando houver pedido administrativo de restituição e for ele denegado, o sujeito passivo terá 2 (dois) anos para ajuizar a respectiva ação anulatória e pleitear a restituição em juízo. Segundo o parágrafo único, artigo 169, do Código Tributário Nacional, esse prazo é interrompido pelo início da ação judicial e recomeça a ser contado, pela metade, a partir da citação válida do representante da Fazenda Pública interessada.

Em princípio, portanto, haveria a contagem de um prazo prescricional de 1 (um) ano, em caráter intercorrente, isto é, no curso da ação judicial, até que a restituição do tributo seja efetivamente obtida pelo sujeito passivo, o que é considerado por muitos como inconstitucional.

Na prática, todavia, há precedentes do extinto Tribunal Federal de Recursos (Apelação Cível nº 99058-DF. 2ª Turma, Rel. Min. Otto Rocha, j. em 27.6.1986; e Apelação Cível nº 630-RJ. 1ª Seção, Rel. Min. Carlos Thibau, j. em 28.10.1987) afastando a prescrição quando a demora na conclusão do processo judicial não puder ser atribuída ao sujeito passivo.

***Imputação e juros***

Se o pagamento indevido realizado pelo sujeito passivo tiver sido acrescido de juros e mora e penalidades pecuniárias, todas essas parcelas serão restituídas, total ou parcialmente, na proporção correspondente a cada uma delas, ficando de fora eventuais penalidades por infrações de caráter formal. Trata-se da aplicação da regra da *imputação proporcional* à restituição do tributo pago indevidamente, tema esse de que tratamos no tópico relativo à extinção do crédito tributário pelo pagamento.

O artigo 167, do Código Tributário Nacional, no seu parágrafo único, estabelece ainda que, em qualquer hipótese, a restituição do tributo recolhido indevidamente vence juros não capitalizáveis (juros simples), contados do trânsito em julgado da decisão definitiva que determinar a devolução.

Não havendo taxa de juros fixada em lei, o Supremo Tribunal Federal entende que, por analogia e com base no princípio da isonomia, deve incidir a mesma taxa de juros prevista para os tributos pagos com atraso, nos termos estabelecidos no § 1º do artigo 161, do Código Tributário Nacional (Recurso Extraordinário nº 90.232-5-SP. 2ª Turma, Rel. Min. Djaci Falcão, j. em 31.10.1978; Recurso Extraordinário nº 82.851-SP. 1ª Turma, Rel. Min. Eloy Rocha, j. em 15.4.1977; Recurso Extraordinário nº 85.791-SP. 1ª Turma, Rel. Min. Cunha Peixoto, j. em 16.11.1976; e Recurso Extraordinário nº 101.050-9-SP. 2ª Turma, Rel. Min. Carlos Madeira, j.

em 29.10.1985). Na mesma linha é o entendimento firmado no tema nº 119, pelo Superior Tribunal de Justiça (Recurso Especial nº 1.111.189-SP. 1ª Seção, Rel. Min. Teori Zavascki, j. em 13.5.2009).

***Transferência do encargo financeiro***

Por último, o artigo 166, do Código Tributário Nacional, contém regra relevante a respeito da titularidade do direito à restituição do indébito tributário, afirmando que, quando o tributo comportar, por sua natureza, a transferência do respectivo encargo financeiro, a sua restituição somente poderá ser feita a quem provar ter assumido esse mesmo encargo. E, quando o encargo tiver sido transferido a terceiros, somente se comprovar estar autorizado por esse terceiro a receber a restituição.

Conforme já indicamos no tópico sobre a diferenciação entre as figuras do *contribuinte de fato* e do *contribuinte de direito*, no caso de tributos incidentes sobre negócios jurídicos ou transações bilaterais, o contribuinte de direito obrigatoriamente estará interagindo com um terceiro, para o qual, dada a natureza da incidência, o encargo do tributo será transferido.

É essa a hipótese dos impostos incidentes sobre negócios jurídicos envolvendo a circulação de mercadorias ou operações com produtos industrializados, bem como sobre a prestação de serviços, em que o tributo (ICMS, IPI ou ISS) é destacado na nota fiscal emitida pelo contribuinte e, por sua própria dinâmica de incidência, é incluído no preço da mercadoria, do produto ou do serviço.

Embora o contribuinte de direito figure como sujeito passivo da relação jurídico-tributária de pagamento do ICMS, IPI ou ISS, quem efetivamente arca com o seu ônus na operação é o adquirente da mercadoria ou tomador do serviço – contribuinte de fato – na medida em que o encargo respectivo lhe é obrigatoriamente repassado no preço, dada a sistemática de incidência daqueles impostos mediante transferência do seu ônus destacado no documento fiscal emitido pelo contribuinte de direito. Ou seja: "o art. 166 do CTN tem como cenário natural de aplicação as hipóteses em que o contribuinte de direito demanda a repetição do indébito ou a compensação de tributo cujo valor foi suportado pelo contribuinte de fato" (tema nº 114, firmado no Recurso Especial nº 1.110.550-SP. 1ª Seção, Rel. Min. Teori Zavascki, j. em 22.4.2009).

Repita-se que a questão do destaque do tributo no documento fiscal é essencial com relação à matéria, na medida em que isso indica a transferência do respectivo encargo "pela própria natureza" do tributo, como se refere o artigo 166.

Tanto assim é verdadeiro que, no caso do ISS, por exemplo, a jurisprudência do Superior Tribunal de Justiça reconhece que, a depender da sistemática da sua incidência, poderá ou não a repetição do indébito sujeitar-se à norma do artigo 166 (tema nº 398, firmado no julgamento do Recurso Especial nº 1.131.476-RS. Rel. Min. Luiz Fux, 1ª Seção, j. em 9.12.2009; e Recurso Especial nº 426.179-SP. Rel. Min. Eliana Calmon, 2ª Turma, j. em 11.5.2004). E isso porque, nas hipóteses em que incide sobre o preço do serviço, o ISS assume feição típica dos chamados tributos indiretos; ao passo que, quando incidente sobre a base de cálculo especial prevista no artigo 9º, § 1º, do Decreto-Lei nº 406/68, o ISS não é sequer destacado no documento fiscal.

Não sendo o caso de tributo destacado no documento fiscal e assim transferido a um terceiro, é evidente que o seu encargo econômico poderá ou não ser passado para a frente. No entanto, isso não derivará da "própria natureza" da incidência do tributo, mas da força de cada elo da relação econômica estabelecida.

Com efeito, conforme a já mencionada lição do economista Edwin Seligman, a transferência econômica de qualquer tributo poderá ocorrer, mas dependerá do poder de mercado dos agentes econômicos e da elasticidade da oferta e da demanda do bem envolvido na transação[7].

Exemplo dessa situação é a transferência econômica do encargo do pagamento do IPTU pelo proprietário / locador ao locatário de um

[7] Novamente, se o agente econômico tiver que recolher um tributo ao Estado, que não seja "por sua própria natureza" transferida a um terceiro, ele obrigatoriamente tentará transferir o seu encargo: **(i)** para a frente, mediante aumento do preço cobrado por sua mercadoria ou serviço (*shifting forward*); **(ii)** para trás, mediante redução dos seus custos junto aos seus próprios fornecedores (*shifting backwards*); **(iii)** para o seu próprio processo produtivo, revisando os custos a ele inerentes e otimizando processos que possam absorver o impacto do tributo devido (*transformation*); ou **(iv)** para o seu próprio bolso, impactando negativamente os resultados auferidos com a sua atividade econômica e, assim, reduzindo eventuais dividendos ou demandando mais capital dos sócios, no caso do contribuinte pessoa jurídica (*capitalization*).

imóvel, mediante estipulação contratual bastante comum nesse tipo de acordo. Nesse caso, ainda que o encargo tenha sido transferido, "o locatário não possui legitimidade ativa para discutir a relação jurídico-tributária de IPTU e de taxas referentes ao imóvel alugado nem para repetir indébito desses tributos" (súmula nº 614/STJ), como já vimos, não só em razão da regra do artigo 166, mas também do quanto disposto no artigo 123, do Código Tributário Nacional.

A respeito do tema, vale também a remissão aos conceitos de: **(i)** incidência jurídica e econômica do tributo; e de **(ii)** repercussão econômica, jurídica, por reembolso e por retenção, todos tratados na igualmente clássica obra *Teoria Geral do Direito Tributário* (4ª ed., São Paulo, 2007, Ed. Noeses, págs. 563/568), de Alfredo Augusto Becker.

Por fim, vale mencionar as orientações atualmente encontradas na jurisprudência do Superior Tribunal de Justiça, quanto à titularidade ativa para a repetição do indébito tributário em matéria de tributos indiretos, tomando por base novamente as figuras do contribuinte de direito e do contribuinte de fato:

- em primeiro lugar, o Superior Tribunal de Justiça não reconhece a legitimidade do contribuinte de fato para repetir o indébito relativo ao IPI incidente sobre descontos incondicionais diretamente, cabendo ao contribuinte de direito (fabricante) exigir a restituição mediante a autorização daquele (tema nº 173, firmado no julgamento do Recurso Especial nº 903.394-AL. 1ª Seção, Rel. Min. Luiz Fux, j. em 24.3.2010); mas
- no caso da recuperação do ICMS incidente sobre fornecimentos de energia elétrica, tendo em vista a "peculiar relação envolvendo o Estado-concedente, a concessionária e o consumidor", o Superior Tribunal de Justiça reconhece, excepcionalmente, a legitimidade do consumidor final para repetir o indébito tributário (tema nº 537, aprovado no julgamento do Recurso Especial nº 1.299.303-SC. 1ª Seção, Rel. Min. Cesar Asfor Rocha, j. em 8.8.2012). E isso porque, a seu ver, "o Estado-concedente e a concessionária do serviço público encontram-se lado a lado, no mesmo polo, em situação absolutamente cômoda e sem desavenças, inviabilizando qualquer litígio em casos como o presente. O consumidor da energia elétrica, por sua

vez, observada a mencionada relação paradisíaca concedente/concessionária, fica relegado e totalmente prejudicado e desprotegido. Esse quadro revela que a concessionária assume o papel de contribuinte de direito apenas 'formalmente', assim como o consumidor também assume a posição de contribuinte de fato em caráter meramente 'formal'".

# Capítulo 6
# Planejamento tributário

## Introdução

A questão relativa aos limites ao planejamento tributário tem sido objeto de intensas discussões e evolução ao longo dos últimos anos, no Brasil e no mundo, fazendo parte não apenas de debates acadêmicos e sessões de julgamento de Tribunais Judiciais e administrativos, mas também do noticiário quotidiano e não especializado.

São cada vez mais fortes e repetidas as iniciativas legislativas, nos âmbitos interno e internacional, com o objetivo de criar normas impondo limites mais rigorosos não só ao planejamento tributário considerado ilegal, mas também às estruturas de economia fiscal taxadas como anormais ou abusivas.

Mais do que combater a economia tributária sob o prisma exclusivo da licitude ou não dos atos e negócios jurídicos que lhe dão sustentação, a tônica do legislador e dos órgãos de fiscalização procura também controlar estruturas que, ainda que lícitas, a seu ver não poderiam ter os seus efeitos fiscais favoráveis ao contribuinte opostos ao Fisco, seja em razão da "anormalidade" da situação, seja por conta da inexistência de outras justificativas econômicas para a operação que não o exclusivo objetivo de reduzir ou eliminar o pagamento de tributos.

Esse tom do discurso legislativo revelou-se na tentativa do Governo Federal de impor aos contribuintes, por meio da Medida Provisória nº 685/2015, a obrigação de submeter à análise da Secretaria da Receita Federal do Brasil os "atos ou negócios jurídicos que acarretem supressão, redução ou diferimento de tributo", a fim de que aquele órgão de fiscalização "reconhecesse ou não" tais operações para fins tributários.

Embora tal exigência tenha sido abandonada por ocasião da conversão da referida Medida Provisória na Lei nº 13.202/2015, a redação original do seu artigo 7º pretendia obrigar os contribuintes àquela declaração somente nos casos em que os atos ou negócios jurídicos praticados: **(i)** não possuíssem "razões extratributárias relevantes"; **(ii)** adotassem forma "não usual"; **(iii)** fizessem uso de "negócio jurídico indireto" ou contivessem "cláusula que desnature, ainda que parcialmente, os efeitos de um contrato típico"; ou **(iv)** correspondessem a atos ou negócios jurídicos específicos que viriam a ser identificados em ato da Secretaria da Receita Federal do Brasil, que acabou não sendo editado.

Essa tentativa de controle mais restritivo ao planejamento tributário inspira-se nos planos de ação acordados entre os países membros da OCDE, no contexto do projeto BEPS, que, dentre outras iniciativas para identificar e combater a prática de planejamentos tributários internacionais considerados abusivos, ainda prevê: **(i)** a identificação de modelos de negócios na economia digital, que possibilitam a prática de erosão fiscal e transferências de lucros tributáveis a outras jurisdições; **(ii)** a neutralização dos efeitos fiscais prejudiciais (i.e., dupla não tributação) provocados pela falta de alinhamento entre acordos internacionais para evitar a dupla tributação da renda; **(iii)** a revisão dos mecanismos de controle CFC (*Controlled Foreign Companies*), a fim de lhes dar maior efetividade; **(iv)** a criação de limites à erosão de bases tributáveis em razão do pagamento de juros e outros instrumentos financeiros; **(v)** o combate às práticas de concorrência tributária desleal entre jurisdições, tendo em consideração a falta de transparência e substância das estruturas utilizadas; **(vi)** a prevenção à utilização de benefícios por meio de tratados para evitar a dupla tributação, em situações inapropriadas; **(vii)** a revisão do conceito de estabelecimento permanente, previsto nos acordos para evitar a dupla tributação; **(viii)** o alinhamento e a revisão de políticas de controle de preços de transferência; **(ix)** o monitoramento internacional da erosão de bases tributáveis e da transferência de lucros; **(x)** a elaboração de guias sobre as regras de controle de preços de transferência existentes em cada país; **(xi)** a melhoria dos mecanismos de resolução de disputas em relação à aplicação de tratados para evitar a dupla tributação da renda; e **(xii)** o desenvolvimento de acordos multilaterais relativos ao BEPS, que possam resultar em alterações e ajustes dos atuais acordos bilaterais para evitar a dupla tributação.

Não bastasse esse contexto, testemunha-se o fortalecimento de uma clara tendência ideológica que defende uma visão "pró-Estado" das relações entre Fisco e contribuinte, prestigiando cada vez mais a interpretação da Constituição Brasileira e do sistema tributário nacional pelo viés da prevalência do princípio da solidariedade sobre o da estrita legalidade, com o efeito de se consolidar em nosso ordenamento a ideia do "dever fundamental" de pagar tributos.

Com efeito, no julgamento no qual se manifestou favoravelmente ao acesso, pela fiscalização tributária, a dados bancários do contribuinte, nos termos da Lei Complementar nº 105/2001, assistimos à maioria dos Ministros do Supremo Tribunal Federal acompanhar os termos do voto do Ministro Dias Toffoli, relator das Ações Diretas de Inconstitucionalidade nºs 2.386-DF, 2.390-DF, 2.397-DF e 2.859-DF, quando manifestou entendimento no sentido de que: **(i)** a tributação é um dos mais poderosos instrumentos de implementação da justiça social; **(ii)** no Brasil, o pagamento de tributos é um dever fundamental; **(iii)** se o Estado tem o dever de assegurar a todos uma existência digna, o que pressupõe a concretização de direitos sociais, econômicos e culturais do cidadão, por meio da prestações que demandam recursos públicos, o tributo corresponde à contribuição de cada cidadão para a mantença desse Estado e dessas prestações; assim, **(iv)** o dever fundamental de pagar tributos está alicerçado na ideia de solidariedade social; e, **(v)** por conta de tudo isso, deve o Estado dispor de meios efetivos de combate à "sonegação fiscal".

Apesar de se referir à figura da sonegação fiscal, já tipificada na nossa legislação como crime, o voto do Min. Dias Toffoli, em diferentes ocasiões, deixou transparecer um alcance muito maior da sua visão a respeito das práticas que deveriam ser combatidas pelo Estado, como meio de exigir do cidadão o cumprimento daquele seu "dever fundamental" de pagar tributos.

Em seu voto, fez referência também àquilo que chamou de "concorrência fiscal danosa" ou "concorrência fiscal prejudicial", em remissão à expressão no idioma inglês "harmful tax competition", consagrada em relatório da OCDE de 1998 sobre os efeitos negativos provocados pela existência de paraísos fiscais e regimes fiscais privilegiados, interferindo na alocação de recursos e serviços entre diferentes jurisdições no planeta. Mencionou, ainda, o "impacto negativo da evasão tributária" e o "planejamento tributário agressivo na economia global", remetendo ao compromisso de cooperação, assumido pelo Brasil na VI Cúpula do BRICS, em julho de 2014, voltado ao intercâmbio de informações em matéria fiscal. Manifestou, enfim, a sua opinião sobre a importância desse tema não só para efeito de combate a práticas criminosas, como também ao "enfrentamento da evasão fiscal".

Como se vê – talvez pelo contexto de crise fiscal que permeava o ambiente em que se deu o julgamento daquelas ações diretas de inconstitucionalidade – o pagamento de tributos foi visto como um mecanismo indispensável de manutenção dos gastos públicos atuais (sejam eles "sociais" ou não), legitimando, assim, que se recorra às linhas de pensamento mais propícias à exigência do máximo de contribuição por parte dos pagadores de tributos para arcar com o sustento do Estado.

Tudo isso sem nenhum tipo de consideração a respeito dos ganhos que potencialmente também se poderiam gerar em favor da sociedade com uma alocação de recursos mais eficiente, inclusive por meio de planejamentos tributários que possam conduzir à criação de novos negócios e novas oportunidades de circulação de riquezas, racionalizando o efeito do "peso morto" do tributo e permitindo o atingimento de um nível "ótimo" de tributação, na linha do quanto preconizado na chamada curva de Laffer.

## Limites ao planejamento tributário

Todo o contexto acima referido tem impacto direto na forma como, não só do ponto de vista estritamente jurídico, como também sob a perspectiva da gestão empresarial, os riscos assumidos em eventuais estruturas de planejamento tributário devem ser avaliados.

A visão clássica sobre a matéria, defendendo a ampla liberdade para a organização dos negócios privados e para a economia fiscal, com a ressalva apenas a estruturas ilícitas sobre o ponto de vista do Direito Privado (vide artigos 50 e 166 e seguintes, do Código Civil), que assim não seriam oponíveis ao Fisco, não pode ser adotada contemporaneamente, haja vista a perspectiva negativa de vir a não ser aceita por tribunais administrativos ou judiciais, no caso de haver algum questionamento fiscal, em especial na hipótese de evolução de linhas de pensamento mais restritivas, tal como presentemente se vê ocorrer.

Sob aquela perspectiva mais tradicional, a norma de incidência tributária era encarada pelo viés da estrita tipicidade, de tal sorte que, uma vez não realizado o negócio ou fato jurídico previsto na lei, como gerador da obrigação de pagar o tributo, essa obrigação jamais poderia ser imposta pelo Estado. Havendo essa possibilidade, portanto, o cidadão seria absolutamente livre na escolha dos caminhos a seguir e da forma como organizar os seus negócios e atos da vida civil, consequentemente colhendo os frutos, positivos ou negativos, conforme tais caminhos estivessem ou não previstos como hipótese de incidência de algum tributo.

A opção e a possibilidade de escolha entre incorrer ou não no fato gerador da obrigação tributária diferenciariam, basicamente, a possibilidade de cobrança do tributo em comparação com a invasão patrimonial do particular pelo Estado sem previsão constitucional, o que representaria a figura do confisco.

Assim, tributação e confisco se distinguiriam em razão de que, podendo-se optar por não incorrer no fato gerador e efetuar um pagamento ao Estado, se está diante de uma situação regida pelo Direito Tributário, ao passo que, havendo a exigência do pagamento de uma prestação ao governo, sem que o sujeito tenha incorrido na hipótese de incidência tributária, estar-se-á então diante do confisco.

Pois bem, admitida essa distinção entre confisco e tributo, assim como ocorre em qualquer outra relação jurídica, o Estado também não poderia ser prejudicado pela prática de atos ilícitos da parte do cidadão que, por esse desvio de comportamento, pretendesse se esquivar ilegitimamente do pagamento do tributo.

Portanto, atos ou negócios jurídicos praticados mediante dolo, falsidade, fraude à lei, fraude à lei tributária[8], não poderiam ter os seus efeitos

[8] Note-se, não há lei imperativa que determine o pagamento de tributo, exatamente porque é isso o que diferencia o tributo do confisco, conforme já consignamos. No entanto, é possível a figura da fraude à lei interferir na validade do planejamento tributário, como, por exemplo, quando se realizam negócios jurídicos com o claro objetivo de transferir créditos fiscais em hipóteses não permitidas por lei. Também é possível que a figura da fraude à lei impacte negativamente o planejamento tributário quando, subjacente ao benefício fiscal

fiscais opostos ao Fisco. Da mesma forma, diante do fenômeno da simulação – igualmente causa de nulidade dos atos e negócios jurídicos – o Fisco poderia não só rejeitar os efeitos fiscais pretendidos pelo sujeito envolvido na situação concreta, como também identificar e lhe impor a tributação que seria cabível sobre o ato ou negócio jurídico que se procurou ocultar pela simulação (na hipótese de simulação relativa).

Em hipóteses apenas excepcionais, também poderia o Fisco se recusar a aceitar os efeitos fiscais advindos de situações em que teria ocorrido abuso de direito (artigo 187, do Código Civil), tal como é o caso do abuso de personalidade jurídica, regido pelo artigo 50, do Código Civil, onde a verificação do desvio de finalidade ou da confusão patrimonial pode levar à desconsideração da existência da pessoa jurídica para todos os fins, inclusive tributários.

Apesar de todas essas hipóteses, ainda assim se busca desqualificar planejamentos tributários que, apesar de lícitos, mantêm a aparência de abusivos aos olhos do Fisco, em especial porque, se adotado outro caminho para o atingimento do mesmo fim alcançado pelo planejamento, poderia o sujeito envolvido na situação de fato ter incorrido na hipótese de incidência de algum tributo.

Nessa zona mais cinzenta, passa o Fisco a recorrer a diferentes armas, com o objetivo de impugnar planejamentos que, em princípio, lhe poderiam ser opostos. A primeira dessas armas, bastante difundida no histórico da jurisprudência do Conselho Administrativo de Recursos Fiscais (CARF), correspondente à adoção de uma acepção ampliativa da figura da simulação, buscando-se qualificar como tal ilícito qualquer impressão que se possa captar de diferença entre a "vontade" das partes envolvidas no planejamento e a causa abstrata dos negócios jurídicos por ela praticados.

Além da simulação, não faltam casos concretos em que a fiscalização argumenta que o planejamento estaria baseado em algum tipo de "negócio jurídico indireto" ou revelaria abuso de formas jurídicas, ambas as

pretendido, a estrutura de atos e negócios jurídicos praticados pelo sujeito resultam em fraude à lei impositiva que regule algum outro aspecto relevante, tal como a legislação regulatória de regência daquela atividade econômica determinada.

figuras estranhas ao ordenamento jurídico brasileiro e, por esse mesmo motivo, não causadoras de qualquer tipo de ilicitude do negócio jurídico.

No caso do negócio jurídico indireto, busca-se tratar a operação da mesma forma como ocorre na simulação, procurando-se desconsiderar os seus efeitos fiscais positivos. Nesse caso, obstante possa haver algum tipo de descompasso entre a causa abstrata e a causa concreta do negócio praticado, não existe incompatibilidade entre ambas.

Já no que se refere ao abuso de formas, trata-se de figura típica de regimes jurídicos em que há autorização expressa para a integração econômica da legislação tributária, no sentido de que, diante de uma alegada "anormalidade", "inadequação" ou "falta de ortodoxia" da operação realizada pelo particular, pode-se lançar mão do uso da analogia como mecanismo de integração econômica. Desse modo, submete-se determinado fato a uma norma de incidência tributária que originalmente não o compreende, empregando-se como fator de pertinência, para a aplicação do raciocínio analógico, a equivalência dos efeitos econômicos alcançados pela estrutura jurídica estratificada na lei e pela estrutura considerada abusiva pelo aplicador da lei.

Nessas situações em que a simulação é estendida ou em que as figuras do negócio jurídico indireto ou do abuso de formas são trazidas à baila, passa a ser fundamental que o sujeito consiga justificar os atos e negócios praticados com alguma outra razão econômica que não a mera economia fiscal. Aparece aqui a questão da comprovação da existência de um propósito negocial na operação, inclusive como instrumento de reforço à sua validade frente a eventuais questionamentos que possam ser apresentados pelo Fisco face à norma do artigo 412, do Código Civil, onde se estabelece que "a liberdade de contratar será exercida em razão e nos limites da função social do contrato".

É interessante observar que, não obstante as críticas que sofreu, a já referida Medida Provisória nº 685/2015, no seu artigo 8º não condenava como inválidos *per si* os atos e negócios jurídicos praticados sem "razões extratributárias relevantes", de forma "não usual", realizados por meio de "negócio jurídico indireto" ou "cláusula que desnature, ainda que parcialmente, os efeitos de um contrato típico". Também não desconsiderava aqueles atos e negócios que viessem a ser listados pela Secretaria da Receita Federal do Brasil, como qualificadores de planejamentos suspeitos. Pelo contrário, o artigo 9º da medida provisória era bastante claro em consignar que os planejamentos com essas características poderiam ou não ser aceitos, para fins tributários, pela Secretaria da Receita Federal do Brasil.

Como não houve tempo suficiente para que o Fisco Federal eventualmente divulgasse os critérios que seriam utilizados nesses seus julgamentos, não foi possível verificar se, de fato, aos seus próprios olhos: **(i)** aquelas características referidas no artigo 8º representariam meros indícios que colocariam o planejamento tributário sob suspeita, sendo a sua validade avaliada à luz das figuras típicas de ilicitude dos negócios jurídicos previstas no Direito Privado; ou, do contrário, **(ii)** se seriam elas não só indícios, como elementos suficientes para guiar uma decisão condenando determinado ato ou negócio jurídico praticado como não sendo oponível à Fazenda Pública.

De qualquer forma, a fim de se proceder a uma análise de risco com o devido grau de prudência, acredita-se que tais elementos devam ser levados em consideração como possíveis fundamentos isolados para eventuais questionamentos fiscais contra atos ou negócios jurídicos estruturados dentro de um planejamento tributário.

No caso da listagem de planejamentos suspeitos, como não houve a oportunidade da sua divulgação por parte da Secretaria da Receita Federal do Brasil, realmente não há como identificar quais elementos poderiam incluir ou não determinados negócios jurídicos nesse universo.

No entanto, essa questão chama a nossa atenção para um tema final a respeito dos elementos que nos parecem que devam ser levados em consideração, no mister de avaliar os riscos de planejamentos tributários concretos.

Trata-se do reconhecimento de que, não obstante todos os questionamentos que se possa ter a respeito de uma visão mais clássica ou liberal dos limites ao planejamento tributário, o ordenamento brasileiro também convive com normas de caráter antielisivo espalhadas pela legislação (normas antielisivas especiais, em oposição à ideia de norma geral antielisão).

Estamos falando de um sem número de regras tributárias que, não obstante reconheçam a validade de determinado ato ou negócio jurídico, em momento algum colocando em dúvida a sua licitude, simplesmente captam haver ali alguma hipótese de potencial distorção em prejuízo ao Fisco, fazendo então incidir uma regra de correção que, não raras vezes, impacta diretamente no montante do tributo a recolher (base de cálculo ou alíquota), ou, eventualmente, na eleição do sujeito passivo responsável pelo pagamento do tributo.

Exemplos não faltam, bastando lembrar: **(i)** das regras de distribuição disfarçada de lucros; **(ii)** de restrição a deduções ou arbitramento de lucros veiculadas pelas normas de preços de transferência; **(iii)** dos métodos de valoração aduaneira de importações e o seu impacto na base de cálculo de todos os tributos aduaneiros incidentes; **(iv)** das normas de valores tributáveis mínimos para fins de IPI e ICMS, nos casos de operações entre empresas ou estabelecimentos interdependentes; **(v)** da majoração de MVA para o cálculo de ICMS-ST em operações com interdependentes; dentre outras.

Veja-se que, em todos esses casos, há uma justificada suspeita de que, em razão da íntima relação entre as partes de um determinado negócio jurídico, isso possa influir na real captação de recursos para o Estado que poderiam advir daquela situação concreta. Essa relação não é taxada de ilegal, tampouco são considerados como inválidos ou simulados os reais parâmetros do negócio jurídico praticado. Há apenas a incidência de uma norma corretiva (norma antielisiva específica).

Quando tal norma não existe, não se pode simplesmente presumir que aquela relação entre as partes do negócio jurídico seja ilícita ou não oponível ao Fisco, havendo que se comprovar se há fraude, simulação, abuso de personalidade jurídica ou algum outro vício capaz de invalidar a operação e desqualificar os seus efeitos fiscais.

## Avaliação de riscos

Portanto, sob todos os aspectos acima referidos, a avaliação do risco do planejamento tributário estruturado pelo contribuinte deve ser realizada:

**(i)** em primeiro lugar, à luz da veracidade e da validade dos negócios jurídicos por ele praticados, não podendo aí haver vício passível de provocar a sua nulidade do ponto de vista do Direito Privado ou de outras normas não tributárias;

**(ii)** verificando a existência ou não de normas antielisivas específicas que possam interferir na fruição dos benefícios fiscais almejados pelos atos e negócios estruturados pelo contribuinte, conduzindo a fiscalização a eventuais questionamentos mais amplos também em relação à validade do planejamento como um todo;

**(iii)** em face da eventual existência de precedentes jurisprudenciais negativos, em situações análogas e que possam ser utilizadas como argumentação, pela fiscalização tributária, para atacar de maneira geral e abstrata os atos e negócios jurídicos praticados com o objetivo de reduzir a carga tributária do contribuinte; e

**(iv)** finalmente, à luz da existência de algum outro propósito econômico que justifique a realização do ato ou negócio jurídico em que se baseia o planejamento, propósito esse que, de preferência, possa ser confirmado pela mesma prática verificada entre outros agentes econômicos em situação similar e pela adoção de parâmetros que evidenciem o máximo grau de normalidade possível nos elementos envolvidos na operação.

# Capítulo 7
# Direito penal tributário

## Introdução

Podemos definir o ilícito como descumprimento de uma obrigação legal ou contratual, para a qual o ordenamento jurídico estabelece uma determinada sanção.

Embora a estrutura da norma sancionadora seja semelhante a outra, na medida em que estabelece uma consequência aplicável a partir da ocorrência de uma determinada hipótese, o ilícito se caracteriza por vir descrito na hipótese de uma norma cuja consequência corresponde a um castigo ou uma pena, que atinge o patrimônio jurídico do sancionado.

No caso das demais regras, o consequente normativo costuma corresponder a uma relação jurídica obrigacional, que cria, modifica ou extingue um direito de titularidade de uma ou de todas as partes envolvidas.

As normas tributárias, em princípio, se comportam dessa maneira, criando uma relação jurídica entre um sujeito passivo e um sujeito ativo, que obriga aquele a realizar uma prestação pecuniária em favor do segundo (pagamento do tributo) ou uma prestação ativa ou omissiva (um fazer ou um não fazer) em benefício da fiscalização e arrecadação do tributo (obrigação acessória).

Não à toa é que o artigo 3º, do Código Tributário Nacional, define o tributo como uma prestação pecuniária que não representa sanção por ato ilícito, muito embora essa premissa possa ser questionada, à luz da Constituição de 1988, no caso específico da progressividade extrafiscal do IPTU, prevista no artigo 182, § 2º, inc. II, como já vimos.

De qualquer forma, diante do descumprimento da obrigação tributária principal ou acessória, o ordenamento estabelece normas sancionadoras, considerando como um ilícito a falta de pagamento do tributo ou a inadimplência de um dever instrumental para controle da arrecadação.

As referidas normas podem impor uma sanção tributária ou administrativa contra o agente infrator, muitas vezes traduzida em multas que, segundo o próprio artigo 113, § 3º, do Código Tributário Nacional, convertem-se em obrigação principal relativamente aos respectivos valores pecuniários. Ou, em um extremo de maior rigor por parte do legislador, as normas por ele editadas podem fixar sanções restritivas à liberdade ou a outros direitos do agente ou medidas pecuniárias de caráter penal, hipóteses em que passamos à disciplina desse outro ramo do Direito.

Embora uma sanção tributária ou administrativa e uma sanção penal, de caráter pecuniário, possam à primeira vista parecer similares, na essência se diferenciam pelo fato de que esta última, ainda que indiretamente, poderá atingir o direito de liberdade do agente infrator, em especial por afastar a sua primariedade e criar a possibilidade de reincidência penal.

### *Princípios e garantias*

Se é verdadeiro que a aplicação da norma tributária é permeada por uma série de garantias constitucionais aqui já examinadas, todas elas estabelecidas com o objetivo de limitar o poder de tributar, essas garantias se mantêm e são amplificadas quando cruzamos o limite que nos leva à norma penal tributária. E isto porque, se no primeiro caso lidamos com o patrimônio privado, no segundo, o valor envolvido é a própria liberdade do cidadão.

Dessa maneira, o respeito aos princípios da *legalidade estrita* e da *tipicidade serrada* é inerente e ainda mais caro quando se está no terreno das normas sancionadoras – em especial as penais – em matéria tributária.

Outro princípio comum, encontrado no artigo 112, do Código Tributário Nacional, diz respeito ao mandamento do *in dubio pro reo*, segundo o qual deve ser interpretada e aplicada, da forma mais favorável ao acusado, toda a norma que dispuser sobre infrações e sanção a atos considerados ilícitos.

A regra do artigo 112 aplica-se à capitulação legal do fato com infração, à apuração da sua natureza ou das suas circunstâncias materiais, à apuração da natureza ou da extensão dos seus efeitos, à autoria, imputabilidade ou punibilidade do agente, e, finalmente, à natureza da penalidade aplicável ou sua graduação.

Nota-se que, em matéria tributária, o legislador foi mais claro e explícito do que o próprio legislador penal, que manifestou a mesma garantia de forma mais sucinta, no artigo 386, inc. VII, do Código Penal, ao afirmar que o juiz absolverá o réu quando reconhecer não existir prova suficiente para a condenação.

Também é comum o princípio da *retroatividade benigna*, previsto no artigo 106, do Código Tributário Nacional, que autoriza a aplicação da lei a ato ou fato pretérito, quando deixar de considerá-lo como infração, como contrário à lei ou, ainda, quando lhe cominar penalidade menos severa do que a prevista na lei vigente ao tempo da sua ocorrência. A mesma regra pode ser encontrada no parágrafo único, artigo 2º, do Código Penal, que materializa a garantia do artigo 5º, inc. XL, da Constituição.

A *anterioridade* da legislação tributária e penal é um valor igualmente comum, assegurado no artigo 5º, inc. XXXIX, com relação aos fatos tipificados como crime, e, no artigo 150, inc. I, quanto à própria incidência tributária.

Embora não derive diretamente da Constituição, tanto em matéria tributária, quanto em matéria de ilícitos penais-tributários, vêm se ampliando as regras relativas ao *princípio da insignificância*, tornando dispensável não só a cobrança de créditos tributários abaixo de um determinado valor mínimo, como também a persecução penal correspondente, na hipótese em que eventualmente se caracterize um crime. É o que reconhece o Superior Tribunal de Justiça, no tema nº 157, resultante do julgamento dos Recursos Especiais nºs 1.112.748-TO (3ª Seção, Rel. Min. Felix Fischer, j. em 9.9.2009) e 1.709.029-MG (3ª Seção, Rel. Min. Sebastião Reis Júnior, j. em 28.2.2018).

Outro ponto importante a observar é que, embora a Constituição Federal proíba a prisão civil por dívida (artigo 5º, inc. LXVII), isso não invalida a possibilidade de prisão por crimes de natureza tributária, tendo em vista que, conforme firmado no tema nº 937, das repercussões gerais do Supremo Tribunal Federal (Recurso Extraordinário com Agravo nº 999.245-SC. Pleno, Rel. Min. Ricardo Lewandowski, j. em 2.3.2017), as condutas assim tipificadas pela lei penal "não se referem simplesmente ao não pagamento de tributos, mas aos atos praticados pelo contribuinte com o fim de sonegar o tributo devido, consubstanciados em fraude, omissão, prestação de informações falsas às autoridades fazendárias e outros ardis".

De outro lado, o princípio da vedação ao confisco (artigo 150, inc. IV) não tem aplicação sobre a sanção eventualmente estipulada pela legislação penal-tributária, na medida em que o agente infrator pode ser privado de um bem inclusive mais valioso do que a propriedade: a sua própria liberdade.

Algumas outras diferenças que podem ser apontadas entre a disciplina estritamente tributária e a aplicação da legislação penal, referem-se: **(i)** em primeiro lugar, à garantia constitucional (artigo 5º, inc. XLV) de que nenhuma pena passará da pessoa do condenado, o que contrasta com as regras de responsabilização tributária de terceiros, previstas nos artigos 134 e 135, do Código Tributário Nacional (apesar das hipóteses de responsabilização pessoal do agente, quando a infração se caracterizar como crime ou contravenção, conforme artigo 137); e **(ii)** à imprescindibilidade do dolo ou da culpa como regra no Direito Penal, em contraste com a responsabilidade objetiva relativa às obrigações tributárias principal e acessória, segundo o artigo 136, do Código Tributário Nacional.

Não podemos perder de vista que, à luz da relação que se estabelece entre sujeito passivo e ativo da obrigação tributária, a legislação penal cuida não só de tipificar ilícitos que podem ser cometidos por aquele, em prejuízo deste, mas também do agente público arrecadador em relação ao particular.

Assim, aqui também se tratará dos ilícitos penais que devem limitar a atuação dos agentes públicos responsáveis pela arrecadação tributária, o que é relevante de se ter em mente, na teoria e na prática, dados os poderes a eles atribuídos pelo Código Tributário Nacional, como já se viu.

## Crimes contra a ordem tributária

Os chamados crimes contra a ordem tributária podem ser encontrados nas Leis nºs 4.729/65 e 8.137/90, assim como nos artigos 168-A, 334 e 337-A, do Código Penal.

***Sonegação fiscal***

A Lei nº 4.729/65, no seu artigo 1º, tipifica como crime de ***sonegação fiscal***: **(i)** prestar declaração falsa ou omitir, total ou parcialmente, informação que deva ser produzida a agentes das pessoas jurídicas de direito público interno, com a intenção de eximir-se, total ou parcialmente, do pagamento de tributos, taxas e quaisquer adicionais devidos por lei; **(ii)** inserir elementos inexatos ou omitir, rendimentos ou operações de qualquer natureza em documentos ou livros exigidos pelas leis fiscais, com a intenção de exonerar-se do pagamento de tributos devidos à Fazenda Pública; **(iii)** alterar faturas e quaisquer documentos relativos a operações mercantis com o propósito de fraudar a Fazenda Pública; **(iv)** fornecer ou emitir documentos graciosos ou alterar despesas, majorando-as, com o objetivo de obter dedução de tributos devidos à Fazenda Pública, sem prejuízo das sanções administrativas cabíveis; e **(v)** exigir, pagar ou receber, para si ou para o contribuinte beneficiário da paga, qualquer percentagem sobre a parcela dedutível ou deduzida do imposto sobre a renda como incentivo fiscal.

Segundo o seu artigo 6º, no caso de o tributo sonegado ser devido pela pessoa jurídica, a responsabilidade penal será de todos os que, direta ou indiretamente, estiverem ligados à infração de modo permanente ou eventual, tendo-a praticado ou concorrido para a sua prática.

De modo similar, o artigo 11, da Lei nº 8.137/90, determina que responderá pelas penas cominadas aos crimes ali tipificados quem, de qualquer modo, inclusive por meio de pessoa jurídica, concorrer para a prática desses mesmos crimes, na medida de sua culpabilidade.

O crime tipificado no artigo 1º, da lei mencionada no parágrafo anterior, corresponde à supressão ou redução de tributo mediante as seguintes condutas: **(i)** omitir informação, ou prestar declaração falsa às autoridades fazendárias; **(ii)** fraudar a fiscalização tributária, inserindo elementos inexatos, ou omitindo operação de qualquer natureza, em documento ou livro exigido pela lei fiscal; **(iii)** falsificar ou alterar nota fiscal, fatura, duplicata, nota de venda, ou qualquer outro documento relativo à operação tributável; **(iv)** elaborar, distribuir, fornecer, emitir ou utilizar documento que saiba ou deva saber falso ou inexato; e **(v)** negar ou deixar de fornecer, quando obrigatório, nota fiscal ou documento equivalente, relativo à venda de mercadoria ou à prestação de serviço, efetivamente realizada, ou fornecê-lo em desacordo com a legislação. Para essas condutas, a Lei nº 8.137/90 prevê pena de reclusão de 2 (dois) a 5 (cinco) anos e multa.

De maneira um pouco mais branda, com pena de detenção de 6 (seis) meses a 2 (dois) anos, além de multa, o artigo 2º tipifica como crime: **(i)** fazer declaração falsa ou omitir declaração sobre rendas, bens ou fatos, ou empregar outra fraude, para eximir-se, total ou parcialmente, de pagamento de tributo; **(ii)** deixar de recolher, no prazo legal, valor de tributo ou de contribuição social, descontado ou cobrado, na qualidade de sujeito passivo de obrigação e que deveria recolher aos cofres públicos; **(iii)** exigir, pagar ou receber, para si ou para o contribuinte beneficiário, qualquer percentagem sobre a parcela dedutível ou deduzida de imposto ou de contribuição como incentivo fiscal; **(iv)** deixar de aplicar, ou aplicar em desacordo com o estatuído, incentivo fiscal ou parcelas de imposto liberadas por órgão ou entidade de desenvolvimento; e **(v)** utilizar ou divulgar programa de processamento de dados que permita ao sujeito passivo da obrigação tributária possuir informação contábil diversa daquela que é, por lei, fornecida à Fazenda Pública.

Anote-se que, em relação ao tipo descrito no item **(ii)** do parágrafo anterior, o Supremo Tribunal Federal fixou a tese, no Recurso Ordinário em Habeas Corpus nº 163.334-SC, no sentido de que "o contribuinte que, de forma contumaz e com dolo de apropriação, deixa de recolher o ICMS cobrado do adquirente da mercadoria ou serviço incide no tipo penal do art. 2º, II, da Lei nº 8.137/1990".

Interessante observar que a contumácia da conduta, embora não referida no tipo do artigo 2º, inc. II, foi adicionada pelo Supremo Tribunal Federal à configuração do crime de apropriação indébita tributária. Esse requisito não havia sido referido na decisão anterior sobre o tema, da lavra do Superior Tribunal de Justiça (Habeas Corpus nº 399.109-SC, 3ª Seção, Rel. Min. Rogério Schietti Cruz, j. em 22.8.2018) em que se considerou que a simples existência do dolo – caracterizado pela vontade livre e consciente de apropriar-se do ICMS recebido com o preço da mercadoria vendida ou do serviço prestado, sem utilizá-lo para o recolhimento do tributo aos cofres públicos – seria suficiente para que se considere ocorrido o crime sancionado com pena de detenção, de 6 (seis) meses a 2 (dois) anos, e multa.

Dentre outros fundamentos empregados no julgamento deste assunto, julgamento, destaca-se a própria tese nº 69, do Supremo Tribunal Federal, firmada no Recurso Extraordinário nº 574.706-PR, no sentido de que "o ICMS não compõe a base de cálculo para a incidência do PIS e da Cofins". Ou seja, se o ICMS não é receita do contribuinte, como decidido pelo Supremo, o seu recebimento pelo vendedor de uma mercadoria (na forma do pagamento do preço pelo comprador), mas a falta do seu repasse ao Estado, competente para a arrecadação do imposto, representariam uma típica conduta de apropriação indébita tributária.

Registre-se, ainda, que tanto essa hipótese, quanto os demais ilícitos descritos no artigo 2º, da Lei nº 8.137/1990, são considerados infrações penais de menor potencial ofensivo, nos termos do que define o artigo 61, da Lei nº 9.099/1995, sendo possível a substituição das penas privativas de liberdade por penas restritivas de direito, sempre que atendidas as condições do artigo 44 e seguintes, do Código Penal.

As penas pelos crimes descritos nos artigos 1º e 2º, da Lei nº 8.137/90, podem ser agravadas de um terço até a metade, na hipótese de o ilícito: **(i)** causar grave dano à coletividade; **(ii)** ser cometido por servidor público no exercício de suas funções; ou **(iii)** ser praticado em relação à prestação de serviços ou ao comércio de bens essenciais à vida ou à saúde.

***Apropriação indébita e sonegação previdenciárias***

Configuram crimes tributários, ainda:

- a ***apropriação indébita previdenciária***, tipificada no artigo 168-A, do Código Penal, como a conduta de deixar de repassar à previdência social as contribuições recolhidas dos contribuintes, no prazo e forma legal ou convencional, incorrendo no mesmo crime que deixar de: **(i)** recolher, no prazo legal, contribuição ou outra importância destinada à previdência social que tenha sido descontada de pagamento efetuado a segurados, a terceiros ou arrecadada do público; **(ii)** recolher contribuições devidas à previdência social que tenham integrado despesas contábeis ou custos relativos à venda de produtos ou à prestação de serviços; e **(iii)** pagar benefício devido a segurado, quando as respectivas cotas ou valores já tiverem sido reembolsados à empresa pela previdência social; e

– a ***sonegação de contribuição previdenciária***, descrita no artigo 337-A, do Código Penal, como supressão ou redução de contribuição social previdenciária ou acessório a pagar, mediante a prática de: **(i)** omissão de folha de pagamento da empresa ou de documento de informações previsto pela legislação previdenciária segurados empregado, empresário, trabalhador avulso ou trabalhador autônomo ou a este equiparado que lhe prestem serviços; **(ii)** falta de lançamento mensal nos títulos próprios da contabilidade da empresa as quantias descontadas dos segurados ou as devidas pelo empregador ou pelo tomador de serviços; ou **(iii)** omissão, total ou parcialmente, receitas ou lucros auferidos, remunerações pagas ou creditadas e demais fatos geradores de contribuições sociais previdenciárias.

***Extinção da punibilidade***

É importante registrar que os ilícitos penais acima detalhados são crimes classificados como *de resultado* ou *materiais*, para os quais a materialidade da falta de pagamento do tributo é elemento essencial para a sua caracterização. Em todos eles, são necessários: **(i)** uma *ação* por parte do infrator; **(ii)** o *dolo específico* de, por meio dessa ação, suprimir ou reduzir o pagamento de um tributo; e, finalmente, **(iii)** o *resultado* de suprimir ou reduzir esse pagamento.

Por ser assim é que, enquanto não houver absoluta certeza acerca da existência ou não do crédito tributário, não é possível saber se ocorreu ou não a conduta criminosa descrita na lei. Por esse motivo, conforme acabou sendo firmado pela jurisprudência dos Tribunais Superiores (súmula vinculante nº 24/STF) e, posteriormente, foi cristalizado no artigo 83, da Lei nº 9.430/96, não pode haver representação fiscal para fins penais enquanto não houver decisão final em processo administrativo de revisão do lançamento. Até que isso ocorra, não é possível saber se houve ou não o *resultado* necessário à configuração do ilícito penal e, por consequência, se há ou não justificativa para o início da persecução penal.

Também por se tratar de crime de resultado é que, por disposição legal expressa – artigo 34, da Lei nº 9.249/95, artigo 168-A, § 2º, e artigo 337-A, § 1º, do Código Penal – o pagamento do tributo devido, se realizado antes do recebimento da denúncia, é causa de extinção da punibilidade do agente.

E, finalmente, pelo mesmo motivo há previsão – artigo 83, da Lei nº 9.430/96, e artigo 9º, da Lei nº 10.684/2003 – para a suspensão da pretensão punitiva penal – relativamente aos ilícitos da Lei nº 8.137/90 e dos artigos 168-A e 337-A, do Código Penal – enquanto o débito fiscal se encontrar pendente de parcelamento (desde que formalizado antes do recebimento da denúncia), sendo que, concluído o pagamento de todas as prestações, ficará igualmente extinta a possibilidade de punição.

***Descaminho***

Em relação ao crime de ***descaminho***, previsto no artigo 334, do Código Penal, essas três questões são mais polêmicas, notadamente a extinção da punibilidade com o pagamento do tributo devido, a vedação à representação fiscal para fins penais enquanto perdurar o processo administrativo fiscal e, finalmente, a suspensão da pretensão penal pelo parcelamento.

E isso porque, segundo a norma penal, enquadra-se com o descaminho a conduta de iludir, no todo ou em parte, o pagamento de direito ou imposto devido pela entrada, pela saída ou pelo consumo de mercadoria do território nacional, considerando-se como também incurso nesse ilícito quem: **(i)** praticar navegação de cabotagem, fora dos casos permitidos em lei; **(ii)** praticar fato assimilado, em lei especial, a descaminho; **(iii)** vender, expuser à venda, mantiver em depósito ou, de qualquer forma, utilizar em proveito próprio ou alheio, no exercício de atividade comercial ou industrial, mercadoria de procedência estrangeira que introduziu clandestinamente no País ou importou fraudulentamente ou, ainda, que sabe ser produto de introdução clandestina no território nacional ou de importação fraudulenta por parte de outrem; e, finalmente, **(iv)** adquirir, receber ou ocultar, em proveito próprio ou alheio, no exercício de atividade comercial ou industrial, mercadoria de procedência estrangeira, desacompanhada de documentação legal ou acompanhada de documentos que sabe serem falsos.

No entendimento do Superior Tribunal de Justiça (Habeas Corpus nº 218.961-SP. 5ª turma, Rel. Min. Laurita Vaz, j. em 15.10.2013), o crime de descaminho não conteria a falta de pagamento do tributo no seu núcleo, tendo por objetivo, antes, coibir ameaças ao controle aduaneiro das operações de comércio exterior. Por esse motivo, se trataria de crime de natureza *formal*, cuja punibilidade não se extinguiria com o pagamento, que não demandaria o fim do processo administrativo para ensejar a investigação criminal e, finalmente, cuja persecução penal não se suspenderia com o pedido de parcelamento do débito por parte do sujeito passivo.

O Supremo Tribunal Federal, no entanto, parece pensar diferente: **(i)** observa que o tipo do artigo 334 teve a sua redação, ao longo do tempo, alterada pela própria Lei nº 4.729/65, à qual se refere literalmente a regra de extinção da punibilidade, descrita no artigo 34, da Lei nº 9.249/95; **(ii)** lembra que o próprio artigo 2º, da Lei nº 4.729/65, também prescrevia a extinção da punibilidade pelo pagamento, antes de ser revogado pela Lei nº 6.910/80; e **(iii)** afirma que "o descaminho também é espécie de sonegação fiscal", de tal sorte que "a persecução penal, nesse campo, surge muito mais como meio coercitivo de chegar-se ao recolhimento do tributo" (Habeas Corpus nº 85.942-SP. 1ª Turma, Rel. Min. Luiz Fux, j. em 24.5.2011).

Além disso, vem igualmente entendido que se trata de crime também sujeito ao *princípio da insignificância*, sendo o valor do tributo relevante, portanto, para a extinção da punibilidade por essa razão (Habeas Corpus nº 163.984-SP. 1ª Turma, Rel. Min. Rosa Weber, j. em 18.10.2016).

Aliás, a esse propósito é interessante observar que, não obstante mantenha o seu entendimento de que o descaminho é um crime formal, o Superior Tribunal de Justiça também o submete à regra da *insignificância* (tema nº 157, já referido acima), o que indica que, no final do dia, o resultado do ilícito é relevante para a sua configuração e para a efetiva punibilidade do agente.

Outra questão a ser comentada, por fim, diz respeito ao princípio da absorção do crime-meio pelo ilícito-fim, o que, não raras vezes, é ignorado – voluntaria ou involuntariamente – resultando na frustração daquela regra prevista no artigo 83, da Lei nº 9.430/96, e da súmula vinculante nº 24, do Supremo Tribunal Federal.

Como se pode ver dos ilícitos descritos acima, muitos deles poderão (ou deverão) envolver condutas que, isoladamente, poderiam ser também enquadradas em algum outro dispositivo da legislação penal, em especial os crimes de falsidade.

No entanto, quando tais condutas são praticadas como meio para se alcançar o crime final de sonegação, obrigatoriamente ocorre o fenômeno da absorção ou *consunção*, conforme reconhece o precedente do tema nº

933, dos recursos repetitivos julgados pelo Superior Tribunal de Justiça: **(i)** questão submetida a julgamento: "discute-se a incidência do princípio da consunção quando a falsificação de papéis públicos, crime de maior gravidade, assim considerado pela pena abstratamente cominada, é meio ou fase necessária ao descaminho, crime de menor gravidade"; e **(ii)** tese firmada: "quando o falso se exaure no descaminho, sem mais potencialidade lesiva, é por este absorvido, como crime-fim, condição que não se altera por ser menor a pena a este cominada" (Recurso Especial nº 1.378.053-PR. 3ª Seção, Rel. Min. Nefi Cordeiro, j. em 10.8.2016).

**Crimes praticados pela administração tributária**

Também os agentes públicos encarregados da fiscalização e da arrecadação tributária podem, no caso de condutas consideradas reprováveis pelo legislador, incorrer em tipo punido criminalmente.

Em primeiro lugar, caso tenham participação nos crimes de sonegação vistos acima, o agente público não apenas incorrerá no tipo penal, como sofrerá pena agravada: **(i)** de um terço até a metade, no caso de cometer os crimes dos artigos 1º e 2º, da Lei nº 8.137/90, no exercício de suas funções; **(ii)** de um sexto da pena total, se cometer os crimes do artigo 1º, da Lei nº 4.729/65, valendo-se para tanto do cargo público que exerce; ou **(iii)** de uma terça parte da pena, se o agente que concorre para a prática da sonegação for funcionário público especificamente com atribuições de verificação, lançamento ou fiscalização de tributos (artigo 1º, § 3º, da Lei nº 4.729/65).

Além dessa participação em crimes de sonegação, o agente público também poderá ser punido, com penas de reclusão e multa, se, nos termos do artigo 3º, da Lei nº 8.137/90: **(i)** extraviar livro oficial, processo fiscal ou qualquer documento, de que tenha a guarda em razão da função, sonegá-lo, ou inutilizá-lo, total ou parcialmente, acarretando pagamento indevido ou inexato de tributo ou contribuição social; **(ii)** exigir, solicitar ou receber, para si ou para outrem, direta ou indiretamente, ainda que fora da função ou antes de iniciar seu exercício, mas em razão dela, vantagem indevida, ou aceitar promessa de tal vantagem, para deixar de lançar ou cobrar tributo ou contribuição social, ou cobrá-los parcialmente; ou, finalmente, **(iii)** patrocinar, direta ou indiretamente, interesse privado perante a administração fazendária, valendo-se da qualidade de funcionário público.

***Prevaricação***

Vale notar que a conduta descrita no item *(ii)* do parágrafo anterior guarda bastante similitude com o crime de ***prevaricação***, previsto no artigo 319, do Código Penal, que trata como ilícito o ato de retardar ou deixar de praticar, indevidamente, ato de ofício, ou praticá-lo contra disposição expressa de lei, para satisfazer interesse ou sentimento pessoal.

***Violação do sigilo funcional***

Outro crime relevante em matéria tributária, considerada a regra de sigilo prevista no artigo 198, do Código Tributário Nacional, é a ***violação do sigilo funcional***, punível com detenção de seis meses a dois anos ou multa, conforme artigo 325, do Código Penal.

Como já vimos, o citado dispositivo do Código Tributário proíbe a divulgação de informações obtidas pela Fazenda Pública e seus servidores a respeito da situação econômica ou financeira do sujeito passivo ou de terceiros fiscalizados, assim como sobre o estado e a natureza dos seus negócios ou atividades.

Além da responsabilidade funcional e da possibilidade de ser acionado por perdas e danos na esfera civil, o agente público que violar essa prescrição poderá incorrer no crime previsto no artigo 325, que tipifica a conduta de violação de sigilo funcional, prevendo detenção de seis meses a dois anos ou multa.

Estão fora da zona da ilegalidade, como já vimos: **(i)** o fornecimento de informações no âmbito de convênios ou acordos internos ou internacionais de troca de informações para a fiscalização da arrecadação dos tributos, previstos no já referido artigo 199, do Código Tributário nacional; **(ii)** além do fornecimento de informações mediante requisição de autoridade judiciária ou de autoridade administrativa, no interesse da administração pública, desde que comprovada a instauração regular de processo administrativo para tanto.

Essa troca de informações no âmbito da administração pública, porém, deve ser feita mediante entrega pessoal dos dados à autoridade solicitante, que deve emitir recibo, para formalizar a transferência e assegurar a preservação do sigilo.

O sigilo fiscal não alcança, ainda, a divulgação ao público de informações sobre **(i)** representações fiscais para fins penais, **(ii)** inscrições na Dívida Ativa e **(iii)** parcelamento ou moratória (artigo 198, § 3º, do Código Tributário Nacional).

Evidentemente, esse tipo de divulgação coloca pressão sobre o sujeito passivo considerado devedor, criando constrangimentos que poderão gerar contra ele prejuízos e danos dos mais variados, razão pela qual, a nosso ver, deve-se tomar a devida cautela para que a faculdade do artigo 198, § 3º, não seja utilizava de modo abusivo.

***Excesso de exação***

Afinal, conforme artigo 316, § 1º, do Código Penal, configura crime de ***excesso de exação*** não apenas **(i)** a exigência de tributo ou contribuição social que o agente público sabe ou deveria saber indevido, como também **(ii)** o emprego, na sua cobrança, de meio vexatório ou gravoso que a lei não autoriza.

Nesse sentido, é questionável a licitude da divulgação ao público da existência de representações fiscais para fins penais, não obstante a aparente autorização do artigo 198, § 3º, inc. I, quando o suposto débito fiscal que dá sustento à representação ainda se encontrar em revisão na esfera administrativa ou com a sua exigibilidade suspensa, em especial mediante decisão judicial que ponha em dúvida a sua higidez.

O mesmo se pode dizer em relação à divulgação da existência de representação fiscal para fins penais quando o próprio débito se encontra suspenso em razão de parcelamento formulado pelo sujeito passivo e concedido pela autoridade fiscal. Nessa hipótese, que se divulgue informação a respeito da existência do parcelamento em vigor (artigo 198, § 3º, inc. III), mas não sobre a representação para fins penais, na medida em que o parcelamento, como já vimos, impede a própria representação para fins penais.

Por fim, vale registrar que o crime de excesso de exação também compreende a conduta de exigir tributo ou contribuição social que o funcionário público "sabe ou deveria saber indevido", o que descreve um dolo específico de difícil demonstração (Recurso Ordinário em Habeas Corpus nº 81.747-5-RS. 2ª Turma, Rel. Min. Maurício Corrêa, j. em 16.4.2002).

No entanto, temos para nós que, no caso da existência de normas complementares à legislação tributária de conteúdo claro ou vinculante ao próprio sujeito passivo – como no caso de uma consulta, por exemplo – a exigência do tributo contrariamente a esse tipo de orientação poderá ser tida, objetivamente, como uma cobrança que o agente público "sabe ou deveria saber" indevida, podendo configurar o ilícito penal em questão e resultar na punição do infrator com pena de reclusão, de três a oito anos, além de multa.

# Capítulo 8
# Resolução de conflitos tributários

## Introdução

Como visto, o Brasil é titular de um dos sistemas tributários mais complexos do mundo, caracterizado por uma multiplicidade de tributos cobrados por um número elevadíssimo de entes tributantes, sobreposições e zonas cinzentas de intersecção entre áreas de incidência, regras e princípios distribuídos em uma complexa rede que compõe a legislação tributária, a qual é elaborada e aprovada por um Poder Legislativo de qualidade bastante questionável, além da ativa participação de diferentes órgãos do Poder Judiciário competentes para resolver e firmar jurisprudência sobre a temática fiscal.

Não fosse por todas essas e outras tantas razões, o fenômeno tributário em si considerado não deveria ensejar tantos conflitos como, na prática, acabamos por observar. Afinal, lembre-se da sua mecânica essencial:

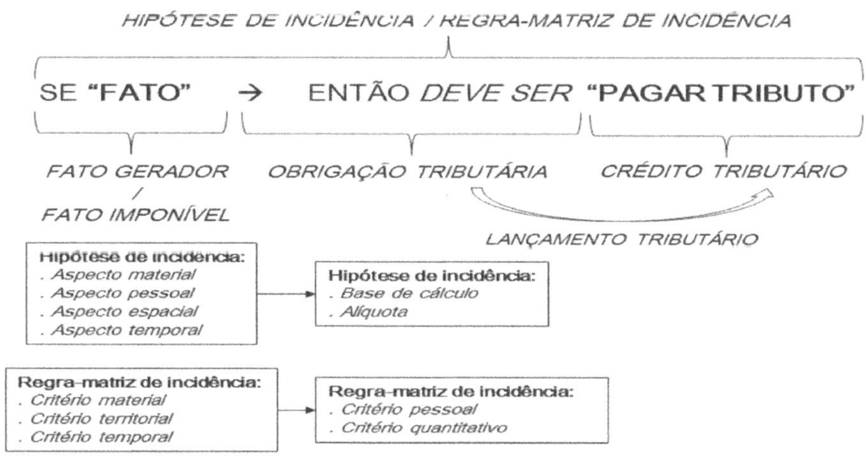

Praticamente todas as variáveis mencionadas no fluxo acima podem ser motivo de dúvida e de mais de uma interpretação, o que acaba por permitir que os sujeitos passivo e ativo da relação tributária se encontrem diante de um possível litígio a ser resolvido. E isso não apenas sob a perspectiva da intepretação da norma, mas também quanto à qualificação dos fatos aos quais ela se aplica, ou não: qual é o fato descrito como gerador ou imponível na norma de incidência? O fato ocorrido na realidade corresponde a essa descrição? Tendo havido esse fato e subsumindo-se ele à norma de incidência, estão presentes todos os elementos necessários para que surja a obrigação tributária? Qual o ente competente para a cobrança do tributo? Ainda é possível efetuar o lançamento do crédito tributário? Considerando qual base de cálculo e qual alíquota? O crédito tributário deve ser obrigatoriamente pago ou pode ser extinto por alguma outra modalidade? Há alguma hipótese de exclusão aplicável? Quais obrigações acessórias se impõem diante dessas variáveis? Existe alguma falha que justifique a aplicação de alguma penalidade?

Enfim, os questionamentos podem ser diversos, sendo, pois, relevante expor e compreender, a seguir, quais instrumentos podem ser utilizados para prevenir ou resolver conflitos dessa natureza.

## Procedimentos não litigiosos

### *Consulta tributária*

Preventivamente, um importante instrumento para solução de dúvidas junto à Fazenda Pública é a ***consulta tributária***, referida expressamente no artigo 161, § 2º, do Código Tributário Nacional, dispondo que, na pendência de uma consulta formulada pelo sujeito passivo dentro do prazo para o pagamento do tributo, não pode ser o crédito tributário acrescido de juros de mora ou penalidades por sua falta de pagamento.

No entanto, como observa o Superior Tribunal de Justiça, "a exclusão dos acessórios da mora em razão de consulta formulada alcança débitos de responsabilidade do consulente. O indeferimento da consulta implica na exigibilidade do crédito tributário, inclusive com os encargos da dívida (juros e correção monetária)" (Recurso Especial nº 965.271-RJ. 2ª Turma, Rel. Min. Eliana Calmon, j. em 18.8.2009).

A consulta, de certo modo, deriva do próprio direito constitucional de petição (artigo 5º, inc. XXXIV, alínea "a"), e da garantia do inciso XXXIII, que assegura a todos o direito de receber dos órgãos públicos informações de seu interesse particular, coletivo ou geral.

Indiretamente, a consulta guarda relação com a norma do artigo 100, do Código Tributário Nacional, que, como também vimos aqui, relaciona as chamadas normas complementares à legislação tributária, incluindo entre elas as decisões dos órgãos singulares ou coletivos de jurisdição administrativa, às quais a lei atribua eficácia normativa.

No caso dos tributos de competência da União, o Decreto nº 70.235/1972, nos seus artigos 46 e seguintes, e a Lei nº 9.430/96, do artigo 48 em diante, regulam o procedimento pertinente, o qual é ainda objeto do Decreto nº 7.574/2011 e das Instruções Normativas nºs 1.464/2014 e 1.396/2013, da Secretaria da Receita Federal do Brasil.

Nas legislações estaduais, distrital e municipais, é recorrente haver regramentos específicos a respeito da consulta, sendo que, no caso de absoluto silêncio, os artigos da Constituição e do Código Tributário acima mencionados, por si só, justificam a sua apresentação e demandam seja a consulta respondida pela autoridade fazendária local.

Como regra, a pendência de consulta impede a fiscalização e o lançamento de ofício de eventual tributo, cuja incidência ou quantificação seja, justamente, o tema controvertido objeto da dúvida apresentada pelo sujeito passivo.

Respondida a consulta e esclarecida a dúvida do sujeito passivo a respeito da interpretação ou da aplicação da legislação tributária: **(i)** ou bem estará solucionado o potencial conflito objeto da consulta, adequando-se o sujeito passivo ao entendimento manifestado pela Fazenda Pública; **(ii)** ou bem o conflito estará ainda mais explícito, a legitimar o ajuizamento de ação, perante o Poder Judiciário, para buscar a devida tutela jurisdicional.

Além dessas características, vale também destacar que, em regra, a consulta sobre a interpretaçao e a aplicação da legislação tributária pode ser também formulada por entidade de classe que represente interesses coletivos de uma determinada categoria de sujeitos passivos.

Não havendo previsão expressa a esse respeito na legislação do ente tributante, o Superior Tribunal de Justiça entende que essa possibilidade deriva do próprio artigo 8º, inc. III, da Constituição Federal (Recurso

Especial nº 555.608-MG. 2ª Turma, Rel. Min. João Otávio de Noronha, j. em 5.10.2004). No entanto, entende que "a exclusão da multa e dos juros de mora, em razão do não recolhimento tempestivo do tributo a que se refere o art. 161, § 2º, do CTN, pressupõe consulta fiscal formulada pelo próprio devedor ou responsável". Ou seja, a consulta formulada pela entidade de classe não teria o mesmo efeito que a individual, a não ser que assim preveja expressamente a legislação de regência (tal como ocorre, no âmbito federal, no artigo 51, do Decreto nº 70.235/72).

***Regime especial***

Na hipótese de o possível conflito entre o sujeito passivo e o sujeito ativo da relação tributária não advir de dúvida sobre a legislação, mas da necessidade de flexibilização ou modificação de obrigações acessórias nela previstas, poderá haver espaço para a eventual solicitação e o deferimento de ***regime especial*** para o cumprimento de tais obrigações.

Como já vimos, a legislação tributária costuma conter delegações genéricas de poder para o Executivo regular, instituir e impor obrigações acessórias necessárias à fiscalização ou à arrecadação de tributos, ficando sujeita ao princípio da estrita legalidade a imposição de penalidades pelo seu descumprimento.

De outro modo, verificamos também que, nos termos do artigo 111, inc. III, do Código Tributário Nacional, estão sujeitas à interpretação estrita as disposições legais que dispensem o sujeito passivo do cumprimento de obrigações tributárias acessórias.

Nesse contexto, é bastante recorrente, especialmente em matéria de ICMS, IPI e ISS, a delegação de poderes para que o Executivo autorize o sujeito passivo, por meio da concessão de regimes especiais, a cumprir as suas obrigações acessórias de modo distinto daquele como regra previsto na legislação pertinente.

No caso do IPI, o artigo 387, do respectivo regulamento (RIPI, aprovado pelo Decreto nº 7.212/2010), estabelece que "a Secretaria da Receita Federal do Brasil poderá autorizar a adoção de regimes especiais para a emissão e escrituração de documentos fiscais, emitidos por processo manual, mecânico ou por sistema de processamento eletrônico de dados". Em relação ao ICMS, tomando como exemplo a Lei Paulista nº 6.374/89, autoriza-se que, "em casos especiais e com o objetivo de facilitar ou de compelir à observância da legislação tributária, as autoridades que o regulamento designar podem determinar, a requerimento do interessado ou de ofício, a adoção de regime especial para o cumprimento das obrigações fiscais" (artigo 71).

Como se pode perceber, a hipótese descrita no artigo 71, da Lei nº 6.374/89, é um pouco mais abrangente, referindo-se a "obrigações fiscais" e não apenas a obrigações acessórias, o que chama a atenção para o fato de, não raramente, Estados e Distrito Federal utilizarem regimes especiais também para a concessão de fórmulas especiais de cálculo e pagamento do ICMS, o que é medida cuja validade pode ser questionada à luz da regra constitucional do artigo 155, § 2º, inc. XII, alínea "g", que exige a celebração de convênio, nos termos da Lei Complementar nº 24/1975, para a concessão de isenções, incentivos e benefícios fiscais relativos àquele imposto estadual.

Nos casos de concessão de benefícios relativos ao ICMS por meio de regimes especiais, o Supremo Tribunal Federal consolidou o entendimento, aliás, de que o Ministério Público tem legitimidade ativa para questionar a validade do acordo entre Fisco e contribuinte, dado o potencial de lesividade ao patrimônio público (tema nº 56, resultante do julgamento do Recurso Extraordinário nº 576.155-DF. Pleno, Rel. Min. Ricardo Lewandowski, j. em 12.8.2010).

Como regra, a concessão de regimes especiais é um ato discricionário por parte da administração fazendária, devendo-se **(i)** guiar por critérios de oportunidade e conveniência, **(ii)** tendo por norte o princípio da eficiência administrativa, e **(iii)** conciliando os interesses dos sujeitos ativo e passivo da relação tributária, **(iv)** sem prejuízo à fiscalização e à arrecadação do tributo envolvido. Daí porque, seja no momento em que é solicitado pelo sujeito passivo, seja quando é concedido pela administração pública, o regime especial deve ser devidamente motivado com base em dados concretos que justifiquem a sua concessão e o seu pedido; afinal, ato discricionário não se confunde com ato arbitrário.

A observação é relevante porque, na prática, não é raro verificar a situação de sujeitos passivos que logram obter regimes especiais que, de fato, aliviam o peso de obrigações acessórias relevantes. E, com o passar do tempo, passam a conviver com o enorme temor de que, por conta de qualquer tipo de indisposição com a respectiva autoridade fazendária, o seu regime especial possa ser sumariamente cassado.

Sendo a concessão do regime especial um ato discricionário – e não arbitrário – não apenas a sua concessão, como também a sua cassação precisará ser justificada e motivada. Aliás, a cassação deverá, obrigatoriamente, revisitar os motivos que originalmente fundamentaram a concessão para, diante deles e da demonstração da sua eventual alteração, justificar a revogação do ato concessivo.

De toda a sorte, apesar dessa tensão natural existente, não se pode descartar a análise da possibilidade de solicitação de um regime especial como instrumento capaz de eventualmente prevenir um conflito entre o sujeito passivo e o Fisco, em especial quando relacionado à imposição de uma obrigação acessória.

***Denúncia espontânea***

Ainda no campo das ferramentas preventivas de resolução de conflitos entre o sujeito passivo e o sujeito ativo da relação tributária, vale novamente mencionar o instituto da ***denúncia espontânea***, tratado em tópico específico acima.

Como vimos, o objetivo do artigo 138, do Código Tributário Nacional, é, de fato, premiar o sujeito passivo que, voluntariamente, procura a autoridade fazendária para solucionar uma situação em que identificou o descumprimento de uma obrigação tributária, comunicando espontaneamente esse fato e tomando as medidas cabíveis para remediar a situação, incluindo, "se for o caso", o pagamento do tributo devido.

Vale também relembrar o quanto ali visto a respeito dos chamados programas de conformidade fiscal – e dos cadastros positivos de contribuintes –, que vêm se popularizando nas diferentes esferas de tributação do nosso sistema, criando-se a oportunidade para os sujeitos passivos autorregularizem eventuais infrações, mesmo quando são elas identificadas por iniciativa da própria fiscalização.

Nesse tipo de programa, é levado em consideração o histórico de aderência do sujeito passivo ao cumprimento das suas obrigações fiscais, criando-se maiores oportunidades de regularização quanto maior for o grau de adimplência do sujeito passivo com relação às suas obrigações principais e acessórias.

***Transação***

Por último, vale referir novamente a figura da ***transação***, prevista nos artigos 156, inc. III, e 171, do Código Tributário Nacional, a permitir que, a depender das hipóteses e condições previstas em lei, sujeitos ativo e passivo façam concessões mútuas para extinguir eventual crédito tributário controvertido e, assim ocorrendo, darem fim ou evitarem litígios entre si.

Embora ainda não exista uma lei geral de transação tributária no âmbito federal, as demais Unidades da Federação têm utilizado esse mecanismo de extinção do crédito tributário, valendo sempre verificar se não seria esse um meio para a solução de eventual conflito concreto.

**Processo administrativo fiscal**

O artigo 142, do Código Tributário Nacional, refere-se ao lançamento como um ***procedimento administrativo*** pelo qual se verifica a ocorrência do fato gerador da obrigaçao correspondente, se determina a matéria tributável, se calcula o montante do tributo devido, se identifica o sujeito passivo e, sendo o caso, se propõe a aplicação da penalidade cabível.

Isso revela que o contraditório, a troca de informações e de pontos de vista sobre a intepretação e a aplicação da legislação tributária, a possibilidade de prestação de esclarecimentos pelo sujeito passivo, mediante espaço para ampla defesa, são elementos inerentes ao lançamento do tributo, que se deve pautar pelas garantias do devido processo legal, asseguradas no artigo 5º, incs. LV a LVI, da Constituição Federal.

Embora apenas o artigo 148 do Código, ao regular o lançamento por arbitramento, mencione a possibilidade de contestação e a necessidade de avaliação contraditória dos elementos considerados para a constituição do crédito tributário, o direito de participação e questionamento por parte do sujeito passivo não se limita a essa modalidade de lançamento.

Tanto é verdade que: **(i)** o artigo 145 reconhece que o lançamento poderá ser alterado em virtude de impugnação do sujeito passivo; e **(ii)** o artigo 149 prevê diversas circunstâncias que poderão alterar o lançamento, muitas delas podendo surgir justamente do confronto de dados e elementos apresentados pelo sujeito passivo *versus* informações coletadas pela autoridade fiscal. Tudo isso, portanto, sempre em busca do aperfeiçoamento do crédito tributário, de forma a se atingirem a liquidez e a certeza necessárias à sua cobrança.

Enquanto perdurar a discussão administrativa em torno do crédito tributário, deve permanecer suspensa a sua exigibilidade, nos termos do artigo 151, inc. III, do Código Tributário Nacional, até que chegue a uma decisão final mantendo a sua exigência ou, nos termos do artigo 156, inc. IX, declarando-o extinto.

É importante relembrar, ainda, que o direito à revisão do lançamento mediante processo administrativo é uma garantia que deriva do próprio direito de petição, previsto no artigo 5º, inc. XXXIV, alínea "a", da Constituição Federal, devendo ser assim exercido pelo sujeito passivo independentemente do pagamento de taxas e também sem a obrigação de prestação de qualquer garantia, integral ou parcial (Recurso Extraordinário nº 389.383-1-SP. Pleno, Min. Marco Aurélio, j. em 28.3.2007). E assim é tanto na primeira instância administrativa, quanto na segunda, na medida em que a garantia constitucional do duplo grau de jurisdição (artigo 5º, inc. LV) aqui também se aplica.

O processo administrativo fiscal é mecanismo essencial, de enorme importância para a solução de conflitos entre os sujeitos ativo e passivo da relação tributária, evitando-se que muitos deles sigam para o Poder Judiciário.

***Processo administrativo federal***

No âmbito federal, o processo administrativo fiscal é regulado **(i)** pelo Decreto nº 70.235/72, **(ii)** com aplicação subsidiária da Lei nº 9.784/99, além do próprio Código de Processo Civil, conforme prevê o seu artigo 15. Tudo isso **(iii)** regulamentado pelo Decreto nº 7.574/2011.

Cuidam do tema, ainda: **(iv)** a Lei nº 8.218/2003, que prevê descontos sobre multas, no caso de pagamento do débito no curso do processo administrativo; a **(v)** Lei nº 9.430/96, que cuida da defesa contra a não homologação de compensação, mediante manifestação de inconformidade; **(vi)** as portarias do Ministério da Economia que aprovam os regimentos internos da Secretaria da Receita Federal do Brasil e do CARF; **(vii)** além da regulamentação dos procedimentos de restituição, compensação, ressarcimento e reembolso de tributos, no âmbito da Receita Federal.

Grosso modo, o processo administrativo é iniciado com o ato de lançamento de ofício (auto de infração) ou de não homologação da compensação realizada pelo sujeito passivo, hipótese em que tem ele o direito à defesa mediante impugnação ou manifestação de inconformidade, respectivamente.

A defesa deve ser apreciada e julgada por uma Delegacia da Receita Federal de Julgamento, que poderá deliberar pelo cancelamento da cobrança ou por sua manutenção. Na primeira hipótese, haverá recurso de ofício automaticamente à segunda instância; na segunda, caberá ao sujeito passivo exercer o seu direito recursal. Em ambos os casos, a análise do apelo competirá ao CARF.

Sendo rejeitado o recurso de ofício ou provido o recurso voluntário do sujeito passivo, poderá a Fazenda Pública interpor recurso especial à Câmara Superior de Recursos Fiscais (CSRF), desde que comprove que o acórdão recorrido deu à lei tributária interpretação divergente da que lhe tenha dado outra câmara, turma de câmara, turma especial do CARF ou a própria CSRF.

Na hipótese contrária, de provimento do recurso de ofício ou rejeição do recurso voluntário do sujeito passivo, abre-se para ele a oportunidade, sob a mesma premissa, de interpor recurso especial à CSRF, desde que demonstrada a referida divergência de intepretação e aplicação da legislação tributária.

O regimento do CARF prevê a oposição de embargos de declaração, sempre que o acórdão contiver obscuridade, omissão ou contradição entre a decisão e os seus fundamentos, ou for omitido ponto sobre o qual deveria ter havido pronunciamento pelo órgão de julgamento.

Destaque-se, ainda, a possibilidade de interposição de agravo, inserida no regimento do CARF pela Portaria nº 152/2016, do Ministério da Fazenda, e que tem cabimento contra o despacho que negar seguimento, total ou parcialmente, ao recurso especial interposto. Mas isso salvo se a negativa de seguimento tiver sido fundamentada: **(i)** na inobservância do prazo legal para interposição do recurso especial; **(ii)** na falta de comprovação de decisão divergente, mediante juntada do inteiro teor do acórdão ou cópia da publicação da sua ementa; **(iii)** na utilização de acórdão da próprio órgão de julgamento recorrido (*ad quem*); **(iv)** na utilização de decisão paradigmática que tenha sido reformada; **(v)** na falta de prequestionamento da matéria; **(v)** na observância, pela decisão recorrida, de súmula do CARF ou da CSRF; **(vi)** na aplicação, pela decisão recorrida, de jurisprudência vinculante dos Tribunais Superiores (súmula vinculante do Supremo Tribunal Federal, recurso especial ou extraordinário repetitivo, ou, ainda, decisão do Supremo em controle concentrado de constitucionalidade); ou, ainda, **(vii)** na absoluta falta de indicação de decisão paradigma.

Encerradas todas essas etapas, pode-se, em princípio, considerar como concluído o processo administrativo fiscal federal, estando o débito fiscal apto para inscrição em dívida ativa, se vier a ser confirmado, ou extinto, na forma do artigo 156, inc. IX, do Código Tributário Nacional, se considerado irregular.

A partir de 2016, no entanto, com base na Portaria nº 719, do Ministério da Fazenda, passou a ser prevista também a possibilidade de revisão de ofício de créditos tributários, mediante provocação do sujeito passivo, incluindo débitos inscritos ou não em dívida ativa da União. A revisão será realizada por auditor-fiscal da Receita Federal, sendo que, a depender do valor envolvido, poderá ser necessária a decisão conjunta de dois ou até três auditores. Dentre as hipóteses expressamente referidas como fundamento para esse pedido de revisão, destacam-se a revisão do crédito em decorrência de prescrição e para a revisão de juros ou multa de mora.

Portanto, mesmo após o fim do processo administrativo fiscal, nos termos do Decreto nº 70.235/72 e demais normas acima destacadas, a Portaria nº 719/216 permite a correção de erros que prejudiquem a certeza e a liquidez do crédito, servindo de meio de revisão do lançamento antes ou após a sua inscrição em dívida ativa e que, por esse motivo, deve também manter suspensa a exigibilidade do crédito tributário até que haja a respectiva decisão.

Nos âmbitos administrativos estadual, distrital e municipal, os trâmites relativos ao processo de revisão do lançamento dependerão do que dispuser a legislação específica local, sendo que, como vimos, haverá ela de garantir: **(i)** o devido processo legal, o contraditório e a ampla defesa; **(ii)** a gratuidade do processo administrativo fiscal; e **(iii)** o duplo grau de jurisdição.

### Processo judicial

Sem a pretensão – muito menos o objetivo – de tratar amiúde da temática processual civil, vale aqui fazer um sobrevoo a respeito dos principais instrumentos processuais que devem ser levados em consideração na solução de conflitos que se estabelecem nas relações entre os sujeitos passivo e ativo da obrigação tributária.

Partindo da hipótese em que houve a constituição do crédito tributário e que, no seu vencimento, não ocorreu o pagamento pelo sujeito passivo respectivo, a partir daí surge, em favor do sujeito ativo, o direito de ação pertinente a buscar o Poder Judiciário para satisfazer a sua pretensão resistida ao recebimento do tributo.

### *Cautelar fiscal*

É preciso lembrar que, havendo o risco de dilapidação patrimonial ou transferência de bens do devedor[9], possa levá-lo ao estado de insolvência, poderá a Fazenda Pública ajuizar ***cautelar fiscal***, nos termos do que regula a Lei nº 8.397/92, com o objetivo de promover a efetiva indisponibilidade dos bens do sujeito passivo, até o limite necessário à satisfação da sua obrigação tributária.

### *Execução fiscal*

Sem prejuízo, a ação existente para a efetiva satisfação do crédito tributário encontra-se regulada na Lei nº 6.830/80, que institui a ***execução fiscal***, e, subsidiariamente, pelo Código de Processo Civil.

[9] Cabe a medida cautelar fiscal quando: **(i)** o sujeito passivo, sem domicílio certo, intenta ausentar-se ou alienar bens que possui ou deixa de pagar a obrigação no prazo fixado; **(ii)** o sujeito passivo, tendo domicílio certo, ausenta-se ou tenta se ausentar, visando a elidir o adimplemento da obrigação; **(iii)** o sujeito passivo, caindo em insolvência, aliena ou tenta alienar bens; **(iv)** o sujeito passivo contrai ou tenta contrair dívidas que comprometam a liquidez do seu patrimônio; **(v)** o sujeito passivo é notificado pela Fazenda Pública para que proceda ao recolhimento do crédito fiscal, mas deixa de pagá-lo no prazo legal, salvo se for suspensa sua exigibilidade, e põe ou tenta pôr seus bens em nome de terceiros; **(vi)** o sujeito passivo possui débitos, inscritos ou não em Dívida Ativa, que somados ultrapassem trinta por cento do seu patrimônio conhecido e, nesse contexto, realiza ato que possa comprometer o respectivo pagamento, em especial aliena bens ou direitos sem proceder à devida comunicação ao órgão da Fazenda Pública competente, quando exigível em virtude de arrolamento de bens; **(vii)** o sujeito passivo tem sua inscrição no cadastro de contribuintes declarada inapta, pelo órgão fazendário; ou, enfim, **(viii)** pratica outros atos que dificultem ou impeçam a satisfação do crédito.

Esgotado o prazo para pagamento do crédito tributário, deve ser ele inscrito na dívida ativa, conforme artigo 201, do Código Tributário Nacional, mediante ato de controle administrativo da legalidade, da liquidez e da certeza do crédito tributário. Feito esse controle, a dívida ativa passa a gozar de presunção de certeza e liquidez, conforme artigo 3º, da Lei nº 6.830/80.

Realizado tal controle, as informações relativas à origem e às características do débito são reduzidas a termo, do qual deve constar, obrigatoriamente: **(i)** o nome do devedor, dos corresponsáveis e, sempre que conhecido, o domicílio ou residência de um e de outros; **(ii)** o valor originário da dívida, bem como o termo inicial e a forma de calcular os juros de mora e demais encargos previstos em lei ou contrato; **(iii)** a origem, a natureza e o fundamento legal ou contratual da dívida; **(iv)** a indicação, se for o caso, de estar a dívida sujeita à atualização monetária, bem como o respectivo fundamento legal e o termo inicial para o cálculo; **(v)** a data e o número da inscrição; e **(vi)** o número do processo administrativo ou do auto de infração, se neles estiver apurado o valor da dívida.

A partir do termo, será então extraído e emitido o título executivo extrajudicial denominado Certidão de Dívida Ativa (CDA), o qual deve conter os mesmos dados acima e deve ser autenticado pela autoridade competente. Dentre esses elementos, veja-se que, embora seja necessário identificar a origem, o valor original, e os critérios de cálculo dos valores acrescidos à dívida, não é preciso haver demonstrativo do débito na CDA, tampouco na inicial da execução fiscal, conforme jurisprudência do Superior Tribunal de Justiça (tema nº 268, Recurso Especial nº 1.138.202-ES. 1ª Seção, Rel. Min. Luiz Fux, j. em 9.12.2009).

Vale mencionar que, no âmbito da cobrança da dívida ativa da União, a Lei nº 13.606/2018 veio autorizar que, antes do ajuizamento da execução fiscal, o devedor seja notificado extrajudicialmente para efetuar o pagamento do débito, no prazo de cinco dias. Assim não ocorrendo, a Procuradoria da Fazenda Nacional estará autorizada a: **(i)** comunicar a inscrição em dívida ativa aos órgãos que operam bancos de dados e cadastros relativos a consumidores e aos serviços de proteção ao crédito e congêneres; e **(ii)** averbar, inclusive por meio eletrônico, a certidão de dívida ativa nos órgãos de registro de bens e direitos sujeitos a arresto ou penhora, tornando-os indisponíveis.

Nesse contexto, a mesma Procuradoria da Fazenda Nacional editou a Portaria nº 33/2018, por meio da qual prevê a possibilidade de o devedor, uma vez notificado extrajudicialmente, apresentar pedido de revisão de dívida inscrita (PRDI) alegando: **(i)** pagamento, parcelamento, suspensão de exigibilidade por decisão judicial, compensação, retificação da declaração, preenchimento de declaração com erro, vício formal na constituição do crédito, decadência ou prescrição, quando ocorridos em momento anterior à inscrição em dívida ativa da União; **(ii)** que se trata de débito que, por sua natureza, não poderia ser cobrado, de acordo com as hipóteses listadas no artigo 5º, § 1º, da mesma Portaria[10]; ou **(iii)** qual-

[10] *"I – os débitos relativos aos tributos enumerados nos incisos I a X do art. 18 da Lei nº 10.522, de 19 de julho de 2002;*
*II – os débitos cuja constituição esteja fundada em matéria que, em virtude de jurisprudência desfavorável do Supremo Tribunal Federal, do Superior Tribunal de Justiça, do Tribunal Superior do Trabalho e do Tribunal Superior Eleitoral, sejam objeto de ato declaratório do Procurador-Geral da Fazenda Nacional, aprovado pelo Ministro de Estado da Fazenda;*
*III – os débitos cuja constituição esteja fundada em matéria sobre a qual exista Súmula ou Parecer do Advogado-Geral da União, ou Súmula do Conselho Administrativo de Recursos Fiscais – CARF, aprovada ou não pelo Ministro de Estado da Fazenda, que concluam em sentido favorável ao contribuinte;*
*IV – os débitos cuja constituição esteja fundada em matéria decidida de modo favorável ao contribuinte pelo Supremo Tribunal Federal, em sede de controle concentrado de constitucionalidade;*
*V – os débitos cuja constituição esteja fundada em matéria decidida de modo favorável ao contribuinte pelo Supremo Tribunal Federal, em sede de controle difuso de constitucionalidade, e tenha sido editada resolução do Senado Federal suspendendo a execução da lei ou ato declarado inconstitucional;*
*VI – os débitos cuja constituição esteja fundada em matéria sobre a qual exista enunciado de súmula vinculante, de súmula do STF em matéria constitucional ou de súmula dos Tribunais Superiores em matéria infraconstitucional, em sentido favorável ao contribuinte;*
*VII – os débitos cuja constituição esteja fundada em matéria sobre a qual exista Nota ou Parecer vigente e aprovado pelo Procurador-Geral da Fazenda Nacional ou por Procurador-Geral Adjunto da Fazenda Nacional, em sentido favorável ao contribuinte;*
*VIII – os débitos cuja constituição esteja fundada em matéria decidida de modo favorável ao contribuinte pelo Supremo Tribunal Federal, em sede de julgamento realizado nos termos dos arts. 1.035 e 1.036 da Lei nº 13.105, de 16 de março de 2015;*
*IX – os débitos cuja constituição esteja fundada em matérias decididas de modo favorável ao contribuinte pelo Superior Tribunal de Justiça em sede de julgamento realizado nos termos do 1.036 da Lei nº 13.105, de 16 de março de 2015, com exceção daquelas que ainda possam ser objeto de apreciação pelo Supremo Tribunal Federal;*

quer causa de extinção ou suspensão do crédito tributário ou não tributário, ocorridas antes ou após a inscrição em dívida ativa da União.

***Sustação de protesto***

Tendo por base esse título, então a execução fiscal poderá ser ajuizada contra o devedor indicado na CDA.

Antes, com o objetivo de coagir o devedor ao pagamento do tributo considerado devido, poderá levar a CDA a protesto, nos termos da Lei nº 9.492/97, cabendo ao sujeito passivo, se for o caso, ajuizar ***ação de sustação de protesto***, demonstrando que a realização desse ato contém alguma invalidade.

***Embargos à execução fiscal***

Protestada ou não a CDA, o sujeito será citado do ajuizamento da execução fiscal para, no prazo de 5 (cinco) dias, pagar a dívida ou garantir o montante objeto da execução, o que é condição, conforme o artigo 16, para a sua defesa mediante oposição de ***embargos à execução fiscal***.

A garantia da execução deve ser feita por um dos meios previstos no artigo 9º, da Lei nº 6.830/80, que relaciona a possibilidade de o executado: **(i)** efetuar o depósito em dinheiro; **(ii)** oferecer fiança bancária ou seguro garantia; **(iii)** nomear bens à penhora; ou **(iv)** indicar bens à penhora oferecidos por terceiros e aceitos pela Fazenda Pública. A nomeação à penhora deverá observar a ordem do artigo 11, que se pauta no grau de liquidez do bem ofertado, listando, então, dinheiro, títulos da dívida pública e títulos de crédito como cotação em bolsa, pedras e metais preciosos, imóveis, navios e aeronaves, veículos, móveis ou semoventes e direitos e ações. Também se permite que, excepcionalmente, a penhora recaia sobre estabelecimento comercial, industrial ou agrícola (súmula

*X – os débitos cuja constituição esteja fundada em matérias decididas de modo favorável ao contribuinte pelo Tribunal Superior do Trabalho em sede de julgamento realizado nos termos do art. 896-C do Decreto-Lei nº 5.452, de 1º de maio de 1943, com exceção daquelas que ainda possam ser objeto de apreciação pelo Supremo Tribunal Federal;*
*XI – os débitos cuja constituição esteja fundada em matéria sobre a qual exista jurisprudência consolidada do STF em matéria constitucional ou de Tribunais Superiores em matéria infraconstitucional, em sentido favorável ao contribuinte."*

nº 451/STJ e tema nº 287, Recurso Especial nº 1.114.767-RS. 1ª Seção, Rel. Min. Luiz Fux, j. em 2.12.2009), bem como sobre plantações ou edifícios em construção, e, ainda, sobre parte do faturamento do executado.

Em muitos casos, a ordem de nomeação do artigo 11 pode entrar em conflito com a regra da menor onerosidade do processo de cobrança para o executado, prevista no artigo 805, do Código de Processo Civil ("Quando por vários meios o exequente puder promover a execução, o juiz mandará que se faça pelo modo menos gravoso para o executado"). No entender do Superior Tribunal de Justiça, no entanto, a aplicação dessa regra demanda, do executado, "comprovar a imperiosa necessidade" de afastar a ordem preferencial de penhora da Lei nº 6.830/80, não bastando a mera invocação daquela norma do CPC (tema nº 578, resultante do julgamento do Recurso Especial nº 1.337.790-PR. 1ª Seção, Rel. Min. Herman Benjamin, j. em 12.6.2012).

Opostos os embargos à execução fiscal, a orientação do Superior Tribunal de Justiça é no sentido de que esse meio de defesa não suspende automaticamente o processo de cobrança, devendo haver uma decisão judicial expressa lhe atribuindo efeito suspensivo, com base na presença de três requisitos: **(i)** a apresentação de garantia; **(ii)** a verificação, pelo juiz, da relevância da fundamentação dos embargos (*fumus boni iuris*); e **(iii)** o perigo de dano irreparável ou de difícil reparação (*periculum in mora*) (tema nº 526, decidido no Recurso Especial nº 1.272.827-PE. 1ª Seção, Rel. Min. Mauro Campbell Marques, j. em 22.5.2013).

Apesar desse entendimento, lembre-se de que, no caso específico do depósito judicial, não apenas o artigo 151, inc. II, do Código Tributário Nacional, prescreve a suspensão do próprio crédito tributário, como também a Lei nº 9.703/98 e a Lei Complementar nº 151/2015 impedem a conversão da garantia em renda da Fazenda Pública enquanto não for encerrado o processo litigioso, com ganho de causa para o Erário.

Se assim é verdadeiro em relação à garantia da execução em dinheiro, também deveria ser em relação à fiança bancária e ao seguro garantia, os quais, segundo o artigo 15, da Lei nº 6.830/80, parecerem ter o mesmo peso do depósito em espécie, uma vez que, em qualquer fase do processo, podem substituir a penhora de qualquer outro tipo de bem em garantia à execução fiscal.

Não é esse, todavia, o entendimento que também firmou o Superior Tribunal de Justiça no seu tema nº 378, ao concluir que "a fiança bancária não é equiparável ao depósito integral do débito exequendo para fins de suspensão da executividade, ante a taxatividade do art. 151 do CTN e o teor do Enunciado Sumular n. 112 desta Corte" (Recurso Especial nº 1.156.668-DF. 1ª Seção, Rel. Min. Napoleão Nunes Maia Filho, j. em 24.11.2010), sendo que a súmula nº 112 orienta que "o depósito somente suspende a exigibilidade do crédito tributário se for integral e em dinheiro".

Vale anotar que aquele entendimento do Superior Tribunal de Justiça, manifestado no tema nº 526, busca fundamentação "ora fazendo uso da interpretação sistemática da LEF e do CPC/73, ora trilhando o inovador caminho da teoria do 'Diálogo das Fontes', ora utilizando-se de interpretação história dos dispositivos", resultando assim em uma sobreposição do Código de Processo Civil em matéria de execução fiscal, para fins de não contemplar os embargos do devedor com efeitos suspensivos automáticos.

Se assim deve ser integrada a legislação processual, então igualmente se deveria aplicar o disposto no artigo 914, do Código de Processo Civil, à defesa do sujeito passivo da relação tributária, de tal modo que poderia ele opor-se à execução por meio de embargos "independentemente de penhora, depósito ou caução".

Polêmicas essas à parte, uma vez opostos os embargos, caberá ao Juízo da execução solucionar a lide e resolver se aquele crédito tributário inscrito em dívida ativa é realmente existente, válido, líquido e certo, sendo de se notar que, apesar da sua presunção de liquidez e certeza, a jurisprudência acabou se firmando no sentido de permitir que a Fazenda Pública, até o julgamento de mérito dos embargos, substitua a CDA para a correção de erro material ou formal, salvo se a retificação disser respeito ao sujeito passivo indicado como devedor. Nesse caso, os embargos deverão ser providos e a execução, extinta (tema nº 166, decididos no julgamento do Recurso Especial nº 1.045.472-BA. 1ª Seção, Rel. Min. Luiz Fux, j. em 25.11.2009).

### *Exceção de pré-executividade*

Considerada a onerosidade da defesa do executado, que obrigatoriamente deve garantia a execução fiscal para poder opor os seus embargos à execução fiscal, a jurisprudência acabou desenvolvendo e aceitando, na prática, a possibilidade de defesa por meio da chamada ***exceção de pré--executividade***, sempre que houver um tema de ordem pública que comprometa a liquidez e a certeza da dívida exequenda e que, ademais, não dependa de dilação probatória (súmula nº 393/STJ).

Um dos exemplos mais claros em que cabe a exceção é para o reconhecimento da prescrição, matéria essa que deve ser reconhecida de ofício pelo juiz da execução fiscal (súmula nº 409/STJ e tema nº 134, resultante do Recurso Especial nº 1.100.156-RJ. 1ª Seção, Rel. Min. Teori Zavascki, j. em 10.6.2009).

De outro lado, discussões sobre a possibilidade ou não de inclusão de sócio como responsável na CDA é tema que, no entender do mesmo Superior Tribunal de Justiça, demanda uma análise mais pormenorizada dos fatos do processo, não podendo ser alegada em exceção de pré-executividade (tema nº 108, Recurso Especial nº 1.110.925-SP. 1ª Seção, Rel. Min. Teori Zavascki, j. em 22.4.2009).

Em relação à prescrição, rememore-se que, conforme artigo 174, do Código Tributário Nacional, a contagem do prazo é interrompida pelo despacho do juiz que ordenar a citação da execução fiscal, voltando a correr a partir daí, novamente pelo quinquênio do artigo 173.

Dessa forma, poderá ocorrer a prescrição no curso da execução (*prescrição intercorrente*), se nele permanecer inerte o exequente, devendo ser reconhecida de ofício a extinção do crédito tributário por essa razão (tema nº 314, Recurso Especial nº 1.120.097-SP. 1ª Seção, Rel. Min. Napoleão Nunes Maia Filho, j. em 13.10.2010), lembrando-se que o artigo 40, da Lei nº 6.830/80, permite que se suspenda o curso da execução por até um ano, sem que corra a prescrição durante esse período, enquanto não for localizado o devedor ou localizados bens sobre os quais possam recair a penhora.

### *Ação anulatória de débito fiscal*

Além da sua defesa por meio de embargos ou exceção, o sujeito passivo pode também ajuizar ***ação anulatória de débito fiscal***, com fundamento no artigo 38, da Lei nº 6.830/80, que faz menção à suposta necessidade de haver o prévio depósito preparatório do débito que se pretende anular, depósito esse que, no entender do Superior Tribunal de Justiça, não é condição de procedibilidade da ação, mas mera faculdade, do seu autor, para poder suspender a exigibilidade do crédito tributário, nos termos do artigo 151, do Código Tributário Nacional, e, por esse meio, inibir o ajuizamento da execução fiscal (tema nº 241, resultante do julgamento do Recurso Especial nº 962.838-BA. 1ª Seção, Rel. Min. Luiz Fux, j. em 25.11.2009).

Sem prejuízo dessa possibilidade de garantia em dinheiro, o sujeito passivo pode também buscar o Judiciário para, optando pelo ajuizamento da ação anulatória, assegurar a execução fiscal por meio de outra garantia admitida na Lei nº 6.830/80 (tema nº 237, Recurso Especial nº 1.123.669-RS. 1ª Seção, Rel. Min. Luiz Fux, j. em 9.12.2009), em especial quando se encontra em situação na qual, dada a plena exigibilidade do crédito tributário contra si existente, não tem condições de obter a sua certidão positiva de débitos fiscais, com efeitos de negativa, na forma do artigo 206, do Código Tributário Nacional, inclusive porque a execução fiscal ainda não foi ajuizada ou dela não foi citado o sujeito passivo.

De todo o modo, diante daquele entendimento de que nenhuma outra modalidade de garantia tem o condão de suspender a exigibilidade do crédito tributário em execução – nem mesmo a fiança bancária e o seguro garantia – caberá ao sujeito passivo, na ocasião em que buscar o Poder Judiciário para antecipar a garantia da execução visando ao ajuizamento da sua ação anulatória, tomar a cautela de pleitear a concessão de uma tutela de urgência que, nos estritos termos do artigo 151, inc. V, do Código Tributário Nacional, lhe assegure o resultado almejado e lhe permita obter a sua certidão.

O artigo 38, da Lei nº 6.830/80, ainda faz menção à possibilidade de discussão judicial da dívida ativa mediante *mandado de segurança* e *ação de repetição do indébito.*

### *Ação de repetição de indébito*

Com efeito, se ao invés de devedor, o sujeito passivo se considerar credor da Fazenda Pública, no contexto da própria relação que enseja a execução fiscal, haverá a necessária conexão entre as causas (artigo 55, § 3º, do

Código de Processo Civil), o que justificar a menção à ***ação de repetição do indébito*** no artigo 38, da Lei nº 6.830/80.

Por meio desse tipo de ação, o sujeito passivo busca judicialmente a restituição do tributo pago indevidamente, com fundamento no artigo 165, do Código Tributário Nacional, respeitada a disciplina dos seus artigos 166 a 169, examinados anteriormente.

Ao final da ação, no caso de ganho de causa do sujeito passivo, a recuperação do indébito tributário poderá ocorrer pela via da compensação, caso assim haja previsão na legislação do ente tributante competente, ou pela via do pagamento de precatórios, nos termos do que regula o artigo 100, da Constituição Federal.

Segundo os §§ 9º e 10, inseridos no artigo 100, pela Emenda Constitucional nº 62/2009, havendo ou não previsão para a compensação, quando ocorrer a expedição do precatório, dele deverão ser abatidos os valores de débitos líquidos e certos, inscritos ou não em dívida ativa do respectivo ente tributante, ressalvados aqueles cuja exigibilidade estiver suspensa. Essa regra, no entanto, foi declarada inconstitucional pelo Supremo Tribunal Federal, que a considerou violadora da efetividade da jurisdição, da coisa julgada material, da separação dos Poderes e da isonomia entre o Poder Público e o particular, em descompasso com o Estado Democrático de Direito (Ação Direta de Inconstitucionalidade nº 4.425-DF. Pleno, Rel. Min. Luiz Fux, j. em 14.3.2013).

Em sentido similar, foi também declarado inconstitucional o artigo 19, da Lei nº 11.033/2004, que pretendeu condicionar o pagamento de precatórios à apresentação, por parte do credor, de certidão negativa de tributos federais, estaduais, municipais e de regularidade com a seguridade social e o FGTS. No julgamento do tema, entendeu-se que "os requisitos definidos para a satisfação dos precatórios somente podem ser fixados pela Constituição, a saber: a requisição do pagamento pelo presidente do tribunal que tenha proferido a decisão; a inclusão, no orçamento das entidades políticas, das verbas necessárias ao pagamento de precatórios apresentados até 1º de julho de cada ano; o pagamento atualizado até o final do exercício seguinte ao da apresentação dos precatórios, observada a ordem cronológica de sua apresentação. A determinação de condicionantes e requisitos para o levantamento ou a autorização para depósito em conta bancária de valores decorrentes de precatórios judiciais, que não aqueles constantes de norma constitucional, ofende os princípios da garantia da jurisdição efetiva (art. 5º, XXXVI) e o art. 100 e seus incisos, não podendo ser tida como válida a norma que, ao fixar novos requisitos, embaraça o levantamento dos precatórios" (Ação Direta de Inconstitucionalidade nº 3.453-7-DF. Pleno, Rel. Min. Cármen Lúcia, j. 30.11.2006).

Nos termos do § 5º, do mesmo artigo 100, quando o precatório for emitido até 1º de julho, o seu valor deverá ser obrigatoriamente incluído no orçamento do ente tributante para o exercício seguinte, devendo ser pago até o final de tal período, com correção monetária. Caso assim não ocorra, como já vimos, o precatório terá "poder liberatório" para o pagamento de tributos da entidade devedora, conforme artigos 78 e 97, do Ato das Disposições Constitucionais Transitórias.

O pagamento do precatório deve ser realizado pelo Poder Judiciário, configurando crime de responsabilidade eventual ato, comissivo ou omissivo, por parte do Presidente do Tribunal competente, que tente frustrar a respectiva liquidação.

A Emenda Constitucional nº 62/2009 também trouxe a autorização expressa para a cessão de precatórios a terceiros, independentemente da autorização do ente público devedor, surtindo efeitos a transferência após a comunicação ao Tribunal competente e ao devedor, mediante o protocolo de mera petição.

É importante notar que, no caso especial das cobranças parafiscais das contribuições de interesse de categorias profissionais ou econômicas, a sua repetição judicial não se dá pelo regime dos precatórios, devendo observar a fórmula geral das execuções civis, ditada pelo Código de Processo Civil (tema nº 877, aprovado no julgamento do Recurso Extraordinário nº 938.837-SP, Pleno, Rel. Min. Marco Aurélio, j. em 19.4.2017). Também ficam fora do regime dos precatórios as dívidas definidas em lei como de pequeno valor, sendo, no entanto, vedado o fracionamento de débitos de maior vulto, com o objetivo de permitir o seu pagamento prioritário.

### *Mandado de segurança*

Retornando ao artigo 38, da Lei nº 6.830/80, ali também está mencionada a hipótese de o sujeito passivo ter buscado o Poder Judiciário para discutir a sua relação jurídico-tributária mediante ***mandado de segurança***, instrumento previsto no artigo 5º, inc. LXIX, da Constituição, como remédio para "proteger direito líquido e certo, não amparado por habeas corpus ou habeas data, quando o responsável pela ilegalidade ou abuso de poder for autoridade pública ou agente de pessoa jurídica no exercício de atribuições do Poder Público".

E assim é referido na lei porque, de fato, o mandado de segurança é instrumento de grande utilidade para a solução de litígios tributários, seja quando impetrado em caráter ***preventivo*** – para discussão da própria validade obrigação tributária imposta ao sujeito passivo –, seja quando impetrado em caráter ***repressivo***, contra um ato concreto relativo à relação tributária e que afeta um direito líquido e certo do sujeito passivo.

Dada a sua relevância, vale negritar que o mandado de segurança pode ser impetrado inclusive por estrangeiro (pessoa física ou jurídica), residente ou domiciliado no exterior, conforme reconhecido pelo Supremo Tribunal Federal, no julgamento do Recurso Extraordinário nº 215.267-6-SP (1ª Turma, Rel. Min. Ellen Gracie, j. em 24.4.2001.

Em qualquer uma dessas modalidades, o provimento judicial buscado pelo mandado de segurança conterá um elemento declaratório, na medida em que reconhecerá ilegal ou inconstitucional a prática ou ameaça de prática de um determinado ato, sendo que essa ilegalidade ou inconstitucionalidade poderá compreender a própria existência da relação jurídico-tributária entre o impetrante e o sujeito ativo ao qual responde a autoridade coatora.

Nesse sentido, embora o mandado de segurança não possa ser utilizado para a discussão de lei em tese (súmula nº 266/STF), a existência de controvérsia sobre matéria de direito não impede a sua concessão (súmula nº 625/STF): "não cabe mandado de segurança contra lei em tese, nem sequer sob alegação de caráter preventivo, quando não tenha sido praticado nenhum ato suscetível de induzir receio fundado de lesão a direito subjetivo" (Agravo Regimental no Recurso Ordinário em Mandado de Segurança nº 25.473-8-DF. 2ª Turma, Rel. Min. Cezar Peluso, j. em 22.5.2007).

No entanto, todos os aspectos fáticos e que dependam de prova deverão ser demonstrados, de plano, por ocasião da impetração do mandado de segurança, na medida em que esse tipo de processo não comporta produção probatória durante a sua tramitação (Recurso Ordinário em Mandado de Segurança nº 26.744-DF. 1ª Turma, Rel. Min. Marco Aurélio, j. em 13.10.2009).

Dada a relevância do processo administrativo fiscal para a solução de conflitos em matéria tributária, é importante sempre ter em mente que não cabe a impetração de mandado de segurança quando o ato por ele atacado estiver pendente de recurso administrativo ao qual a lei atribua efeito suspensivo (o que é o caso, como regra, em matéria de direito tributário, conforme o artigo 151, inc. III, do Código Tributário Nacional).

Todavia, embora o conflito se encontre pendente de decisão perante a própria Administração Fazendária, caberá mandado de segurança contra "a inércia da autoridade coatora em apreciar recurso administrativo regularmente apresentado, sem justificativa razoável" (Recurso Ordinário em Mandado de Segurança nº 24.167-5-RJ. Pleno, Rel. Min. Joaquim Barbosa, j. em 5.10.2006).

De todo o modo, se o recurso administrativo eventualmente não for provido de efeito suspensivo, o mandado de segurança poderá ser impetrado para esse fim específico (Recurso Ordinário em Mandado de Segurança nº 21.713-1-BA. Pleno, Rel. Min. Moreira Alves, j. em 21.10.1994).

Impetrado o *mandamus* e havendo o risco de ineficácia da futura decisão definitiva da demanda e a elevada probabilidade de êxito da pretensão, o magistrado **deverá** conceder medida liminar em favor do impetrante. Com efeito: "a concessão – ou não – da liminar em mandado de segurança não pode ser compreendida como simples liberalidade da justiça. É direito do impetrante. Estando presentes o *fumus boni iuris* e o *periculum in mora* a sua concessão é forçosa, sem que isso resulte na emissão de qualquer juízo discricionário do magistrado" (Superior Tribunal de Justiça. Embargos de Divergência em Recurso Especial nº 471.513. Corte Especial, Rel. Min. Fernando Gonçalves, j. em 2.2.2005).

Eventualmente, caso exista algum tipo de receio quanto a eventual prejuízo ao Erário em razão da concessão da medida liminar, poderá o magistrado então, fundamentadamente, condicionar a tutela à prestação de caução, fiança ou depósito, com o objetivo de assegurar o ressarcimento à pessoa jurídica de direito público afetada.

Concedida a liminar, a decisão terá o condão de suspender a exigibilidade do crédito tributário, nos moldes do artigo 151, inc. IV, do Código Tributário Nacional. Não concedida, além de recorrer à instância superior, poderá o sujeito passivo garantir o eventual débito em discussão mediante depósito judicial em dinheiro, o que automaticamente suspenderá a exigibilidade do crédito, independentemente de qualquer decisão por parte do juiz encarregado do processo.

Lembre-se, ainda, de que não cabe mandado de segurança contra decisão judicial transitada em julgado e que, ainda, o *mandamus* não é substituto dos recursos previstos na legislação processual civil, podendo ser manejado contra decisão judicial apenas "nas raras hipóteses em que ela não possa ser atacada por outro remédio processual, exigindo-se ademais, a presença de direito líquido e certo" (Recurso Ordinário em Mandado de Segurança nº 25.141-1-RJ. 1ª Turma. Rel. Min. Ricardo Lewandowski, j. em 22.4.2008).

É interessante observar a polêmica acerca da possibilidade ou não de uso do mandado de segurança como instrumento processual para resolver litígios em torno da compensação de tributos.

De um lado, a súmula nº 213, do Superior Tribunal de Justiça, afirma que "o mandado de segurança constitui ação adequada para a declaração do direito à compensação tributária", enquanto a sua súmula nº 460 declara que "é incabível o mandado de segurança para convalidar a compensação tributária realizada pelo contribuinte".

Ao final, as duas orientações foram incorporadas ao texto legislativo, consubstanciando-se na norma do artigo 7º, § 2º, da Lei nº 12.016/2009, segundo a qual "não será concedida medida liminar que tenha por objeto a compensação de créditos tributários".

Isto quer dizer que: **(i)** enquanto o direito líquido e certo de compensar indébito tributário com um crédito tributário exigível é tema cuja discussão pode ser feita por meio do remédio constitucional do artigo 5º, inc. LXIX; **(ii)** a homologação ("convalidação") da compensação realizada na esfera administrativa não pode ser feita pela via do *mandamus*, dadas as suas limitações com relação à verificação de fatos e provas. Ou seja: "a melhor interpretação que cabe da leitura dos dois enunciados sumulares é a seguinte: enquanto a Súmula 213 declara expressamente o cabimento do mandamus enquanto mecanismo apto à declaração do direito à compensação de tributos indevidamente pagos, a Súmula 460 orienta o caso em que a compensação tributária é realizada por iniciativa exclusiva do contribuinte, que necessita de dilação probatória ulterior, sobretudo quanto haja controvérsia entre aspectos objetivos da compensação (a exemplo dos tributos a serem compensados, dos critérios de correção monetária etc.) a ser efetuada pela administração tributária" (MARINS, James. *Direito Processual Tributário Brasileiro – Administrativo e Judicial*. 12ª edição revista e atualizada. São Paulo: Revista dos Tribunais, 2019, p. 599-600).

A Lei nº 12.016/2009 também afirma, no seu artigo 7º, § 2º, que não pode haver a concessão de liminar em mandado de segurança para "a entrega de mercadorias e bens provenientes do exterior", restrição essa que se entende aplicável apenas aos casos de produtos de contrabando, dada a redação anterior da norma sobre essa temática, presente no artigo 3º, da Lei nº 2.410/55, e que se referia claramente a bens trazidos do exterior "sem licença prévia ou com licença considerada falsa".

Vale mencionar não ser incomum, especialmente em matéria tributária, a tentativa de, com fundamento no artigo 4º, da Lei nº 8.437/92, e também no artigo 15, da Lei nº 12.016/2009, serem suspensas medidas liminares favoráveis ao sujeito passivo da obrigação tributária, sob a justificativa de que a sua aplicação poderia provocar grave lesão à ordem ou à economia pública.

Com base na Lei nº 8.437/92, o Supremo Tribunal Federal entende ser desnecessário apreciar o mérito do processo principal, bastando examinar os aspectos relacionados "à potencialidade lesiva do ato decisório em face dos interesses públicos relevantes consagrados em lei, quais sejam, a ordem, a saúde, a segurança e a economia públicas" (Agravo Regimental em Suspensão de Segurança nº 3.273-RJ. Pleno, Rel. Min. Ellen Gracie, j. em 16.4.2008). Entende, ainda, que a ameaça à economia pública poderá ocorrer quando o caso, ainda que irrelevante do ponto de vista individual, possa surtir um "efeito multiplicador" (Agravo Regimental em Suspensão de Segurança nº 1.489-7-CE. Pleno, Rel. Min. Sepúlveda Pertence, j. em 1º.3.2001).

Além disso, com base na sua súmula nº 626, a Corte Suprema entende que a suspensão poderá vigorar até o trânsito em julgado da decisão definitiva de concessão da segurança ou, havendo recurso, até a sua manutenção pelo Supremo, desde que o objeto da liminar deferida coincida, total ou parcialmente, com o da impetração.

Já com base na disciplina do artigo 15, da Lei nº 12.016/2009, é possível destacar: **(i)** a possibilidade de desafiar a suspensão da segurança por meio de agravo, no prazo legal de 5 (cinco) dias; **(ii)** a possibilidade de apresentação de mais de um pedido de suspensão de segurança, quando o *mandamus* se encontrar em fase de eventual recurso especial ou extraordinário; **(iii)** a possibilidade de pedido de suspensão mesmo quando a concessão de liminar se encontre pendente de recurso de agravo de instrumento; e, finalmente, **(iv)** a possibilidade de suspensão, em uma única decisão, de liminares concedidas em diversos processos cujo objetivo seja idêntico.

***Ação declaratória***

A controvérsia eventualmente existente entre os sujeitos passivo e ativo da relação tributária também poderá ser levada a Juízo mediante ação de procedimento comum que busque um provimento declaratório (***ação declaratória***), ou seja, que requeira uma decisão judicial que ponha fim a uma incerteza jurídica objetiva a respeito daquela relação.

A incerteza deve ser objetiva e demonstrada a partir de um efetivo conflito entre as partes da ação, legitimando o interesse do agir do autor e a participação do ente tributante no polo passivo do processo. A ação declaratória não se justifica pela mera dúvida teórica ou pelo receio infundado do autor, devendo apresentar uma situação palpável em que se justifique a intervenção do Poder Judiciário para que o autor, nos termos do artigo 19, inc. I, do Código de Processo Civil, obtenha uma declaração a respeito "da existência, da inexistência ou do modo de ser de uma relação jurídica".

Assim como ocorre no mandado de segurança, poderá ser igualmente necessário, a depender das circunstâncias envolvidas, que o autor da ação obtenha uma tutela que lhe permita suspender os créditos tributários eventualmente lançados com base na relação jurídica que se está a questionar. Cuidando dessas situações, o artigo 151, inc. V, do Código Tributário Nacional, refere-se à suspensão da exigibilidade do crédito tributário por meio da "concessão de medida liminar ou de tutela antecipada, em outras espécies de ação judicial".

## *Tutelas provisórias*

Desse modo, com base na sistemática atual do Código de Processo Civil, as seguintes tutelas provisórias serão capazes de suspender a exigibilidade do crédito tributário, podendo ser requeridas e concedidas em diferentes momentos do processo judicial (e a depender de diferentes requisitos):

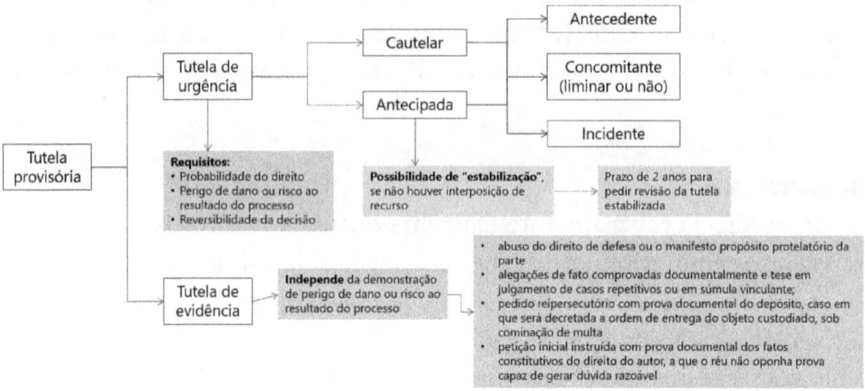


Ao final, confirmada ou não a tutela provisória, estará declarada a existência ou inexistência da relação jurídica cuja incerteza objetiva se pretendia dirimir com o exercício do direito de ação. E assim permanecerá a relação, por força da garantia do artigo 5º, inc. XXXVI, da Constituição, até que haja algum tipo de mudança relevante no quadro fático ou normativo sobre o qual se baseou lide.

Caso a decisão declaratória tenha transitado em julgado em contexto de jurisprudência ainda controvertida nos Tribunais Judiciais, mas com a posterior pacificação em sentido contrário ao decidido, isso não será justificativa nem para a não aplicação da coisa julgada, tampouco para a sua rescisão (súmula nº 343/STF). Também não poderá ser utilizada a ação rescisória como ferramenta para a uniformização de jurisprudência (Recurso Extraordinário nº 590.809-RS. Pleno, Rel. Min. Marco Aurélio, j. em 22.10.2014).

Relembre-se de que, a depender da situação, a incerteza jurídica que se queira resolver poderá envolver: **(i)** a recusa de recebimento ou subordinação do recebimento ao pagamento de outro tributo, de penalidade ou ao cumprimento de obrigação acessória; **(ii)** a subordinação do recebimento ao cumprimento de exigências administrativas sem fundamento legal; ou, finalmente, **(iii)** a exigência, por mais de uma pessoa jurídica de direito público, tributo idêntico sobre o mesmo fato gerador.

***Ação consignatória em pagamento***

Para essas situações, como já vimos, o artigo 164, do Código Tributário Nacional, regula o ajuizamento da ***ação consignatória em pagamento***.

Segundo artigo 164, § 1º, a consignação do crédito tributário compreenderá apenas o crédito que o consignante se propõe a pagar, o que significa dizer que haverá a possibilidade de esse montante ser inferior àquele que o ente tributante ou um dos entes tributantes está a exigir, especialmente no caso de cobrança de tributo idêntico, por mais de uma pessoa jurídica de direito público.

Assim, imaginando-se a hipótese de sujeito passivo que prestou serviço no valor de R$ 100.000,00 (cem mil reais) e que, em razão das regras relativas à competência territorial para a cobrança do ISS, é concomitantemente exigido a recolher o ISS ao Município de São Paulo, a uma alíquota de 5%, ao Município de Salvador, a 3%, e, finalmente, ao Município de Santo André, pela alíquota mínima de 2%.

No total, o crédito tributário efetivamente exigido seria de R$ 10.000,00 (dez mil reais), correspondentes aos R$ 5.000,00 (cinco mil reais) demandados por São Paulo, R$ 3.000,00 (três mil reais) cobrados por Salvador e, por último, R$ 2.000,00 (dois mil reais) exigidos por Santo André.

Em teoria, a exigibilidade da totalidade do crédito tributário somente poderia ser suspensa, nos termos do artigo 151, inc. II, se o sujeito passivo desembolsasse e depositasse em juízo o total de R$ 10.000,00 (dez mil reais). Porém, esse sujeito passivo entende e defende, na sua ação consignatória, que o imposto é devido para o Município de Salvador, dispondo-se a recolher apenas R$ 3.000,00 (três mil reais) os cofres soteropolitanos.

Assim sendo, nos termos do artigo 164, § 1º, do Código Tributário Nacional, o depósito judicial do "crédito que o consignante se propõe a pagar" suspenderá a exigibilidade de todo o crédito exigido pelas diferentes pessoas jurídicas de direito público envolvidas.

Ao final, a depender de como se resolver a lide judicial, o pagamento consignado em juízo será convertido em renda da pessoa jurídica julgada como credora efetiva ou, julgada improcedente a consignatória no todo ou em parte, poderá haver a necessidade de cobrança do crédito acrescido de juros de mora e penalidades cabíveis. É o que determina o § 2º, do artigo 164.

E, também aqui, a depender da forma como a consignatória resolver uma daquelas incertezas que autorizam o seu ajuizamento, estará igualmente protegido o sujeito passivo pela garantia do artigo 5º, inc. XXXVI, da Constituição, até que haja mudança relevante no quadro fático ou normativo sobre o qual se baseou lide.

Na hipótese de ação consignatória contra a exigência, por mais de um sujeito passivo, de tributo idêntico sobre o mesmo fato gerador, haverá uma prestação jurisdicional de caráter eminentemente declaratório, o que implica reconhecer que, se as circunstâncias não permitirem a utilização do instrumento processual previsto no artigo 164, do Código Tributário Nacional, a incerteza jurídica quanto a definir "para quem" pagar o tributo poderá ser resolvida por uma ação declaratória de procedimento comum.

Quando essa dúvida envolver Estados da Federação e/ou o Distrito Federal, seria o caso inclusive de competência originária do Supremo Tribunal Federal para conhecer e julgar a ação, conforme prevê o artigo 102, inc. I, alínea "f", da Constituição Federal.

No entanto, a súmula nº 503, do mesmo Supremo, estabelece que "a dúvida, suscitada por particular, sobre o direito de tributar, manifestado por dois Estados, não configura litígio da competência originária do STF", o que se aplica não somente em ações declaratórias, como também em ação de consignação em pagamento (Agravo Regimental na Ação Cível Originária nº 1.011-SE. Pleno, Rel. Min. Rosa Weber, j. em 20.2.2018).

Prosseguindo, vale referir que não é incomum a discussão da matéria tributária em ações de natureza *coletiva* e em ações de *controle concentrado de constitucionalidade*.

### *Mandado de segurança coletivo*

No que se refere às ações coletivas, a temática fiscal poderá ser objeto de ***mandado de segurança coletivo***, impetrado, conforme artigo 5º, inc. LXX, da Constituição Federal, por (i) partido político com representação no Congresso Nacional ou (ii) organização sindical, entidade de classe ou associação legalmente constituída e em funcionamento há pelo menos um ano, em defesa dos interesses de seus membros ou associados.

No entender do Supremo Tribunal Federal, os partidos políticos não estão legitimados a se valer do mandado de segurança coletivo para, substituindo todos os cidadãos na defesa de interesses individuais, impugnar majoração de tributo (Recurso Extraordinário nº 196.184-8-AM. Pleno, Rel. Min. Ellen Gracie, j. em 27.10.2004).

Já com relação à impetração de mandado de segurança por entidade de classe: **(i)** a súmula nº 630/STF, entende haver legitimidade ainda quando a pretensão veiculada interesse apenas de uma parte da categoria representada; e **(ii)** a súmula nº 629/STF afirma que a impetração do *mandamus* independe da autorização dos representados. De todo o modo, o tema objeto do mandado de segurança coletivo deverá ter ligação com o objetivo da entidade de classe, sem o que não haverá legitimidade ativa para a sua atuação em nome do todo ou de parte dos seus associados (Recurso Especial nº 157.234-5-DF. 2ª Turma, Rel. Min. Marco Aurélio, j. em 12.6.1995).

Conforme o artigo 21, parágrafo único, da Lei nº 12.016/2009, os direitos protegidos por esse tipo de ação podem ser: **(i)** *coletivos*, assim entendidos os direitos transindividuais, de natureza indivisível, e de que seja titular grupo ou categoria de pessoas ligadas entre si ou com a parte contrária por uma relação jurídica básica; ou **(ii)** *individuais homogêneos*, compreendidos como tais os decorrentes de origem comum e da atividade ou situação específica da totalidade ou de parte dos associados ou membros da entidade impetrante.

Ademais: **(i)** a sentença proferida no mandado de segurança coletivo faz coisa julgada somente para os membros do grupo ou da categoria representada pela entidade impetrante; **(ii)** o *mandamus* coletivo não induz litispendência para as ações individuais; **(iii)** mas os efeitos da coisa julgada não beneficia as pessoas nele representadas se não requererem elas a sua desistência da sua ação individual, no prazo de 30 (trinta) dias a contar da ciência comprovada da impetração coletiva.

Essas regras são especialmente relevantes, em matéria tributária, quando se discute se a existência de um mandado de segurança coletivo implica ou não a desistência ou a perda automática do direito individual de discutir determinado tema tributário na esfera administrativa, em razão do fenômeno da concomitância.

Afinal, se na hipótese **(ii)** acima não houvesse litispendência entre o *mandamus* coletivo e a ação individual do sujeito passivo interessado, do mesmo modo não haveria impedimento para o reexame administrativo do lançamento de ofício contra si direcionado – como bem reconhece, aliás, a jurisprudência do Conselho Administrativo de Recursos Fiscais[11].

***Ação popular***

De uso mais restrito, a ***ação popular*** encontra-se prevista no artigo 5º, inc. LXXIII, da Constituição Federal, que legitima qualquer cidadão a ajuizar esse tipo de ação para "anular ato lesivo ao patrimônio público ou de entidade de que o Estado participe, à moralidade administrativa, ao meio ambiente e ao patrimônio histórico e cultural". A ação popular, portanto, pode ser ajuizada somente por pessoa física (súmula nº 365/STF).

O seu regime legal é ditado pela Lei nº 4.717/65, que dá à expressão "patrimônio público" uma acepção extremamente elástica, englobando os bens e direitos de valor econômico, artístico, estético, histórico ou turístico.

O objeto envolvido nesse tipo de processo, portanto, é mais específico, de modo que não há relação de fungibilidade entre a ação popular e o mandado de segurança coletivo (súmula nº 101/STF). Com efeito, "o objeto mediato da ação popular é sempre o patrimônio das entidades públicas, o que não se confunde com o patrimônio público em geral, no qual estão encartados os interesses difusos, coletivos e individuais homogêneos de caráter tributário" (Recurso Especial nº 776.857-RJ. 1ª Turma, Rel. Min. Luiz Fux, j. em 16.12.2008). É por isso que, ainda nesse mesmo precedente, o Superior Tribunal de Justiça afirma que a ação popular não pode *"veicular pretensões que envolvam tributos, contribuições previdenciárias"* cujos interessados possam ser individualmente determinados.

[11] A título de exemplo, vide: acórdão nº 1302-003.518, Rel. Cons. Paulo Henrique Silva Figueiredo, j. em 17.4.2019; acórdão nº 3402-006.384, Rel. Cons. Waldir Navarro Bezerra, j. em 28.3.2019; acórdão nº 9303-007.977, Rel. Cons. Demes Brito, j. em 21.3.2019; e acórdão nº 9303-006.526, Rel. Cons. Rodrigo da Costa Pôssas, j. em 21.6.2018.

Nem a ação popular pode ser empregada como sucedâneo de ação direta de inconstitucionalidade, nem esta pode ser utilizada no lugar daquela (Ação Direta de Inconstitucionalidade nº 769-6-MA. Pleno, Rel. Min. Celso de Mello, j. em 22.4.1993; e Agravo Regimental na Ação Originária nº 1.725-DF. 1ª Turma, Rel. Min. Luiz Fux, j. em 24.2.2015). Na prática, no entanto, pode ser utilizada: **(i)** tanto para defender a incidência e cobrança de um tributo – tal como se daria no caso de um cidadão questionar a validade de um benefício fiscal concedido a determinada categoria de sujeitos passivos, entendendo-o ilegal ou inconstitucional e, por conta disso, lesivo ao patrimônio público; **(ii)** quanto para afastar o ônus fiscal, o que ocorreria na hipótese de ação popular ajuizada contra a tributação indevida de uma entidade imune, por exemplo.

Não cabe a ação popular, todavia, para a anulação de decisões finais em processos administrativos de revisão do lançamento, sob a argumentação genérica de que a composição paritária do órgão de julgamento atentaria contra a moralidade administrativa e, como resultado, o cancelamento de autuações nesse tipo de tribunal seria lesivo ao patrimônio público (Tribunal de Justiça do Estado de São Paulo. Apelação / Remessa Necessária nº 1034056-58.2015.26.0053. 3ª Câmara de Direito Público, Rel. Des. Encinas Manfré, j. em 28.5.2019). Algumas ações similares forma ajuizadas contra julgamentos do CARF, no ano de 2012, tendo sido invariavelmente malsucedidas[12].

### *Ação civil pública*

A ***ação civil pública***, por sua vez, encontra-se regulada pela Lei nº 7.347/85 e tem fundamento constitucional no artigo 129, inc. III, que atribui ao Ministério Público a função institucional de promover esse tipo de ação para a proteção do patrimônio público e social, do meio ambiente e de outros interesses difusos e coletivos.

[12] Vide ações judiciais nºs 0061322-21.2012.4.01.3400, 0039451-32.2012.4.01.3400, 0040422-17.2012.4.01.3400, 0044103-92.2012.4.01.3400, 0051726-13.2012.4.01.3400, 0052068-24.2012.4.01.3400, 0056772-80.2012.4.01.3400, 0057190-18.2012.4.01.3400, 0057288-03.2012.4.01.3400 e 0058380-16.2012.4.01.3400, todas perante a Justiça Federal do Distrito Federal.

Nesse escopo não se incluem "pretensões que envolvam tributos, contribuições previdenciárias" cujos interessados possam ser individualmente determinados. Ademais, no julgamento do tema nº 645, o Supremo Tribunal Federal considerou que o Ministério Público é parte ilegítima para deduzir pretensão relativa à matéria tributária em ação civil pública, questionando a constitucionalidade ou legalidade de um tributo (Recurso Extraordinário com Agravo nº 694.294-MG. Pleno, Rel. Min. Luiz Fux, j. em 24.4.2013). No entender da Corte, os interesses envolvendo temas tributários de particulares devem ser por eles impugnados judicialmente de maneira individual ou coletiva, não cabendo ao Ministério Público ajuizar ação civil pública para discussão da matéria (Recurso Extraordinário nº 213.631-0-MG. Pleno, Rel. Min. Ilmar Galvão, j. em 9.12.1999).

No entanto, o *Parquet* pode fazer uso da ação civil pública para questionar acordos e regimes especiais celebrados entre o Estado e particulares, que possam prejudicar interesses metaindividuais e lesionar o patrimônio público – o que foi feito pelo Ministério Público, com certa recorrência, em casos nos quais impugnou judicialmente a concessão de benefícios fiscais relativos ao ICMS, concedidos em desacordo com as regras da Lei Complementar nº 24/1975 e do artigo 155, § 2º, inc. XII, alínea "g", da Constituição Federal (tema nº 56, resultante do julgamento do Recurso Extraordinário nº 576.155-DF. Pleno, Rel. Min. Ricardo Lewandowski, j. em 12.8.2010).

Também é recorrente o ajuizamento de ação civil pública para questionar a contratação de particulares – em muitos casos sem licitação – para exercer em nome do sujeito ativo da relação tributária as atividades de lançamento e cobrança de tributos, em especial para Municípios de pequeno porte (Tribunal de Justiça do Estado de São Paulo. Apelação Cível nº 0003110-30.2007.8.26.0400. 5ª Câmara de Direito Público, Rel. Des. Nogueira Diefenthaler, j. em 29.9.2014). Em algumas situações, o mesmo tipo de questionamento é veiculado e igualmente aceito por meio de ação popular (Superior Tribunal de Justiça. Agravo Regimental no Recurso Especial nº 1.425.230-SC. 2ª Turma, Rel. Min. Herman Benjamin, j. em 18.2.2016).

***Controle concentrado de constitucionalidade***

Finalmente, no exercício das suas competências previstas no artigo 102, inc. I, alínea "a" e § 1º, da Constituição, cabe ao Supremo Tribunal Federal processar e julgar originariamente as ações de controle concentrado de constitucionalidade, notadamente, a ***ação direta de inconstitucionalidade*** (ADI), a ***ação declaratória de constitucionalidade*** (ADC) e a ***ação de descumprimento de preceito fundamental*** (ADPF).

As duas primeiras ações têm o seu processamento regulado pela Lei nº 9.868/99, que repete, no artigo 2º, a lista restrita de pessoas legitimadas ao seu ajuizamento, segundo a própria Constituição (artigo 103), notadamente: **(i)** o Presidente da República; **(ii)** a Mesa do Senado Federal; **(iii)** a Mesa da Câmara dos Deputados; **(iv)** a Mesa de Assembleia Legislativa ou a Mesa da Câmara Legislativa do Distrito Federal; **(v)** o Governador de Estado ou o Governador do Distrito Federal; **(vi)** o Procurador-Geral da República; **(vii)** o Conselho Federal da Ordem dos Advogados do Brasil; **(viii)** o partido político com representação no Congresso Nacional; e **(ix)** a confederação sindical ou entidade de classe de âmbito nacional.

Ajuizada a ação e declarada a constitucionalidade ou a inconstitucionalidade do texto legal impugnado, tal decisão terá efeitos *erga omnes*, ou seja, vinculará todas as pessoas e todos os Tribunais do país. Como regra, ademais, a decisão declaratória de inconstitucionalidade terá efeitos *ex tunc*, isto é, retroagirá até a data de edição do ato normativo considerado inválido.

No entanto, tendo em vista "razões de segurança jurídica ou de excepcional interesse social", poderá o Supremo Tribunal Federal, por maioria de dois terços de seus membros e nos termos do artigo 27, da referida Lei nº 9.868/99, restringir os efeitos da declaração de inconstitucionalidade, decidindo que ela só tenha eficácia a partir do seu trânsito em julgado (*ex nunc*) ou de outro momento qualquer que venha a ser fixado.

Trata-se, aqui, da chamada ***modulação de efeitos*** da decisão declaratória de inconstitucionalidade, o que não raro é tentado pela Fazenda Pública, alegando sempre que as decisões em seu desfavor poderão provocar grave lesão ao erário.

Observe-se que, dado o seu alcance abrangente, a ***modulação*** é aceita e vem sendo utilizada frequentemente, pelo Supremo Tribunal Federal, também em casos de inconstitucionalidade por controle difuso, mas que são julgados pela sistemática dos recursos repetitivos, conforme artigos 928, inc. II, e 1.036 e seguintes, do Código de Processo Civil.

Os julgamentos em recurso repetitivo são de observância obrigatória pelos juízes e tribunais judiciais de todo o país, de acordo com o artigo 927, inc. III, do mesmo Código de Processo, além de, a depender da legislação ordinária de cada ente tributária, serem eventualmente obrigatórios igualmente para a atuação dos seus agentes de fiscalização e cobrança tributária.

A Lei nº 9.868/99 também dedica artigos para tratar da ***ação direta de inconstitucionalidade por omissão*** (ADO), cujo objeto será sempre uma omissão, total ou parcial, quanto ao cumprimento de dever constitucional de legislar ou quanto à adoção de providência de índole administrativa.

Como exemplo do cabimento desse tipo de ação, pode-se citar a ADO nº 25-DF, julgada procedente para declarar a mora do Congresso Nacional em editar a lei complementar prevista no artigo 91, do Ato das Disposições Constitucionais Transitórias, que trataria da entrega pela União, a Estado e Distrito Federal, de créditos de ICMS decorrentes de aquisições destinadas ao ativo permanente e da manutenção e do aproveitamento de créditos do imposto estadual relacionados a exportações (Pleno, Rel. Min. Gilmar Mendes, j. em 30.11.2016).

Por fim, a Lei nº 9.882/99 regulamenta o processamento e ajuizamento da ADPF, prevendo que a sua decisão de mérito deverá fixar às autoridades ou órgãos responsáveis pela prática do ato impugnado, as condições e o modo de interpretação e aplicação do preceito fundamental cuja violação se questiona na ação.

Como exemplo de utilização dessa ferramenta para a resolução de conflitos tributário, podemos citar o provimento de ADPF nº 190-DF, ajuizada para declarar inconstitucionais deduções da base de cálculo do ISS instituídas por lei local, sem respaldo em lei complementar editada nos termos do artigo 146, inc. III, alínea "a", da Constituição, e em violação ao artigo 88, incs. I e II, do Ato das Disposições Constitucionais Transitórias (Pleno, Rel. Min. Edson Fachin, j. em 29.9.2016).

Tal como ocorre na ADI, poderá a decisão da ADPF ser igualmente modulada no tempo, pela mesma maioria de dois terços dos Ministros do Supremo Tribunal Federal, com fundamento no artigo 11, da Lei nº

9.882/99, e também se houver "razões de segurança jurídica ou de excepcional interesse social".

**Arbitragem em matéria tributária**

O Poder Legislativo Federal tem avançado na ideia de aprovar uma alteração da Lei nº 6.830/80, com o objetivo de implementar procedimento de arbitragem em matéria tributária (destaque para o projeto de lei nº 4.257/2019)

A opção pelo processo arbitral seria possível somente no caso de execuções fiscais com garantia mediante depósito em dinheiro, fiança bancária ou seguro garantia.

Tomada a decisão arbitral, o conflito fiscal será levado ao Poder Judiciário apenas no caso de nulidade da sentença arbitral, que contrarie enunciado de súmula vinculante, decisão do Supremo Tribunal Federal em controle concentrado de constitucionalidade ou acórdão proferido em julgamento de incidente de resolução de demandas repetitivas ou de repercussão geral.

Destaque-se que a arbitragem, caso assim disciplinada em lei ordinária, em hipótese alguma poderá ser tida como sucedâneo da transação tributária, figura essa que diz respeito à própria extinção do crédito tributário, mediante concessões mútuas das partes interessadas e sujeita a regime jurídico próprio, conforme já vimos.

**Resoluções de controvérsias internacionais**

Os tratados para evitar a dupla tributação da renda prestam-se a evitar que uma mesma riqueza seja onerada em duas ou mais jurisdições ou que, do contrário, não seja em absoluto tributada (dupla não-tributação) por nenhum dos países signatários do acordo. Para tanto, lançam mão de regras distributivas da competência para a cobrança de tributos sobre a renda, a depender da materialidade ou da origem da riqueza gerada. Ou, alternativamente, aceitam a tributação por parte das duas jurisdições envolvidas, mas preveem a utilização de mecanismos que buscam neutralizar a dupla tributação (créditos ou isenções).

Quando houver, entretanto, um conflito entre a interpretação dada ao tratado por cada um dos países celebrantes, daí os mecanismos existentes não funcionarão para o cumprimento do objetivo de evitar a dupla tributação, o que poderá levar os Estados a iniciarem um ***procedimento amigável*** para a solução da controvérsia.

Como o próprio nome diz, não se trata de um litígio em que as pretensões opostas das partes serão decididas por um terceiro, que atuará como juiz ou árbitro e cuja decisão solucionará o conflito. A sua natureza – tal como a do próprio acordo – é permitir a composição dos interesses envolvidos e buscar uma harmonização de entendimentos em torno da intepretação e aplicação do tratado.

No ano de 2018, por meio da sua Instrução Normativa nº 1.846, a Secretaria da Receita Federal do Brasil instituiu e regulamentou essa ferramenta, reafirmando, no seu artigo 2º, a natureza "não contenciosa" do procedimento, o qual pode ser composto por duas fases: **(i)** a primeira, de caráter unilateral, pela qual a autoridade fiscal brasileira recebe e analisa internamente o requerimento do sujeito passivo; e **(ii)** a segunda, bilateral, em que a Secretaria da Receita Federal do Brasil trata com a autoridade fiscal do outro Estado Contratante, a fim de buscar uma solução para o caso, quando não tiver ele sido finalizado na fase unilateral ou quando tiver sido originado de requerimento apresentado no exterior.

Interessante atentar para a previsão do artigo 10, da citada Instrução Normativa, a determinar que, na apreciação do procedimento, a Secretaria da Receita Federal do Brasil não se afastará de decisões administrativas ou judiciais existentes no Brasil, a respeito do tema objeto da dúvida suscitada.

O preceito é importante, em especial com relação às regras dos acordos para evitar a dupla tributação para as quais as autoridades fiscais brasileiras oferecem resistência, com destaque para a aplicação do artigo 7º das convenções, que cuida da competência do Estado da residência para tributar o lucro das empresas (Superior Tribunal de Justiça. Recurso Especial nº 1.161.467-RS. 2ª Turma, Rel. Min. Castro Meira, j. em 17.5.2012).

O conflito cuja solução se buscará por meio do procedimento amigável deverá ser comprovadamente controvertido, mediante prova da sua apreciação judicial ou administrativa, no Brasil ou no outro Estado Contratante, o que poderá compreender procedimentos de consulta tributária, interpretação específica por parte da administração tributária estrangeira, procedimentos de *ruling* ou similares e, ainda, *advance pricing agreements* (APA).

Nesse particular, as guidelines da OCDE a respeito de controle de preços de transferência ressaltam a importância dos procedimentos amigáveis para fixação bilateral ou multilateral de preços parâmetros, afirmando que a conclusão de um ***bilateral APA*** (BAPA) traz menos riscos aos contribuintes envolvidos, reduzindo as chances de que não tributação ou dupla tributação dos lucros movimentados entre partes vinculadas.

Tomando por referência o procedimento regulamentado pela Instrução Normativa nº 1.846/2018, vale a conclusão da OCDE no sentido de que "concluding an APA through the mutual agreement procedure may be the only form that can be adopted by a tax administration which lacks domestic legislation to conclude binding agreements directly with the taxpayer".

# REFERÊNCIAS


AMARAL, Paulo Henrique do. *Direito tributário ambiental.* São Paulo: Editora Revista dos Tribunais, 2007.

AMARO, Luciano. *Direito tributário brasileiro.* 6ª ed. São Paulo: Saraiva, 2001.

AMED, Fernando José e Plínio José Labriola de Campos. *História dos Tributos no Brasil.* São Paulo: SINAFRESP, 2012.

ANDRADE, José Maria Arruda de. *Interpretação da norma tributária – concreção normativa, teoria estruturante do direito e análise pragmática.* Tese de doutoramento apresentada à Faculdade de Direito da USP. São Paulo: 2005.

ANDRADE, Paulo Roberto. Cabimento da Autofalência por Dívidas Fiscais. *Revista Dialética de Direito Tributário v. 176.* São Paulo: Dialética, 2010.

ANDRADE JUNIOR, Attila de Souza Leão. *A interpretação do direito tributário segundo os tribunais.* São Paulo: Editora Resenha Tributária, 1991.

ATALIBA, Geraldo Ataliba. *Hipótese de Incidência Tributária.* São Paulo: Malheiros, 1999.

—. *República e Constituição.* 2ª edição, 3ª tiragem, atualizada por Rosalea Miranda Folgosi. São Paulo: Malheiros Editores, 2004.

ÁVILA, Humberto. *Legalidade Tributária Multidimensional. Princípios e Limites da Tributação.* Coordenador Roberto Catalano Botelho Ferraz. São Paulo: Quartier Latin, 2005.

—. *Sistema constitucional tributário: de acordo com emenda constitucional nº 42, de 19.12.03.* São Paulo: Saraiva, 2004.

—. *Teoria dos Princípios – da definição à aplicação dos princípios jurídicos.* 7ª ed. São Paulo: Malheiros Editores, 2007.

BALEEIRO, Aliomar. *Uma Introdução à ciência das finanças.* 14ª ed. rev. e atualizada por Flávio Bauer Novelli. Rio de Janeiro: Forense, 1994, capítulo XIX, parte III.

BALTAZAR, Ulbaldo Cesar. *História do Tributo no Brasil.* Florianópolis: Fundação Boiteux, 2005.

BANDEIRA DE MELLO, Celso Antonio. *Conteúdo Jurídico do Princípio da Igualdade.* 3ª ed. atual. São Paulo: Malheiros Editores, 1988.

BARBOSA, Luiz Roberto Peroba Barbosa; e Leonardo Augusto Bellorio Battilana. A Impossibilidade de Cobrança de Impostos sobre os *E-readers* e os *E-books. in Revista Dialética de Direito Tributário* 194/92.

BARRETO, Aires F. *ISS na Constituição e na Lei.* São Paulo: Dialética, 2003.

BECKER, Alfredo Augusto. *Carnaval tributário.* 2ª ed. São Paulo: LEJUS, 1999.

—. *Teoria Geral do Direito Tributário.* 4ª ed., São Paulo, 2007, Ed. Noeses.

BEISSE, Heinrich. O Critério Econômico na Interpretação das Leis Tributárias segundo a mais Recente Jurisprudência Alemã (Trad. Brandão Machado). *In* MACHADO, Brandão (coord.). *Direito Tributário*: Estudos em Homenagem ao Prof. Ruy Barbosa Nogueira. São Paulo: Saraiva, 1984.

BERTOLUCCI, Aldo Vicenzo. *Quanto custa pagar tributos.* São Paulo: Atlas, 2003.

BIM, Eduardo Fortunato. A inconstitucionalidade das sanções políticas tributárias no estado de direito: violação ao *substantive due process of law* (princípios da razoabilidade e proporcionalidade). In: ROCHA, Valdir de Oliveira (Coord.). *Grandes questões atuais do direito tributário.* São Paulo: Dialética, 2004.

BOBBIO, Norberto. *Teoria do ordenamento jurídico.* Tradução Maria Celeste C. J. Santos; ver. téc. Claudio De Cicco; apres. Tércio Sampaio Ferraz Júnior. Brasília: Editora Universidade de Brasília, 10ª edição, 1999.

BONILHA, Paulo Celso Bergstrom. *Da prova no processo administrativo tributário.* São Paulo: LTr, 1992.

BORGES, Humberto Bonavides Borges. *Planejamento tributário: IPI, ICMS, ISS e IR: economia de impostos, racionalização de procedimentos fiscais, relevantes questões tributárias, controvertidas questões tributárias, complexas questões tributárias.* 8ª ed. rev. e atualizada. São Paulo: Atlas, 2004.

BORGES, José Cassiano; REIS, Maria Lúcia Américo dos. Funções do Cadin e seus reflexos sobre a livre iniciativa. *Revista Dialética de Direito Tributário.* São Paulo: Dialética, n.42, 1999.

BORGES, José Souto Maior Borges. Elisão Fiscal (CTN, art. 116, parágrafo único – 104/01. *in Fórum de Direito Tributário, v. 1, n. 1.* Belo Horizonte: Editora Fórum, 2003.

BOSELLO, Furio. A Formulação da Norma Tributária e as Categorias Jurídicas Civilísticas (Trad. Brandão Machado). *In* MACHADO, Brandão (coord.).

*Direito Tributário*: Estudos em Homenagem ao Prof. Ruy Barbosa Nogueira. São Paulo: Saraiva, 1984.

Bozza, Fábio Piovesan. *Planejamento tributário e autonomia privada.* Série Doutrina Tributária v. XV. São Paulo: Quartier Latin, 2015.

Brazuna, José Luis Ribeiro. *A consideração econômica e o abuso de formas no Direito Tributário brasileiro,* publicado na Revista Fórum de Direito Tributário, Belo Horizonte, v. 4, n. 20, mar. 2006.

—. A não Tributação dos Jornais Eletrônicos. In: *Revista Dialética de Direito Tributário* nº 229. São Paulo: Dialética, 2014.

—. Defesa da Concorrência e Tributação – à luz do Artigo 146-A da Constituição. Série Doutrina Tributária Vol. II. São Paulo: Quartier Latin, 2009.

—. Emenda Constitucional nº 42/2003 – Reflexos da Chamada "Reforma Tributária" na Incidência do ICMS, do IPI e Outras Mudanças. *Reforma Tributária: Emendas constitucionais nº 41 e 42, de 2003.* Coordenador Oswaldo Othon de Pontes Saraiva Filho. Belo Horizonte: Fórum, 2004.

—. Progressividade do IPTU. In: *Repertório IOB de Jurisprudência. Boletim nº 1/2003.* São Paulo: IOB, 2003.

Brito, Edvaldo. Aspectos da Elisão e Evasão Fiscal. *In* MARTINS, Ives Gandra da Silva (coord.). *Caderno de Pesquisas Tributárias nº 13.* São Paulo: Centro de Estudos de Extensão Universitária e Resenha Tributária, 1988.

Bueno, Cassio Scarpinella. *A nova Lei do mandado de segurança.* 2ª ed. rev., atual. e ampl. São Paulo: Saraiva, 2010.

Cais, Cleide Previtalli. *O processo tributário.* 7ª ed. rev. atual. e ampl. São Paulo: Revista dos Tribunais, 2011.

Caliendo, Paulo. Princípio da Neutralidade Fiscal – Conceito e Aplicação. *Princípios de Direito Financeiro e Tributário. Estudos em Homenagem ao Professor Ricardo Lobo Torres.* Organizado por Adilson Rodrigues Pires e Heleno Taveira Tôrres. Rio de Janeiro: Renovar, 2006, p. 538.

Canotilho, JJ. Gomes e outros. *Comentários à Constituição do Brasil.* São Paulo: Saraiva / Almedina, 2013.

Carrazza, Roque Antonio. *Curso de direito constitucional tributário.* 22ª edição, revista, ampliada e atualizada até a Emenda Constitucional nº 52/2006. São Paulo: Malheiros Editores, 2006.

—. Importação de Bíblias em Fitas – sua Imunidade – Exegese do art. 150, VI, *d*, da Constituição Federal. *in Revista Dialética de Direito Tributário* 26/117.

—. Livro eletrônico – Imunidade Tributária – Exegese do art. 150, VI, 'd', da Constituição Federal". *Imunidade tributária do livro eletrônico.* São Paulo: Informações Objetivas, 1998.

—. *O regulamento no direito tributário brasileiro.* São Paulo: Ed. Rev. dos Tribunais, 1981.

Carvalho, Paulo de Barros. *Curso de Direito Tributário.* 21ª edição. São Paulo: Saraiva, 2009.

—. *Direito Tributário – Linguagem e Método.* 2ª edição. São Paulo: Ed. Noeses, 2008.

—. Estatuto do contribuinte, direito, garantias individuais em matéria tributária e limitações constitucionais nas relações entre fisco e contribuinte. *Revista de direito tributário,* São Paulo: Revista dos Tribunais, v.7/8, n.3.

Cassone, Vittorio. *Interpretação no direito tributário: teoria e prática: interpretações adotadas pelo STF.* São Paulo: Atlas, 2004.

Cassone, Vittorio; Souza Garcia, Fátima Fernandes de. Resolução do XIII Simpósio Nacional de Direito Tributário (TEMA: Elisão e Evasão Fiscal). *In* Martins, Ives Gandra da Silva (coord.). *Caderno de Pesquisas Tributárias nº 14.* São Paulo: Centro de Estudos de Extensão Universitária e Resenha Tributária, 1989.

Castro, Raphael Silva e. A recuperação judicial da empresa devedora da Fazenda Pública. *RDDT 208/128.* São Paulo: Dialética, janeiro de 2013.

Cavalcante, Miquerlam. *O Propósito Negocial e o Planejamento Tributário no Ordenamento Jurídico Brasileiro,* disponível em http://www.pgfn.fazenda.gov.br/revista-pgfn/revista-pgfn/ano-i-numero-i/chaves.pdf

Chanel, Emmanuel de Crouy. A Cidadania Fiscal. *Princípios e Limites da Tributação 2 – Os Princípios da Ordem Econômica e a Tributação.* Ferraz, Roberto Catalano Botelho (coord.). São Paulo: Quartier Latin, 2009.

Cianciardo, Juan. Princípios e Regras: uma Abordagem a partir dos Critérios de Distinção. *Princípios e Limites da Tributação.* Coordenador Roberto Catalano Botelho Ferraz. São Paulo: Quartier Latin, 2005.

Coelho, Fábio Ulhoa. *Direito e poder: ensaio de epistemologia jurídica.* São Paulo: Saraiva, 1992.

Coêlho, Sacha Calmon Navarro. *Curso de Direito Tributário Brasileiro.* 10ª edição. Rio de Janeiro: Ed. Forense, 2009.

—. *Teoria e prática das multas tributárias.* 2ª ed. Rio de Janeiro: Forense, 1998.

CONRADO, Paulo; ARAÚJO, Juliana Furtado Costa. *O Novo CPC e seu impacto no direito tributário.* 2ª ed. São Paulo: Fiscosoft, 2016.

CORRÊA, Antônio. *Dos crimes contra a ordem tributária: comentários à lei n. 8.137, de 27-12-1990.* São Paulo: Saraiva, 1994.

COSTA, Alcides Jorge. Direito tributário e direito privado. In: *Direito tributário: estudos em homenagem ao Prof. Ruy Barbosa Nogueira*, coordenado por Brandão Machado. São Paulo: Saraiva, 1984.

—. História da Tributação no Brasil. *Princípios e Limites da Tributação.* São Paulo: Quartier Latin, 2005.

—. *ICM na Constituição e na lei complementar.* São Paulo: Ed. Resenha Tributária, 1979, p. 7.

COSTA, Carlos Celson Orcesi da. Elisão Fiscal. *In* MARTINS, Ives Gandra da Silva (coord.). *Caderno de Pesquisas Tributárias nº 13.* São Paulo: Centro de Estudos de Extensão Universitária e Resenha Tributária, 1988.

COSTA, Regina Helena Costa. *Imunidades Tributárias na Constituição de 1988.* São Paulo: Malheiros, 2006.

CRETON, Ricardo Aziz. *Os Princípios da Proporcionalidade e da Razoabilidade e sua Aplicação no Direito Tributário.* Rio de Janeiro: Editora Lumen Juris, 2001.

DE MELO, Fábio Soares. *Processo administrativo tributário: princípios, vícios e efeitos jurídicos.* São Paulo: Dialética, 2012.

DE MITA, Enrico. O Princípio da Capacidade Contributiva. *Princípios e Limites da Tributação.* Coordenador Roberto Catalano Botelho Ferraz. São Paulo: Quartier Latin, 2005, p. 223 e segs.

DE SANTI, Eurico Marcos. *Curso de direito tributário e finanças públicas.* São Paulo: Saraiva, 2006, capítulos 1 a 5.

—. *Decadência e prescrição no direito tributário.* 3ª edição. São Paulo: Max Limonad, 2004.

DINIZ, Souza (Trad.). *Código Civil Alemão.* Rio de Janeiro: Récord, 1960.

DÓRIA, Antônio Roberto Sampaio. *Elisão e Evasão Fiscal.* São Paulo: LAEL, 1971.

FALCÃO, Amílcar. *Introdução ao direito tributário.* Rio de Janeiro: Editora Rio, 1976.

FARIA, Anacleto de Oliveira. *Do Princípio da Igualdade Jurídica.* São Paulo: Ed. RT e Ed. USP, 1973, capítulo II.

FERRAGUT, Maria Rita. *Responsabilidade tributária: e o código civil de 2002.* São Paulo: Noeses, 2005.

FERRAZ, Roberto Catalano Botelho. O Princípio de Capacidade Contributiva na Tributação Ambientalmente Orientada. *Princípios e Limites da Tributação 2*

– *Os Princípios da Ordem Econômica e a Tributação*. Coordenador Roberto Catalano Botelho Ferraz. São Paulo: Quartier Latin, 2009.

Ferraz Junior, Tercio Sampaio. *Introdução ao Estudo do Direito – Técnica, Decisão, Dominação*. São Paulo: Atlas, 1988.

—. Livro Eletrônico e Imunidade Tributária. *in Revista dos Procuradores da Fazenda Nacional n. 2*.

Ferreira, Benedito. *Legislação tributária (a história da tributação no Brasil)*. Brasília: Senado Federal, 1986.

Ferreira Filho, Manoel Gonçalves. *Do processo legislativo*. 5ª ed. rev. ampl. e atual. São Paulo: Saraiva, 2002.

Firjan. *A Situação Fiscal dos Estados Brasileiros. Publicações Sistema Firjan. Pesquisas e estudos socioeconômicos. Abril/2017* (disponível em http://www.firjan.com.br/lumis/portal/file/fileDownload.jsp?fileId=2C908A8F5B87A9E3015BA6AEE3DD5828, acesso em 30.10.2017).

Francisco, José Carlos. *Função Regulamentar e Regulamento*. Rio de Janeiro: Editora Forense, 2008.

Funaro, Hugo. *Sujeição passiva indireta no direito tributário brasileiros: as hipóteses de responsabilidade pelo crédito tributário previstas no Código Tributário Nacional*. São Paulo: Quartier/IBDT, 2013.

Guimarães, Ylves José de Miranda. Elisão e Evasão Fiscal. *In* Martins, Ives Gandra da Silva (coord.). *Caderno de Pesquisas Tributárias nº 13*. São Paulo: Centro de Estudos de Extensão Universitária e Resenha Tributária, 1988.

Greco, Marco Aurelio. Alíquota de IPI: Controlar o decreto de fixação e a ação administrativa de aplicação. *Princípios de direito financeiro e tributário – Estudos em homenagem ao Professor Ricardo Lobo Torres*. Organizadores Adilson Rodrigues Pires e Heleno Taveira Tôrres. Rio de Janeiro: Renovar, 2006.

—. Anterioridade Nonagesimal na EC nº 42/2003. *Reforma Tributária: Emendas constitucionais nº 41 e 42, de 2003*. Coordenador Oswaldo Othon de Pontes Saraiva Filho. Belo Horizonte: Fórum, 2004.

—. *Planejamento tributário*. São Paulo: Dialética, 2004.

Hartz, Wilhelm. *Interpretação da Lei Tributária* – Conteúdo e Limites do Critério Econômico. Tradução, prefácio e notas de Brandão Machado. São Paulo: Resenha Tributária, 1993.

Höhn, Ernst. Evasão do Imposto e Tributação Segundo os Princípios do Estado de Direito (Trad. Brandão Machado). *In* Machado, Brandão (coord.). *Direito*

*Tributário*: Estudos em Homenagem ao Prof. Ruy Barbosa Nogueira. São Paulo: Saraiva, 1984.

HUCK, Hermes Marcelo. *Evasão e Elisão:* Rotas Nacionais e Internacionais. São Paulo: Saraiva, 1997.

IFGF 2017 – Índice FIRJAN de Gestão Fiscal. Ano-base 2016. Agosto, 2017. Acesso em http://publicacoes.firjan.org.br/ifgf/2017/#18/z, em 30.10.2017.

JUSTEN FILHO, Marçal. *Sujeição passiva tributária.* Belém: CEJUP, 1986.

LEAL, Víctor Nunes Leal. *Lei e Regulamento, in Problemas de Direito Público.* Rio de Janeiro: Ed. Forense, 1960.

LIMA, Eduardo Amorim de Lima. Da Imunidade Tributária do Livro Eletrônico. *in Revista Dialética de Direito Tributário* 98/23.

LIMA, Ricardo Seibel de Freitas. *Livre Concorrência e o Dever de Neutralidade Tributária.* Dissertação de mestrado. Faculdade de Direito da Universidade Federal do Rio Grande do Sul. Porto Alegre, 2005.

LUKIC, Melina de Souza Rocha. *Reforma tributária no Brasil: ideias, interesses e instituições.* Curitiba: Juruá, 2014, p. 207.

MACHADO, Hugo de Brito. A interpretação benigna preconizada pelo art. 112 do Código Tributário Nacional, *in Revista Dialética de Direito Tributário* nº 229/42.

—. *Curso de Direito Tributário.* 33ª edição. São Paulo: Malheiros, 2012, p. 215-216.

—. Dívida tributária e recuperação judicial empresa. *Revista Dialética de Direito Tributário.* São Paulo: Dialética, n.120, 2005.

MARINS, James. *Direito Processual Tributário (Administrativo e Judicial).* 7ª edição. São Paulo: Dialética, 2014.

—. *Direito Processual Tributário Brasileiro – Administrativo e Judicial.* 12ª edição revista e atualizada. São Paulo: Revista dos Tribunais, 2019.

MARQUES, Márcio Severo. Capítulo I – Espécies tributárias. *Curso de especialização em direito tributário: estudos analíticos em homenagem a Paulo de Barros Carvalho.* Coordenador Eurico Marcos Diniz de Santi. Rio de Janeiro: Forense, 2005.

MARTINS, Ives Gandra da Silva (cord.). 26º Simpósio Nacional de Direito Tributário, com artigos consolidados na obra *Tributação na internet.* São Paulo: Editora Revista dos Tribunais / CEU, 2001.

—. *Caderno de Pesquisas Tributárias nº 4: Sanções Tributárias.* São Paulo: Centro de Estudos de Extensão Universitária e Editora Resenha Tributária, 1979.

—. Da isenção da Cofins contida no art. 6º, inciso II da Lei Complementar 70, de 3 de dezembro de 1991, e do direito de recuperação judicial por via da compensação dos valores indevidamente recolhidos a esse título. *Revista Dialética de Direito Tributário*, São Paulo: Dialética, n.103, 2004.

—. *Da sanção tributária.* 2ª ed. rev. e atual. São Paulo: Saraiva, 1998.

—. *Pesquisas Tributárias – Nova Série – n. 8 – Contribuições de Intervenção no Domínio Econômico.* São Paulo: Editora Revista dos Tribunais, 2002.

—. *Uma Teoria do Tributo.* São Paulo: Quartier Latin, 2005.

MAXIMILIANO, Carlos. *Hermenêutica e Aplicação do Direito.* Rio de Janeiro: Forense, 1998.

MEIRELLES, Hely Lopes e outros. *Mandado de segurança e ações constitucionais.* 32ª edição, atualizada de acordo com a Lei n. 12.016/2009. São Paulo: Malheiros, 2009.

MELO, José Eduardo Soares de. ICMS – Solidariedade tributária do sócio e do administrador – nova sistemática, *in* Valdir de Oliveira Rocha (coord.), *Grandes questões atuais do direito tributário.* 14º volume. São Paulo: Dialética, 2010.

MENDES, Gilmar Ferreira, Inocêncio Mártires Coelho e Paulo Gustavo Gonet Branco. *Curso de direito constitucional.* São Paulo: Saraiva, 2007.

MICHELI, Gian Antonio. *Curso de direito tributário.* Tradução de Marco Aurélio Greco e Pedro Luciano Marrey Jr. São Paulo: Ed. Revista dos Tribunais, 1978.

MINHOTO JUNIOR, Alcebíades da Silva. *Limites típicos na ação administrativa em matéria tributária.* São Paulo: IBDT e Resenha Tributária, 1977.

MIRETTI, Luiz Antônio Caldeira. Os créditos tributários no processo de recuperação de empresa e de falência. Disponível em http://www.oabsp.org.br/comissoes2010/direito-tributario/trabalhos_pareceres/os-creditos-tributarios-no-processo-de-recuperacao-de-empresa-e-de-falencia, acesso em 26.3.2019.

MONTEIRO NETO, Nelson. Débito fiscal da empresa, objeto de litígio – prestação de garantia ou suspensão da exigibilidade do crédito fiscal, como pressuposto da cessação dos efeitos do registro no Cadin – mudança de orientação do STJ. *Revista Dialética de Direito Tributário.* São Paulo: Dialética, n.126, 2006.

MORAES, Bernardo Ribeiro de. *Compêndio de direito tributário.* Ed. rev., aumentada e atualizada. Rio de Janeiro: Forense, 1993, Parte Terceira, Capítulos V, VIII e IX.

MORAES, Oswaldo de. *A Analogia no Direito Tributário Brasileiro.* São Paulo: Revista dos Tribunais, 1971.

MOREIRA, André Mendes. *A tributação dos serviços de comunicação.* São Paulo: Dialética, 2006.

Nabais, José Casalta. *O dever fundamental de pagar impostos: contributo para a compreensão constitucional do estado fiscal contemporâneo.* 4ª reimpressão. Coimbra: Almedina, 2015, Parte II, Título I, Capítulo I.

Nascimento, Carlos Valder do (org.), VVAA. *Interpretação no direito tributário.* São Paulo: Ed. Revista dos Tribunais, 1989.

Neto, Antonio Delfim e Akihiro Ikeda. Aspectos Econômicos do Sistema Tributário Brasileiro. *O Direito Tributário no Brasil: Reflexão sobre o sistema tributário realizada por juristas e economistas.* Martins, Ives Gandra da Silva; Casto, Paulo Rabello de; Martins, Rogério Vidal Gandra da Silva (coord.). 2ª edição. São Paulo: Quartier Latin, 2010.

Nogueira, Johnson Barbosa. *A interpretação econômica no direito tributário.* São Paulo: Ed. Resenha Tributária, 1982.

—. *Anais do Seminário Internacional sobre Elisão Fiscal, realizado pela Escola de Administração Fazendária – ESAF, em Brasília, no período de 06 a 08 de agosto de 2001.* Brasília: ESAF, 2002.

Nogueira, Paulo Roberto Cabral. *Do Imposto sobre Produtos Industrializados.* São Paulo: Saraiva, 1981.

Nogueira, Ruy Barbosa. *Curso de direito tributário.* 12ª edição. São Paulo: Saraiva, 1994

—. *Da interpretação e da aplicação das leis tributárias.* 2ª edição. São Paulo: Ed. Revista dos Tribunais, 1965.

Nusdeo, Fábio. *Curso de Economia:* Introdução ao Direito Econômico. 3. ed. rev. e atual. São Paulo: Revista dos Tribunais, 2001.

OECD. *Consumption Tax Trends 2016: VAT/GST and excise rates, trends and policy issues.* OECD Publishing, Paris.

—. *Consumption Tax Trends 2018: VAT/GST and Excise Rates, Trends and Policy Issues,* Consumption Tax Trends. OECD Publishing, Paris. http://doi.org/10.1787/ctt-2018-en

—. *Harmful Tax Competition:* An Emerging Global Issue. Paris: OECD Publications, 1998.

—. *International VAT/GST Guidelines.* OECD Publishing, Paris. http://dx.doi.org/10.1787/9789264271401-en.

—. *Transfer Pricing Guidelines for Multinational Enterprises and Tax Administrations 2017.* OECD Publishing, Paris. Disponivel em http://dx.doi.org/10.1787/tpg-2017-en.

OLIVEIRA, José Marcos Domingues de. *Direito tributário: capacidade contributiva: conteúdo e eficácia do princípio.* 2ª ed. rev. e atual. Rio de Janeiro: Forense, 1998, Capítulos I e II.

—. Legalidade tributária: o princípio da proporcionalidade e a tipicidade aberta. In: *Estudos de direito tributário em homenagem à memória de Gilberto de Ulhôa Canto.* CARVALHO, Maria Augusta de (coord). Rio de Janeiro: Forense, 1998.

OLIVEIRA, Régis Fernandes de. *Receitas públicas originárias.* São Paulo: Malheiros, 1994.

OLIVEIRA, Ricardo Mariz de. Elisão e Evasão Fiscal. *In* MARTINS, Ives Gandra da Silva (coord.). *Caderno de Pesquisas Tributárias nº 13.* São Paulo: Centro de Estudos de Extensão Universitária e Resenha Tributária, 1988.

OXFAM. *A distância que nos une. Um retrato das desigualdades brasileiras,* disponível em https://oxfam.org.br/um-retrato-das-desigualdades-brasileiras/a-distancia-que-nos-une/ (acesso em 1.2.2020).

PACHECO, Ângela Maria Motta. Sanções tributárias: apreensão, multas confiscatórias, perdimento de bens, prisão, CADIN, SERASA e SPC. Mesa de Debates – XXII Congresso Brasileiro de Direito Tributário. *Revista de direito tributário.* São Paulo: Malheiros, v.107/108.

—. *Sanções tributárias e sanções penais tributárias.* São Paulo: Max Limonad, 1997.

PAULINO, José Alves. *Crimes contra a ordem tributária: comentários à Lei nº 8.137/90.* Brasília: Brasília Jurídica, 1999.

PINGRET, Clóvis Sá Britto. O Estado como fomentador da iniciativa privada: o caso das micro-empresas. *Desenvolvimento Econômico e Intervenção do Estado na Ordem Constitucional – Estudos jurídicos em homenagem ao Professor Washington Peluso Albino de Souza.* Porto Alegre: Sergio Antonio Fabris Editor, 1995.

POLIZELLI, Victor Borges. Progressividade: Distribuição de Renda e Indução. In: *Direito Tributário Atual, vol. 21.* São Paulo: Instituto Brasileiro de Direito Tributário e Editora Dialética, 2007.

PORCHAT, Décio. *Suspensão do Crédito Tributário.* São Paulo: Quartier Latin, 2004.

PRICEWATERHOUSECOOPERS. *Processo de obtenção de certidões negativas e os impactos na atividade empresarial brasileira.* Maio de 2016. Disponível em http://www.regularidadefiscal.com.br/pwc.pdf, acesso em 26.3.2019.

Raio-X da Crise dos Estados. Economia. Portal G1 (http://especiais.g1.globo.com/economia/2016/raio-x-da-crise-nos-estados/), acesso em 30.10.2017

REZENDE, Condorcet. Temos um "Sistema" Tributário? *O Direito Tributário no Brasil: Reflexão sobre o sistema tributário realizada por juristas e economistas.* MAR-

TINS, Ives Gandra da Silva; CASTO, Paulo Rabello de; MARTINS, Rogério Vidal Gandra da Silva (coord.). 2ª edição. São Paulo: Quartier Latin, 2010.

REZENDE, Fernando e José Roberto Afonso (org.). *50 anos da Reforma Tributária Nacional: origens e lições*. Rio de Janeiro: Editora FGV:IBRE, 2014.

RIBEIRO, Ricardo Lodi. A Proteção da Confiança Legítima do Contribuinte. *Revista Dialética de Direito Tributário nº 145*. São Paulo: Dialética, 2007, p. 99.

ROCHA, Sergio André. *Ética na Administração Fazendária e o Processo Administrativo Fiscal, in Processo Administrativo Fiscal – Estudos em Homenagem ao Professor Aurélio Pitanga Seixas Filho*. São Paulo: Quartier Latin, 2007.

ROCHA, Valdir de Oliveira (org.). *O Planejamento tributário e a lei complementar 104*. São Paulo: Dialética, 2001.

—. *Normas tributárias indutoras e intervenção econômica*. Rio de Janeiro: Forense, 2005.

—. Normas Tributárias Indutoras em Matéria Ambiental. In: *Direito Tributário Ambiental*.

—. Recuperação judicial do empresário e da sociedade empresária. Revista de direito tributário, São Paulo: Malheiros, v.94, p. 138-141, Mesa de Debates – XIX Congresso Brasileiro de Direito Tributário. s.d.

ROTHMANN, Gerd; PACIELLO, Gaetano. Elisão e Evasão Fiscal. *In* MARTINS, Ives Gandra da Silva (coord.). *Caderno de Pesquisas Tributárias nº 13*. São Paulo: Centro de Estudos de Extensão Universitária e Resenha Tributária, 1988.

SÁNCHEZ, Begoña Sesma. *La Obtención de Información Tributaria*. Espanha: Aranzadi Editorial e Asociación Española de Asesores Fiscales, 2001.

SARAIVA FILHO, Oswaldo Othon Pontes de Saraiva Filho. A Não-Extensão da Imunidade aos Chamados Livros, Jornais e Periódicos Eletrônicos. *in Revista Dialética de Direito Tributário* 33/133.

SCAFF, Fernando Facury. *In Dubio pro Contribuinte* e o Voto de Qualidade nos Julgamentos Administrativo-tributários, *in Revista Dialética de Direito Tributário* nº 220/21.

SCHERER, Tiago. A exigência de certidão de regularidade na recuperação judicial. *Revista Dialética de Direito Tributário*. São Paulo: Dialética, n.211, 2013.

SCHOUERI, Luís Eduardo. A Suave Perda da Liberdade. In: *Direito Tributário Atual, vol. 18*. São Paulo: IBDT, 2004.

—. *Direito tributário*. 5ª ed. São Paulo: Saraiva, 2015, p. 225.

—. Discriminação de Competências e Competência Residual. *Direito tributário: estudos em homenagem a Brandão Machado.* Coordenadores Luís Eduardo Schoueri e Fernando Aurelio Zilveti. São Paulo: Dialética, 1998.

—. Livre Concorrência e Tributação. In: *Grandes questões atuais do direito tributário, 11º volume.*

—. *Normas tributárias indutoras e intervenção econômica.* Rio de Janeiro: Forense, 2005.

—. Tributação e liberdade. *Princípios de direito financeiro e tributário – Estudos em homenagem ao Professor Ricardo Lobo Torres.* Organizadores Adilson Rodrigues Pires e Heleno Taveira Tôrres. Rio de Janeiro: Renovar, 2006, p. 431 e segs.

Schuartz, Luis Fernando. Contribuições de Intervenção no Domínio Econômico e Atuação do Estado no Domínio Econômico. In: *Contribuições de Intervenção no domínio econômico e figuras afins.* Greco, Marco Aurélio (coord.). São Paulo: Dialética, 2001.

Secretaria da Receita Federal do Brasil. *Carga Tributária no Brasil 2015 – Análise por Tributo e Bases de Incidência* (http://idg.receita.fazenda.gov.br/dados/receitadata/estudos-e-tributarios-e-aduaneiros/estudos-e-estatisticas/carga-tributaria-no-brasil/ctb-2015.pdf), acesso em 26.10.2017.

Seixas Filho, Aurélio Pitanga. *Princípios fundamentais do direito administrativo tributário: (a função fiscal).* Rio de Janeiro: Forense, 2003.

Seligman, Edwin R. A. *The shifting and incidence of taxation.* New York: The Columbia University Press, 1910.

Sousa, Rubens Gomes de. *Compêndio de legislação tributária.* São Paulo: Editora Resenha Tributária, 1975.

Souza Júnior, Osnildo de. O crédito tributário na recuperação judicial de empresas: um caso de irracionalidade a ser superado. *Revista Dialética de Direito Tributário.* São Paulo: Dialética, n.149, p. 44-54, 2008.

Tipke, Klaus e Douglas Yamashita. *Justiça Fiscal e Princípio da Capacidade Contributiva.* São Paulo: Malheiros Editores, 2002.

Tôrres, Heleno Taveira. Regime tributário da interligação de redes públicas para prestações de serviços de telecomunicações internacionais. *Direito tributário das telecomunicações.* Coordenação Heleno Taveira Tôrres. São Paulo: IOB Thomson: Abetel, 2004.

Torres, Ricardo Lobo. *Curso de direito financeiro e tributário.* 14ª ed. atualizada até 31.12.2006, que inclui a Emenda Constitucional nº 53, de 19/12/2006. Rio de Janeiro: Renovar, 2007, 1ª Parte, capítulos I e II.

—. Normas Gerais Antielisivas. *in Fórum de Direito Tributário, v. 1, n. 1.* Belo Horizonte: Editora Fórum, 2003.

—. *Normas de Interpretação e Integração do Direito Tributário.* Rio de Janeiro: Forense, 1994.

—. *Tratado de Direito Constitucional Financeiro e Tributário – Valores e princípios constitucionais tributários.* Rio de Janeiro: Renovar, 2005, p. 223-228.

Troianelli, Gabriel Lacerda. Interpretação da lei tributária: lei interpretativa, observância de normas complementares e mudança de critério jurídico *Revista Dialética de Direito Tributário nº 176.* São Paulo: Dialética, 2010.

Vanoni, Ezio. *Natureza e Interpretação das Leis Tributárias.* Tradução de Rubens Gomes de Sousa. Rio de Janeiro: Ed. Financeiras, 1932.

Velloso, Carlos Mário da Silva. *Do Poder Regulamentar, in Temas de Direito Público.* Belo Horizonte: Livraria Del Rey, 1994.

Vieira, José Roberto Vieira. *A regra-matriz de incidência do IPI: texto e contexto.* Curitiba: Juruá, 1993.

Villani, Piero. Elisão Fiscal no Direito Tributário Italiano e Brasileiro – Análise Comparatística. (Trad. Brandão Machado). *In* Machado, Brandão (coord.). *Direito Tributário*: Estudos em Homenagem ao Prof. Ruy Barbosa Nogueira. São Paulo: Saraiva, 1984.

Villas-Bôas, Marcos de Aguiar. *In Dubio pro* Contribuinte: Continuação do Debate, *in Revista Dialética de Direito Tributário* **nº** 220/104.

Villegas, Hector. *Curso de direito tributário.* Tradução de Roque Antonio Carrazza. São Paulo: Ed. Revista dos Tribunais, 1980.

VVAA. *Caderno de Pesquisas Tributárias nº 18 – Princípios Constitucionais Tributários.* Coordenador Ives Gandra da Silva Martins. São Paulo: Editora Resenha Tributárias, 1993.

—. *Comentários à Constituição do Brasil.* J.J. Gomes Canotilho [et al.]. São Paulo: Saraiva/Almedina, 2013.

—. Apêndice: Resoluções do 4º Simpósio Nacional de Direito Tributário. *Caderno de Pesquisas Tributárias n. 5.* São Paulo: Centro de Estudos Universitária e Editora Resenha Tributária, 1980.

World Bank. *Doing Business.* Disponível em: https://data.worldbank.org/indicator/IC.TAX.DURS?view=chart, acesso em 7.5.2019.

World Economic Forum. *The Global Competitiveness Report 2017-2018.* Disponível em: http://www3.weforum.org/docs/GCR2017-2018/05FullReport/

TheGlobalCompetitivenessReport2017%E2%80%932018.pdf, acesso em 7.5.2019.

XAVIER, Alberto. *Tipicidade da tributação, simulação e norma antielisiva*. São Paulo: Dialética, 2001.

ZILVETTI, Fernando. *A evolução histórica da teoria da tributação: análise das estruturas socioeconômicas na formação do sistema tributário*. São Paulo: Saraiva, 2017.

—. *Princípios de Direito Tributário e a Capacidade Contributiva*. São Paulo: Quartier Latin, 2004.

—. Variações sobre o Princípio da Neutralidade no Direito Tributário Internacional. *Direito Tributário Atual n. 19*. São Paulo: Dialética e IBDT, 2005, p. 33.